사회복지실천론

김철진 · 김나예 · 한재원

형지사

머리말

오늘날 사회복지실천 현장은 다양한 문제영역에서 다양한 접근방법으로 문제와 욕구를 가진 클라이언트를 돕는 전문적인 기능을 하고 있다. 이러한 사회복지실천현장은 도움을 필요로 하는 클라이언트에게 사회복지사가 어떻게 전문적인 서비스를 제공할 것인가의 질문에 대한 답을 찾고자 노력하였다. 저자들은 실천현장의 변화로 인해 사회복지사들이 더 이상 종래의 실천관점이나 방법에서 머물러 있을 수 없게 되어 녹록치 않음을 알고 있기에 사회복지를 전공하는 학생들에게 쉽게 이해할 수 있는 범위 내에서 다루고자 의견이 모아졌다.

이 책은 총 13장으로 구성되어 있으며 주요내용은 제1장에서부터 제3장은 사회복지실천에 대한 이해, 역사, 가치와 윤리로 구성하여 사회복지실천의 기초적인 지식에 초점을 두었다. 제4장은 사회복지실천현장에 대한 이해로 사회복지사가 주로 활동하고 있는 지역사회복지관, 아동-청소년, 장애인, 노인, 여성, 정신보건, 의료영역, 자활, 공공복지부문 등으로 구성하여 제시하였다. 제5장은 사회복지실천의 대상과 문제를 다루고 제6장은 사회복지실천의 관점에서 통합적 관점에 대해 제시하였다. 제7장과 제8장은 관계론과 면접론을 다루어서 사회복지실천 현장에서 전문적인 관계를 형성하고 대면하여 서비스가 주어질 수 있도록 면접을 주제로 구성하였다. 제9장부터 제12장까지는 사회복지실천의 핵심이 되는 과정론을 접수 및 자료수집, 문제사정 및 계획수립, 개입, 평가 및 종결로 구분하여 각각의 실천과정의 목표, 주요 개입기술, 사회복지사의 과업 등에 대해 기술하였다. 또한 제13장에서는 복합적인 문제를 가진 클라이언트를 한 기관의 서비스 한계를 벗어나서 다양한 욕구나 문제를 가진 클라이언트에게 맞추어 다양한 서비스가 제공될 수 있도록 돕는 사례관리의 내용을 구성하였다.

이 책의 집필을 마무리하는 시점에서 아직 부족한 점이 많지만, 부족한 부분은 현장의 사회복지사들을 통해 부족한 부분이 채워질 것을 기대하고 여기에서 다루고 있는 기초지식이 사회복지실천현장에서 유용하게 활용할 수 있는 자료가 될 것을 기대한다. 끝으로 이 책이 나오기까지 인내를 갖고 기다려 준 형지사 가족들에게 감사의 마음을 전한다.

2016년 8월
저자 일동

차 례

✪ 부록

제 1 장

사회복지실천의 이해

학습목표

① 사회복지실천의 정의와 목적을 학습한다.
② 사회복지실천의 이념과 철학을 이해한다.

실천(practice)이란 무엇일까? 우리는 흔히 '말로만 하지 말고 몸소 실천을 하라'는 말을 듣기도 하고, 또 말을 하기도 하면서 생활한다. '몸소 실천'한다는 것은 실제 현장에서 시간과 정열을 쏟으며 활동함을 의미하는 것으로 사회복지실천은 인간의 삶의 질을 향상시키려는 사회복지의 목적을 위해서 사회복지의 이념과 가치를 토대로 사회복지 실천가인 사회복지사가 제공하는 다양하고 전문적인 실천 활동으로 설명할 수 있다. 사회복지실천은 사회복지 통합방법 중의 하나이며, 인간의 사회적인 기능수행상의 문제를 중심으로 사회복지사와 클라이언트(client)가 함께 이루어내는 것이다. 결국 사회복지는 목표이며, 사회복지 실천은 그 과정이라고 말할 수 있다.

제 1 절 사회복지실천의 기초

사회복지란 무엇인가? 사회복지가 무엇인지를 이해하기 위해서 용어의 개념 정리가 필요하며 가장 먼저 생각할 수 있는 방법이 '사회복지'라는 말의 어원을 찾아보는 일이다. 사회복지란 사회와 복지(social welfare)의 합성어이다. 복지(welfare)는 웰(well)과 페어(fare)의 합성어로 웰(well)의 사전적 의미는 만족스러운, 성공적으로, 또는 적절하다는 뜻이 있고 페어(fare)는 만족할 만한 상태, 불만이 없는 상태, 건강과 번영하고 있는 상태를 뜻한다.

사회복지의 언어적 의미는 "공동체 사회에서 사회 내적인 관계를 기초로 구성원들의 전 생애에 걸쳐 건강하고 안락한 삶을 유지 증진시켜 바람직한 삶을 추구하는 사회적 노력"이라고 할 수 있다. 사회복지실천(social work practice)이란 용어는 우리나라 상황에 맞추어 영어를 번역한 것인데 그동안 사용하고 있던 사회사업(social work), 개별사회사업(social casework), 임상사회사업(clinical social work), 일반적 사회사업(generalist social work) 등을 포함하는 뜻으로 발전된 개념이다. 따라서 사회복지 실천은 사회복지사가 개인, 집단, 가족 그리고 지역사회를 대상으로 클라이언트의 문제와 욕구를 그들 스스로가 해결하도록 도와주어 사회적 기능을 향상 발전시키고 아름다운 사회를 만들어 이들의 삶의 질을 드높이는 목적을 수행하도록 하는 종합적이고 전문적인 직업활동이다.

1. 사회복지실천의 정의

사회복지실천은 일반적으로 인간과 사회 환경간의 관계를 촉진시켜서 모든 사람들의 삶의 질을 향상시키기 위한 사회복지의 구체적인 실천방법으로서 협의의 사회복지라고 정의할 수 있다. 그러나 사회복지실천의 정의와 목적은 역사적 배경이나 사회적 상황에 따라 서로 다른 개념과 용어로 정의되면서 지속적으로 변화되어 오기 때문에 오늘날까지도 합의된 정의를 제시하는 것은 어려운 상황이다.

사회복지실천이란 용어의 최초의 정의는 1917년에 사회진단(Social Diagnosis)을 저술한 메리 리치몬드(Mary Richmond)가 언급한 개별사회사업에서 찾을 수 있다. 「개별사회사업이란 무엇인가?(*What is social casework*)」에서 메리 리치몬드는 사회복지실천의 토대를 세웠다. 개별사회사업(social casework)이란 용어는 현재 사용하는 사회복지실천의 초창기 용어로써, 메리 리치몬드에 의하면 '사회복지실천은 인간과 그를 둘러싼 사회 환경간의 부적응이나 갈등을 해소하여 개인의 욕구를 충족시켜 주고 사회의 규범에 적응하도록 도와주는 것을 목적으로 한다.'고 정의하였다.

'사회복지실천'이란 'social work practice'를 우리나라 상황에 맞게 번영한 용어로 사회복지의 실천적 의미를 강조한다. 사회사업(social work), 개별사회사업(social case work), 임상사회복지(clinical social work), 일반주의 사회사업(generalist social work) 용어와 유사용어로 사용한다.

미국사회복지사협회는 사회복지실천의 목적을 아래와 같이 명시하면서 사회복지실천을 개념적으로 정의하였다(NASW, 1982).

즉 사회복지실천은 인간과 사회 환경간의 상호작용을 연관시키는 생태체계적 관점에 기초하여 개인, 집단, 가족이 자신들의 문제해결능력과 대처능력을 향상시키고, 인간이 필요로 하는 사회자원, 서비스, 기회 등의 환경체계가 원활하게 상호작용할 수 있도록 도와주며, 자원과 서비스를 제공하는 다양한 사회복지기관이나 조직이 클라이언트에게 보다 좋은 서비스를 제공할 수 있도록 효과적이고 효율적인 운영을 추구하며, 새로운 사회정책의 개발과 향상을 목적으로 하는 실천활동이라고 정의하였다.

사회복지실천의 정의는 다양하지만, 공통적인 개념들은 첫째, 사회복지실천은 인간과 사회 환경간의 상호작용에서 나타나는 욕구와 문제들을 해결하는 구체적인 실천 활동을 강조하고 있으며, 둘째, 사회복지실천의 대상자가 개인, 가족, 조직, 지역사회임을 명시하고, 셋째, 사회복지실천의 목적으로 개인의 사회적 기능향상과 사회정의의 실현을 규정하는 것이라고 할 수 있다. 따라서 사회복지실천은 사회복지사가 개인, 집단, 가족 그리고 지역사회를 대상으로 하여 이들이 자신들의 문제와 욕구를 스스로 해결할 수 있도록 도와주어서, 이들의 사회적 기능을 향상시키고 배분적 사회 정의를 실현하는 것을 목적으로 하는 종합적이며 전문적인 실천 활동으로 정의할 수 있을 것이다.

이상에서 사회복지실천이란 개인의 사회적 기능향상과 사회정의 실현을 위하여 사회사업의 전통적인 방법론인 개별사회사업, 집단사회사업, 지역사회복지사업의 3대 방법론을 통합하여 정책, 행정 및 사회복지조사 등을 통합한 실천방법이라고 설명할 수 있다. 사회복지 실천의 궁극적인 목적은 모든 사람들의 삶의 질을 향상시키는 데 있다.

2. 사회복지실천의 목적

사회복지실천의 목적을 핀커스와 미나한(pincus & Minahan, 1973)은 개인의 문제해결 능력과 대처 능력을 향상시키며, 사회자원과 서비스, 기회를 제공하는 체계와 연결할 수 있도록 하며, 이 체계들을 효과적으로, 그리고 인도적으로 운영하도록 하여, 사회정책 개발과 발전에 기여하는 것이라고 하였다.

사회복지실천의 목적(purpose)을 정의하고자 맨 처음 시도된 것은 밀포드(Milford) 회의였으며, 그 후 1994년 미국 사회복지교육협의회에 이르기까지 사회복지 실천이라는 개념이 정립되면서 최근까지도 그 노력이 계속되고 있다. 이에 사회복지의 목적은 인간다운 삶을 영위하며 존엄한 인간의 가치를 실현하고 살기 좋은 복지사회를 구현하는데 있다. 따라서 더불어 함께 살아가는 아름다운 사회를 만드는데 그 목적이 있다 하겠다.

이를 좀더 세분화하면 인간의 존엄성 확보, 인간의 건강한 성장과 발달의 보장, 정상화, 사회적 통합으로 나누어 볼 수 있다.

3. 사회복지실천의 초점과 기능

사회복지실천 활동이 다른 인간 서비스 전문직과 구별되는 점은 여러 가지가 있지만 그 중에서도 사회복지실천의 기본 시각은 다른 인간 서비스 전문직과 특히 구별된다. 사회복지실천의 대상이 개인이냐, 집단 또는 가족이냐에 상관없이 사회복지를 실천함에 있어 사회복지사가 갖고 있는 기본시각은 이른바 '환경 속의 인간(person in environment)'이라는 용어로 요약될 수 있다. 이 개념은 사회복지실천방법이 태동하고 정형화되는 과정에서 사회복지실천의 기본원리로 작용해 왔다.

사회복지 실천의 기능은 사회복지의 궁극적인 목적을 달성하기 위하여 사회복지 실천가들이 사회복지 활동을 구체화하는 목표(objectives)들이다.

여기에서 구체화된 목표를 달성하기 위한 기능은 다음과 같다.

- 사람들로 하여금 그들의 능력을 극대화시키고 문제해결과 대처능력을 길러주는 기능
- 인간다운 삶을 유지 증진토록 최소한의 의식주 해결과 자원제공의 기능
- 제반 서비스의 적절한 절차 및 기회균등과 존엄성 회복 및 부적절한 사회기능을 개혁하는 기능
- 개인과 환경이 양질의 상호작용을 하도록 돕는 기능
- 조직과 제도간의 상호관계 증진의 기능과 이 목표달성을 위한 조정자, 중재자 또는 정보제공자로서의 기능
- 클라이언트의 삶의 질 향상을 위한 사회정책과 환경정책의 변화를 위한 기능
- 클라이언트에게 기본적인 국민기초생활보장이 되도록 정보를 제공하고 차상위계층의 복지수혜대상 제외로 인한 불이익이 없도록 소득분배의 기능

결국 사회복지실천의 기능은 모든 사람들이 삶의 질을 향상시키고 인간다운 삶을 영위하도록 돕고자 하는데 있다. 따라서 개인과 사회 사이에서 상호적으로 유익한 상호작용이 이루어지도록 사회복지실천기능을 촉진시키고 회복시켜 주는 데 있다. 이러한 추상적인 개념을 실천하기 위해서는 사회복지사들이 적극적인 실천목표를 가지고 있어야 한다.

4. 사회복지실천의 주요관점

사회복지실천의 이념과 이론 등은 매우 다양하며 관점에 따라 여러 형태로 규정할 수 있다. 이렇게 다양한 관점이 역사적 발달과 함께 하였다고 볼 수 있다. 많은 학자들이 사회복지에 관한 이론과 이념, 그리고 사회복지를 위한 이론들을 발전시켜 왔다. 그 중에서 가장 중요한 이론적 근거가 되고 있는 사회복지실천 관점은 '환경 속의 인간(person in environment)'이다. 즉 사회복지실천은 인간과 사회환경 간의 상호작용에 관심을 둔다. 이러한 실천관점 형성 및 발전에 가장 큰 영향을 준 것이 바로 일반체계적 관점과 생태체계적 관점이라고 할 수 있다.

체계(system)란 상호의존적이며 상호영향을 주고받는 부분들로 구성되어 있는 전체를 의미한다. 다시 말하면 상호관계를 맺고 있는 구성단위들의 집합체이지만, 구성단위들의 단순 집합이 아니라 구성 단위간의 상호작용 또는 관계 양상을 포함하는 하나의 전체 또는 단위를 의미한다. 이런 맥락에서 체계는 "전체는 각 부분들의 합보다 크다"로 간략히 정의된다.

일반체계적 관점이 제시하는 개념적 틀에 의하면 개인과 사회의 문제는 원인 결과의 관계로 해석되기보다는 상호 연결된 전체로 파악된다. 즉 개인과 환경은 어느 한 쪽이 다른 한 쪽에 일방적인 영향을 끼치는 것이 아니라, 양자가 모두 원인인 동시에 결과인 상호적 원인관계로 형성된 전체로 파악된다.

체계적 관점은 사회복지의 목적과 잘 부합된다고 할 수 있는데 문제의 파악 및 개인의 초점을 개인 또는 환경의 어느 한 곳에 두기보다는 상호작용하며 영향을 주고받는 전체에 두기 때문이다.

일반체계이론은 체계는 기능하고, 성장하고, 발달하고, 다른 체계와 상호작용한다는 원칙을 설명한다. 체계는 수많은 부분으로 구성되어 있으며, 체계의 부분 사이에는 상호 공생관계가 존재하고 있다.

생태학은 유기체와 환경간의 관계를 연구하는 생물과학이다. 생태학적 관점은 환경과 유기체가 역동적인 평형상태를 유지하면서 성장하는 과정에 관심을 두고 있다. 이것을 인간행동에 적용할 경우 인간과 인간의 주변 환경간의 상호작용, 상호 의존성, 또는 역동적 교류와 적응에 초점이 주어진다. '환경 속의 인간'이 제시하는 개념적 틀을 구체화한 것이 사회복지 분야에서의 생태체계적 관점이라 할 수 있다. 따라서 생태체계적 관점은 사회문제를 다룸에 있어 개인, 환경, 개인과 환경간의 상호적 관계 모두에 동시적인 초점을 둔다. 그리고 단순한 인과관계의 규명이 아닌 복잡한 인간과 환경간의 불확정한 상호교류에 관심이 있다. 따라서 개인과 환경 모두는 특정상황 속에서 양자가 끊임없이 영향을 주고받는 관계 측면에서 관찰되고 파악되어야만 충분히 이해될 수 있다.

〈그림 1-1〉 개인의 생활환경 조사도

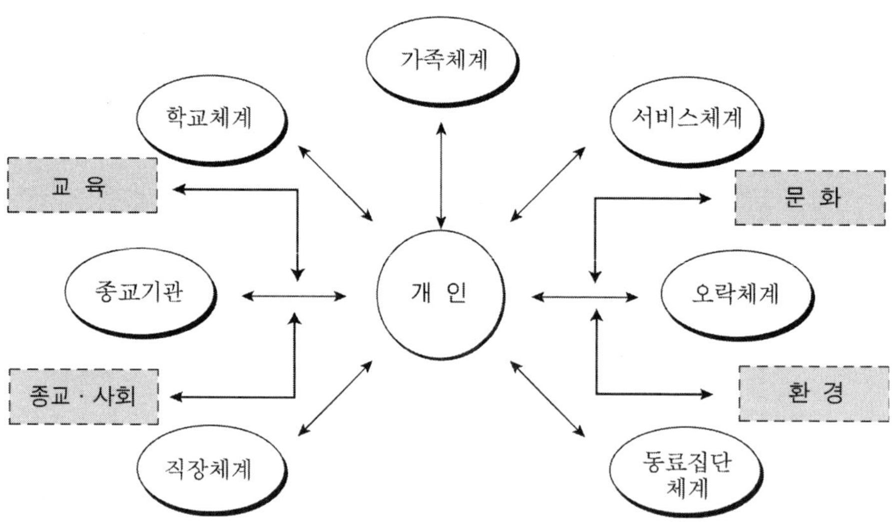

제2절 사회복지의 이념

사회복지가 발달해 온 역사적·발달적 맥락을 고려할 때 사회복지실천의 이념은 매우 다양하고 포괄적이다. 사회복지의 이념은 인도주의, 사회진화론, 민주주의, 자유방임주의, 자유주의, 신자유주의, 사회민주주의, 신마르크스주의, 제3의 길, 생산적 복지, 시민권론 등이 있다. 사회복지의 이념은 요약하면 다음과 같다(류종훈 외, 2013).

1) 인도주의

사회복지의 최초 이념, 혹은, 사상은, 박애사상과 인도주의이다. 자선조직협회(COS, Charity Organizaton Society)에서 실시한 우애방문자의 철학으로 우애방문자가 클라이언트에게 보여준 무조건적인 봉사정신은 사회복지실천의 기본 정신인 이타주의에 기반한다.

2) 사회진화론

자연법칙인 진화론을 사회법칙 진화론에 적용한 것이다. 이는 사회적합 계층은 살아남고, 사회 부적합 계층은 자연스럽게 소멸된다는 이념이다. 사회복지실천의 사회통제 측면에서 이 이념을 수용하였다. 대표적인 예가 바로 우애방문이다. 우애방문자는 극빈자에게 중산층의 기독교적 도덕성을 강요하면서, 충고에 따르지 않은 사람에게는 최소한의 도움만 제공하여 겨우 생존할 수 있게 하였다. 의도는 사회적합 계층에게 방해가 되지 않도록 하기 위함이다.

3) 민주주의

사회진화론과 달리 모든 인간은 평등하다는 것을 인정하면 자유경

쟁으로 삶을 유지 증진하는 경제원리이다. 따라서 클라이언트도 대우받을 권리가 있다. 이러한 민주주의의 등장으로 클라이언트에 대한 선택적 봉사철학이 강화되었다. 시혜여부를 결정하는데 클라이언트가 적극 참여해야 한다는 사회적 움직임이 나타났고, 후에 클라이언트의 자기결정권에 영향을 미쳤다.

4) 자유방임주의형

자유방임주의형은 개인 및 가족의 능력에 따른 서비스를 가능한 한 유료의 자원에 의하여 해결하는 것을 말한다. 개인주의의 단순한 형식에 기초하여 있고, 경제성장과 부의 극대화에 큰 가치를 부여하며 모든 종류의 계약과 합의에 있어서 개별적 선택을 강조한다. 예를 들면 소득과 부, 교육, 의료 서비스 등 최소의 국가 개입 하에 개인적 교환력에 의존하고 있다. 이 유형은 빈곤이 다수를 차지하고 생활수준이 생계비 이하로 떨어지거나 다른 사람을 위협할 때 한해서만 정부가 개입한다.

5) 자유주의형

자유주의형은 개인 및 가족의 욕구에 따른 서비스를 유료의 자원동원에 의하여 해결된다. 기회와 개인적 자유 및 사회적 분배방식으로서 시장의 중요성을 강조한다. 즉, 시장을 생활기준의 중요한 결정요인으로 받아들이고 선택적 자유의 중요성을 인정한다. 이러한 의미에서 자유주의자들은 시장을 생활기회와 기회구조의 배분자로서 인정하고 있다. 그러나 사람들의 생활수준에 있어서는 최저수준의 보장에 정부의 책임을 인정한다. 대표적인 국가로는 미국, 일본 등이 있다.

6) 신자유주의

1970년대 말경 복지국가 위기론의 등장으로 1980년에서 1990년대를 배경으로 복지비의 감소, 시설의 민영화, 재가복지 구현, 탈시설화,

자원봉사의 확대 등과 같은 맥락에서 신자유주의는 세계화와 더불어 진행하면서 많은 복지 국가들이 복지예산을 감축하고 제도를 정비하였다. 따라서 상당부분 근로연계복지를 강화하는 제도를 통하여 기존의 복지 수혜자들이 소외되는 정책으로 빈부의 격차가 발생하기도 하였으나 복지의 근간을 훼손시키지는 않았다.

7) 사회민주주의형

사회민주주의형은 개인 및 가족의 욕구에 따른 서비스를 가능하도록 무료의 자원에 의해서 해결한다. 정치, 사회, 경제적 활동에 참여하는 평등과 공동체의 가치를 강조한다. 사회민주주의형은 기본적으로 자원분배를 능력보다도 욕구에 기초해야 한다고 주장하는 점에서 자유주의형과는 반대되는 것이다. 사회 민주주의자들은 사회정책이 도구와 제도는 개인적 자유를 유지하고 확대시키는데 잠재적 역할을 하고 있다고 하며 계급, 소득, 인종의 구별 없이 무차별적 서비스를 베풀 것을 주장한다.

8) 신마르크스주의형

사회정책의 역사적 발전과 현대적 기능에 대하여 마르크스가 지적한 것이다. 이에 대한 특징으로는 ① 대립적인 계급이익, ② 자본축적의 중요성, ③ 프롤레타리아의 혁명적 역할 등을 들고 있다. 사회정책의 기능과 역할에 대한 분석에서 신마르크스주의자들은 선진자본주의 사회에서 검증하는 국가개인주의의 본질 및 한계를 마르크스주의 경제이론에 입각해서 분석하고 있다.

9) 마샬(Marshall)의 시민권론

마샬은 민주주의가 발전하면서 시민권(citizenship)이 주창 확대되었고, 복지권이 등장하게 되었다. 시민권에는 정치권과 공민권 및 사회권이 있다. 초창기에는 공민권(civil rights ; 자유권, 사상권, 재산권)이 확고한 위치를 차지하였으나 점점 정치권(political rights ; 선거권과 피선거권)에 관심이 집중되었다. 그 이후에는 사회권(social rights ; 경제적 복지권, 문화생활 영위권, 사회적 유산 공유권)이 발전되었다. 우리가 복지권이라고 할 때에는 경제적 복지권과 사회적 유산 공유권 및 평균적 문화생활권까지도 포함하는 사회권 전체를 의미한다고 볼 수도 있다. 그러나 경제적 보장을 의미하는 복지권으로 해석하는 것이 일반적이다.

10) 제3의 길

기든스(Giddens)가 주창한 제3의 길은 신자유주의와 사회민주주의의 쟁점을 영국 노동당 블레어 총리가 채택한 복지이념이다. 제3의 길은 일을 통한 복지를 강조하고 제3섹터의 활성화를 추진하여 시민사회 분야에서의 일자리 창출을 기대하였다. 제3의 길은 베버리지가 말한 무지, 불결, 빈곤, 질병, 나태 등의 5대악 대신에 적극적인 복지실천을 위하여 소득, 보건, 교육, 근로를 실현한다는 점에서 적극적 복지라고 할 수 있다. 그러나 신자유주의의 정책적 한계를 뛰어넘지 못하고 있다는 비판도 있다.

11) 생산적 복지

김대중 정부의 국정이념에서 민주주의, 시장경제, 생산복지를 주창하였는데, 국민기초생활보장, 근로연계복지실현, 자활후견사업, 사회보험 확대 등을 통해 경제사회적 통합을 이룩코자 하였다. 자원의 문제와 도덕적 해이 등 여러 가지 문제점이 있었지만, 국민기초생활보장법의 제정과 시행 그리고 4대 사회보험제도의 적용범위 확대 등은 복지의 제도적 성격을 강화하는 데 기여하였다.

12) 그 밖에 복지 이데올로기

게오르게(V. George)와 윌딩(P. Wilding)은 반 집합주의, 소극적 집합주의, 페이비언 사회주의, 마르크스주의로 나누었다. 반 집합주의는 자유와 개인주의 그리고 불평등을 인정하는 자유방임주의 경향이 있으며 소극적 집합주의는 평등과 박애 및 필요에 의한 분배원칙을 제시한다. 페이비언 사회주의는 평등, 자유, 우애를 실천원칙으로 하고 사회적 효율성과 사회적 정의를 실천코자 한다. 이와 유사하지만 마르크스주의는 평등과 박애 그리고 필요에 따른 분배원칙을 중시한다. 특히, 이중에서 마르크스주의는 현실성의 결여로 점점 사라져 가고 있으며 새로운 신마르크스주의가 등장케 되었다.

〈그림 1-2〉 시민권의 관계성 고찰

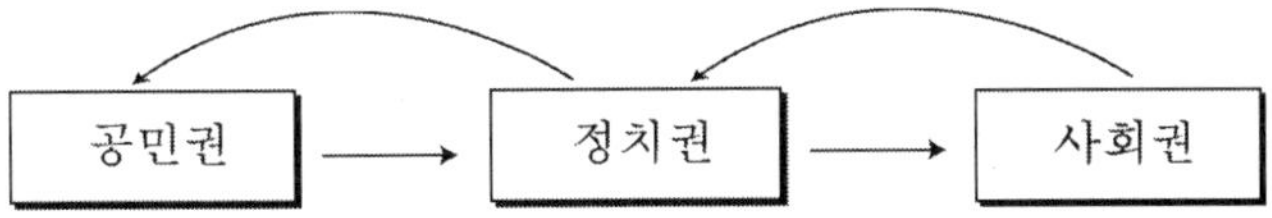

제 2 장

사회복지실천의 역사

학습목표

① 사회복지실천의 역사적 발달과정을 살펴본다.
② 우리나라 사회복지실천의 현황과 발달과정을 살펴본다.

사회복지는 사회과학으로서의 역사성과 실천성을 가지고 있다. 이에 우리는 사회복지가 발달한 역사적 배경을 바탕으로 지금까지의 임상적 배경을 과학적으로 인식, 분석하여 제반 사회복지 현상에 대하여 이해의 폭을 넓혀 실천적 의지를 갖도록 하고자 한다.

사회복지는, 사람들이 지금까지 발전시켜 온 사회현상들을 역사 속에서 재인식하고 생성, 확립, 전개된 사례를 살펴보았을 때 그 현상은 특정한 사회적, 역사적 환경 아래 일정한 법칙을 가지고 변화되어 왔음을 알 수 있다. 과거의 경험에 대한 분석을 통해 일정한 법칙을 형성하고 있는 변수를 찾아내어 미래를 예측하여 행복한 사회를 만들어 가는 데 사회복지 역사연구의 목적이 있다. 이러한 사회복지의 역사성을 시대적으로 구분 연구하는 방법에는 외재적 방법과 내재적 방법이 있다. 외재적 방법은 발전을 사회적, 경제적 조건의 변동과 관계된 시대적 특징을 고찰하는 것이고, 내재적 방법은 사회복지 실천의 대상자를 중심으로 내재적 처우방법에 변화 즉, 실천기술 및 실천방법의 발달과정 등을 중심으로 사회복지 발달을 고찰하는 방법이다. 이때 사회복지의 변천과정을 외재적 또는 내재적 측면만으로 고찰할 때 어느 한 과정만을 살펴보기 때문에 상대적으로 설명할 수 있는 부분을 왜곡하거나 간과하는 오류가 발생할 수 있어 양 측면을 고찰하는 것이 바람직한 방법일 것이다. 따라서 사회복지 실천의 역사 역시 양 측면을 고려하는 것이 바람직하다.

제 1 절 사회복지실천의 역사

1. 전문적 사회복지실천 이전(~19세기 말)

사회복지의 변화와 양상은 그 시대의 사회구조와 사상의 흐름 속에서 찾아볼 수 있다. 사회복지 실천이 전문화되기 이전인 고대사회는 씨족과 종족의 공동체 생활을 근간으로 하였다. 전근대적 사회복지의 실천은 유럽, 특히 영국에서 행해진 교회중심의 구제활동에서 그 기원을 찾을 수 있다. 중세 영국에서 가난한 사람들을 돌보는 일은 교회의 중요한 활동 중 하나였고 의무였다. 또한 길드(guild)조직(12~15C)에서는 회원들 간의 상부상조를 목적으로 조직된 수공업·상인길드, 농촌우애조합 등에서 회원들의 미망인과 고아들을 원조하였고, 시간이 흐름에 따라 회원뿐만 아니라 마을의 빈곤한 사람들을 위한 자선사업도 시행하게 되었다. 초기에는 자선조직이라기보다는 상호부조적인 인보단체였고 이후 불행한 사람들을 구제하는 역할을 감당하였다.

1531년 헨리8(Henry8)세가 법령을 제정하였으나, 이 법은 부랑자와 걸인을 처벌하는데 주목적이 있었다. 따라서 시장이나 치안판사들이 교구 내 보호노인과 무능력 걸인들의 생활을 조사하는 책임을 맡게 되었다. 따라서 진정한 복지의 출발이라고 볼 수 없다.

1601년 엘리자베스 구빈법(The Elizabethan Poor Low)은 종전부터 내려오던 영국의 빈민구호에 관한 법률들을 집대성하여 성문화시킨 것으로, 가족과 친족이 부양하지 못하는 빈민을 해당 교구가 책임을 지고 부양하도록 규정하였다. 세계 최초의 공적복지법률이라는 의의를 가지고 있다. 이 법 때문에 영국은 세계 최초 사회복지를 법제화한 나라로 위상을 정립하게 되었다. 구빈법은 이후 산업혁명기 동안에도 그대로 유지되었고, 미국 식민지법에도 반영되어 영국뿐 아니라 유럽 여러 나라들과 미국의 사회복지정책 및 실천에 지대한 영향을 미치게 되었다.

1) 엘리자베스 구빈법(The Elizabeth Poor Saw)

지방정부(local government)로 하여금 빈곤한 자를 돕게 하였고 시설중심구호에서 지역사회 중심 구호를 실천하게 하였으며, 이에 빈곤한 자들을 고향으로 보냈다. 또 일할 수 있는 능력을 가진 자는 원조하지 않기 위해 수혜자격(eligibilits)을 조사, 사정하였고, 이 조사로 최하 봉급 액수를 넘지 않는 범위에서 원조하는 제도를 채택하였다. 이처럼 구빈법은 특히 빈민을 억압하고 사회질서를 유지하려는 사회 통제적 성격이 강한 법령이었다.

(1) 빈민분류

빈민은 일할 수 있는 유능한 빈민, 일할 수 없는 무능한 빈민, 요보호아동으로 분류되었다. 이것은 빈민을 억압하고 사회질서를 유지하려는 사회 통제적 성격이 강했다.

(2) 원조규정

일할 수 있는 능력이 있는 빈곤자는 원조하지 않고, 수혜자격을 조사, 사정해서 최하봉급 액수를 넘지 않는 선에서 원조했다.

(3) 사회복지 역사에서 의미 있는 법률

가족, 친지, 이웃에게 보호받지 못하는 빈민을 국가와 지방정부가 책임지도록 규정하였다는 점에서 복지적 의미를 가지고 있다.

2. 전문적 사회복지실천의 출현(19세기 말~1900)

전문적인 사회복지실천이 실현된 시기라고 할 수 있다. 산업혁명 이후 19세기 말은 영국 사회는 열악한 노동조건 하에서 질병 · 빈곤 · 슬럼가의 발생 · 범죄 · 비행 증가 등과 같은 사회문제가 대량으로 발생하게 됨에 따라 공적 구빈사업만으로는 대응하는데 한계가 있었다. 이에 대응하기 위해 개인적 차원의 자선사업과 박애사업이 시작되었다. 인도주의적 사회개혁사상과 연계된 민간사회복지가 발달하기 시작했다.

1) 자선조직협회(Charity Organization Society, C.O.S)

자선조직협회의 활동은 독일에서 먼저 시작되어 영국에 소개되었고 후에 미국에 전파되었다(김창규 외, 1995). 이러한 여파로 1861년 당시 런던에 640개의 자선단체가 있었지만, 세계 최초의 자선조직협회는 1869년 런던에서 설립되었으며, 미국의 자선조직협회는 1876년 런던 자선조직협회를 본받아 설립된 버팔로(Buffalo)자선조직협회가 그 효시이다.

자선조직협회(C.O.S)는 현대적인 사회서비스기관의 효시로 박애주의를 기반으로 기금을 모아 민간이 운영하는 기관으로, 협회 직원들은 클라이언트에게 직접 서비스를 제공하였는데 그 당시 사회문제를 해결하려는 목적으로 지역사회의 노력들을 조성하는 자원봉사자들이 다수 활동하였다. 이들을 '우애방문가'라고 한다. 이들이 점차 전문화되면서 사회복지사로서 전문직의 시초가 되었다.

자선조직협회의 주된 기능은 구제신청자에 대한 과학적이고 면밀한 조사, 구제중복을 피하고 효율적 구제활동을 전개하기 위한 구제등록의 실시, 여러 구제기능간의 연락·조정, 우애방문원이라 불리는 자원봉사자의 활용이었다. C.O.S가 행한 이 같은 일은 이후 사회복지실천에 초석이 되었다.

특히, 우애방문에 의해 시작된 가정방문·면담·기록·사례연구(case conference) 등의 활동들은 개별사회사업 실천기술의 기초가 되었다. 이것은 사회복지 조사 및 지역사회실천 활동의 뿌리가 되었다. 우애방문은 개별사회사업으로 대체되어 점차 전문화되었다.

2) 청소년 단체 운동

사회개혁을 위한 욕구의 출현으로 사회개량 차원에서 열악한 환경을 개선하고자 하는 운동으로 시작한 것이 YMCA(1844)와 YWCA(1855)의 결성이다. 이것은 일종의 청소년 단체 운동인데 그

출발은 아주 작은 집단이었다. 주요 활동은 빈곤과 열악한 노동조건·질병이나 범죄 등 심각한 사회문제 상태에 있는 청년들에게 기독교 신앙과 집단 활동 및 레크리에이션을 통해 정신적 생활 기술을 지도함으로써 사회문제에 대응이었다. 또, 자발적이고 비공식적인 집단 내에서 인격적인 교제를 기초로 한 사회 교육적 여가 활동에 앞장섰으며, 건강하고 인간다운 생활을 할 권리에 대한 인식을 높이는 활동을 목표하였다는 점에서 사회복지영역에서 빼 놓을 수 없는 집단사회사업 실천의 원류 중 하나였다고 볼 수 있다.

3) 인보관(settlement)운동

인보관 운동은 자선조직화 운동과 더불어 새로운 사회운동으로 나타난 인보사업이다. 1884년 런던 이스트 엔드 지구에 세계 최초의 인보관인 토인비 홀이 설립되었고, 설립자인 바네트(Samuel Bamett) 목사에 동감하는 옥스퍼드·케임브리지, 양 대학 학생들이 중심이 되어 이 운동을 전개했다. 이처럼 이 운동은 기독교 사회주의 사상에 입각하고 있었다.

미국으로 옮겨온 세틀먼트 운동은 사회사업실천방법으로 발전하게 된다. 1886년 코잇(Stanton Coit)이 토인비 홀에서의 경험을 살려 뉴욕에서 미국 최초의 근린조합(neighborhood guild)을 설립했다. 1889년 제인 애덤스(Jane Addams)가 시카고의 빈민가에 설립한 헐 하우스(Hull House)는 주민 상호 간에 서로 배우고 가르치고 돕는 세틀먼트 운동의 중심지였다. 이러한 세틀먼트 운동은 빈민들의 생활을 개선하는 것이 목표이다. 이 운동은 빈민과 함께 생활하고 인격적으로 접촉하면서 그들의 욕구가 무엇인지 이해하고, 그에 따라 집단 활동을 전개했는데, 이는 집단사회사업의 효시가 되었다. 지역주민들이 서로 배우고 가르치고 돕는 것을 기본으로 하며, 주민 각자의 문제를 서로서로 유용한 방향으로 해결하도록 조직하는 지역사회운동의 시초가 되었다.

또한 세틀먼트 운동은 소외계층의 역량강화와 권한부여(empowerment)를 중요한 이슈로 보았다. 소외계층도 스스로 문제를 해결할 수 있는 능력이 있으며 따라서 해결할 수 있도록 도와주어야 함을 강조하는데, 이것은 사회복지실천 방법론 중 역량강화모델의 이념이 된다.

인보관 운동의 3R은 리사이던스(Residence, 거주), 리서치(Research, 연구조사), 리폼드(Reform, 개혁)로서 연구, 조사하면서 사회를 개혁해야 함을 의미한다. 이는 함께 살면서 같이 생활하지 않으면 빈민을 이해할 수 없다는 것에 기초하고 있다.

〈표 2-1〉 자선조직협회와 인보관운동의 비교

구분	자선조직협회	인보관운동
이념 및 이론	사회진화론	사회교육, 사회개혁
실천자	중산층 부인 중심의 자원봉사자	대학생 중심의 부유층 지식인
도덕성에 대한 관점	기독교적 도덕성 강조	도덕성의 다양한 관점을 인정하고, 계층별 도덕성 강조
실천 장소	우애방문자가 가정방문	클라이언트를 이웃으로 생각하고 그들이 생활하는 곳에서 함께 거주하며 실천

3. 사회복지실천의 전문적 확립기(1900~1920)

1876년 뉴욕자선조직협회가 미국에서 설립되어 발전을 거듭하면서 1898년 최초로 유급직원에 대한 사회사업 강습 후 학위가 주어졌는데, 이것이 사회사업 전문화의 발단이라고 할 수 있다.

이 운동에서는 빈곤으로 인한 생활 곤란이 본인의 성격결함이나 개인적 이유가 아닌 사회적 요인이란 인식하에 C.O.S의 활동이 자원봉사적인 우애방문만으로는 불충분하다고 생각하여 전문성을 가진 유급 전임직원을 고용하는 분위기가 지배적이었다. 따라서 사회복지실천은 임금체계를 정립하고 전문적 실천가들을 교육하고 훈련하는 제도를 채택하면서 점점전문직으로 전환되기 시작하였다. 우애방문자에게 임금을 주어 책임감을 고취했으며 기능과 활동영역을 확대하였고, 실천가들을 지도·감독할 관리자가 필요해지면서 교육과 훈련제도를 개발 정착시키게 되었다.

이후 1905년 미국에서 의사 카보트(Richard C. Cabot)가 메사추세츠 병원에 보조사회복지사를 채용하고 신경과병동에 정신의료사회복지사를 채용하는 것을 계기로 전문직으로 확고해졌다. 아동상담소, 학교, 인보관 등에서 사회복지사를 채용하면서 전문직으로 위상을 정립하면서 점차 확대되었으며, 사회복지 계에서도 스스로 노력하면서 더욱 발전하게 되었다. 사회복지사들은 전문직의 기본 틀에 맞는 환경을 조성하였는데, 교육과 훈련을 담당하는 학교를 설립하고, 책을 발간하고, 전문가협회를 설립하였다. 당시 메리 리치몬드(Mary Richmond)는 『사회진단(*Social Diagnosis*)』 및 『개별사회사업이란 무엇인가?』를 저술하여 개별사회사업을 처음으로 과학적으로 체계화하여 사회복지실천의 전문화에 공헌하였다.

또한 전문적 기술에 대한 노력으로 프로이드의 정신분석이론과 기술을 도입하여 사회복지사가 치료자의 역할을 감당하면서 위상을 높이고자 시도했다. 이러한 치료자로서 역할은 다른 사회복지영역에도 영향을 미쳤다. 또한 미국에서는 1921년 미국사회사업가협회(AAWS)가 전국적인 전문조직으로 결성되었다. 1955년에는 전미사회사업가협회(NASW)로 통합되었다.

4. 사회복지실천의 전문적 분화기(1920~1950)

이 시기를 사회복지실천적 전문 분화기라고 하는 데에는, 1920년을 기점으로 사회복지사들은 새로운 도약을 하였는데 그 계기가 프로이드(Freud)이론과 신프로이드 학파인 랑크(Ofta Rank)이론을 사회복지이론으로 응용하는데 있었다. 이것은 프로이드 이론에 기반을 둔 진단주의 사회복지사들이 활동영역을 넓혀 나가게 된 동기가 되었다. 한편,

다양한 영역에서 사회복지사 역할이 확장되면서 사회복지실천 공통의 지식기반을 갖추자는 움직임이 등장했다. 이것은 각 영역별로 특수화된 지식이 발전하면서 사회복지 전문직 자체의 주체성이 흔들릴 수 있다는 불안에서 비롯되었다.

전문적 분화는 1920년대 미국 사회사업실천적 이론의 전문 분화와 또 다른 하나는 사회사업실천기술에 있어서의 전문 분화로 살펴볼 수 있다.

1) 사회복지실천 정착

개별사회사업 방법론을 바탕으로 일반사회복지 접근이 시작되었다. 사회치료를 기본 기능으로 해서, 사회 규범적 행동범위를 중시하고 지역사회자원을 활용할 것을 강조하였다. 이 같은 기본 지식과 방법론을 익힌 사회복지사는 개인적이고 사적인 영역(아동상담소, 병원 등)에서 전문적인 사회복지실천을 시작하였다.

2) 1925년 밀포드(Milford) 회의의 주요 내용

(1) 사회에서 허용하는 규범적인 행동에서 벗어난 행동에 관해 알아야 한다.
(2) 인간관계 규범을 알아야 한다.
(3) 클라이언트에 관한 사회력은 중요하다.
(4) 클라이언트를 치료하기 위한 방법론이 있다.
(5) 사회치료에서 지역사회자원을 활용한다.
(6) 개별사회사업에서 요구하는 과학적 지식과 경험을 적용한다.
(7) 개별사회사업의 목적, 윤리, 의무를 결정하는 철학적 배경을 이해한다.
(8) 이상 모든 것을 사회치료에 융합한다.

3) 사회복지실천 분화

1930년 대공황으로 미국 정부는 뉴딜정책을 펼치면서 공공 영역에서 사회복지사를 고용하기 시작하였다. 대공황을 경험하면서 사회복지실천은 개인문제의 근원을 사회의 구조적 모순에서 찾게 되었다. 따라서 사회복지사는 사적인 영역보다 공공시설에 고용되어 공적인 역할을 담당하게 되었다.

개별사회사업을 수행할 때 진단주의 학파는 개인의 과거 경험을 중심으로 개별적으로 접근한다. 대공황 이후 개인의 문제가 사회 환경에 있음을 인식하면서 기능주의 학파가 등장하게 된다. 진단주의(diagnostic)는 리치몬드의 〈사회진단〉과 프로이드 정신분석학의 개념과 방법을 적극적으로 도입된 개별사회사업이다. 진단주의는 정신의학 분야의 실천가들뿐 아니라 가족복지 기관이나 아동상담소 등에도 널리 확대되었다. 이 이론은 이후 해밀턴(G. Hamilton)에 의해 이론화가 진행되었는데, 그의 저서 『개별사회사업의 이론과 실제』는 세계적으로 많은 영향을 미쳤다. 이어 홀리스(F. Hollis)에 의해 '심리 사회적 모델'로 체계화되어, 현대 사회복지실천모델의 하나가 되어 발전적으로 계승되었다. 또한 기능주의는 1930년대 대공황과 대량빈곤문제를 경험하게 되면서 신프로이드 학파인 랑크(Rank, 1939)가 진단주의에 비판을 가하고 인지심리학에 기초를 둔 기능주의를 수립함으로써, 진단주의와의 격렬한 논쟁이 시작되었다. 기능주의(functional)는 현재(here and now)에 초점을 맞추면서 '질병이론'이 아닌 '성장이론', '치료' 대신 '원조'라는 용어를 사용했다. 그러나 괄목할 만한 성과가 없고 대립관계가 지속되자 펄만(H. Perlman)은 진단주의와 기능주의를 혼합한 '문제해결 모델', 스몰리(R. Smalley)의 '현대 기능주의 모델'을 제시하게 되었다. 또 로저스(C. Rogers)의 '클라이언트 중심주의'와 집단사회사업기술을 포함한 '상호작용모델'이 등장하였고, 이것이 시스템이론을 사용한 현대적 모델로 연결되었다.

기능주의 논쟁은 사회복지의 관점이 '의학모델'에서 '생활모델'로 전환하는 단초를 제공했다는 점에서 그 역사적 의의가 매우 크다.

집단사회사업은 1920년대 지역사회 공공시설과 지역사회센터 건설 등 자발적인 여가활동과 집단 활동에 의해 활성화되었다. 이후 체계화된 전문적, 이론적 기술이 필요해지면서 집단사회사업에 대한 전문교육이 시작되었고, 이러한 집단사회사업은 치료적 목적으로 활용되는 경우가 늘었다. 1923년 웨스턴 리저브 대학 사회복지대학원에서 처음으로 코일(G. Coyle)이 집단사회사업 강의를 시작했다. 코일은 보고서를 통해 '사회관계의 의식적인 활용'을 수반한다는 점에서 세 방법론 모두 사회사업의 방법들이라고 주장함으로써, 집단사회사업이 사회복지의 한 방법이라는 이론적 근거를 제공하였다. 1946년 미국 사회복지회의에서 집단사회사업을 공식적으로 사회복지실천기술로 인정하였다.

1920년부터 주 단위로 공공 복지기관이 설치되었는데, 이것이 지역사회실천으로 전환하는 계기였다. 대공황으로 민간 사회사업은 한계를 드러냈고, 국가가 사회사업기관을 설립하면서 공공기관에서 활동하는 사회복지사의 수가 늘어났다. 이러한 상황을 배경으로 지역사회실천이 발달하고 전문화되어 사회사업방법론의 한 분야로 정착하게 되었다. 대공황 이후 제2차 세계대전을 기점으로 전미사회사업회의(National Conference of Social Work)에서 지역사회사업이 사회사업 실천방법론으로 보고되어 채택되면서 1944년에 지역사회사업이 9개의 사회사업 필수과목으로 지정되었다.

5. 사회복지실천 통합의 움직임(1950~1960)

이 시기는 사회복지 실천의 통합기로 19세기 초의 개별사회사업 그리고 집단사회사업이 이 방법론으로 대두되었다. 따라서 1930년대에 지역사회 조직사업이 제3의 방법으로 제시되었으며, 이 방법들을 통합하는 실천방법이 필요하게 되었다.

1) 사회복지실천 통합 배경

점점 복잡하고 다양해지는 사회변동과 사회문제를 과거 방법론적 접근방법으로는 대응할 수 없게 되자 사회복지실천 방법론을 통합하자는 움직임이 나타났다.

방법론 통합화의 움직임은 1962년 전미사회사업가협회(NASW) 내부의 분회제도를 폐지하고 전문직 전체의 과제로서 통합적인 방법을 지향하게 되었다는 점에서 살펴볼 수 있다. 이로써 통합을 강조하는 실천방법을 활용하면서 '사회복지실천'이라는 호칭이 일반화되기 시작했다.

2) 사회복지실천이론의 통합

사회복지실천이론의 통합에는 단계적으로 세 가지 의미가 포함된다. 첫째, 전통적인 방법을 상황에 맞게 절충하여 사용하면서 통합하는 방법으로 통합의 초기 단계에 해당된다. 둘째, 이후 각 실천방법간에 공통 기반과 준거 틀을 명확하게 하면서 사회복지실천의 공통기반을 완성하는 것이다. 셋째, 이 공통기반을 토대로 통합적인 사회복지실천이론을 형성하면서 통합하였다. 이 과정은 단계적으로 진행되었으며 대표적인 통합모델로는 핀커스(Pincus)와 미나한(Minahan)의 '4체계 모델', 골드스타인(Goldstein)의 '단일화(unitary)모델', 콤튼(Compton)과 갤러웨이(Galayway)의 '문제해결과정(problem solving process) 모델', 저메인(Germain)과 기터맨(Gittermann)의 '생활(life)모델' 등을 들 수 있다.

(1) 4체계 모델

이 모델은 포괄적이고 전체적인 관점에서 클라이언트 체계를 사정할 수 있는 기초를 제공한다. 사회복지사는 실천과정에서 변화매개체계, 클라이언트체계, 표적체계, 행동체계라는 4가지 체계들과 상호작용하게 된다. 이 모델은 복잡한 여러 수준의 체계들과 연결되어 있는 사람들과 일한다는 점을 강조하고 있어, 미시 대 거시·치료 대 사회행동과 같은 전통적인 이분법적 사고를 피할 수 있게 한다.

(2) 단일화 모델

단일화 모델은 사회체계 모델, 사회학습 모델, 과정 모델들을 결합한 모델로, 사회학습에 관한 사회복지사의 기능과 자원 확보 및 활용 능력을 통해 사회변화가 가능함을 강조하고 있다.

(3) 문제해결과정 모델

펄만(Perlman)에 의해서 제시된 모델로, 인간의 생활은 끊임없는 문제해결과정으로, 문제는 병리가 아님을 분명히 하고 있으며, 문제해결 자체보다 과정이나 단계에서의 활동에 중점을 두고 있다. 특히 사회복지사는 클라이언트의 문제해결보다 클라이언트의 성장과정에 참여하여 클라이언트가 삶에 보다 효과적으로 대처해 갈 수 있도록 능력을 강화시키는데 중점을 두고 있다.

(4) 생활모델

생활모델은 개인과 환경에 동시적 초점을 제공하며, 문제 또한 개인적 장애 뿐 아니라 생활과의 맥락 속에서 파악하는 통합적 관점을 취한다.

3) 사회복지실천기술의 통합

사회복지실천기술의 통합은 개별사회사업, 집단사회사업, 지역사회실천이라는 방법론의 틀을 탈피하여, 미시적 관점에서 사회행동·조사·관리행동 계획·정책, 행정 등 거시적 관점으로 시각을 확대하여, 클라이언트와 전문 사회복지사라는 관계를 넘어서 가족을 전체로 받아들이고 클라이언트의 생활에 대한 전체적인 이해 위에 필요한 서비스를 조정해 주는 사례관리(Case Management)나 자조집단 지원 등 새로운 영역에서 이루어지기 시작한다.

4) 전문직 단체의 통합

1955년 미국에서는 사회복지와 관련된 단체가 모두 모여 미국 전미사회사업가협회(NASW)로 새롭게 탄생하였다. 사회복지사는 분야, 방법에 구분 없이 모두 사회복지사로 같은 정체성을 갖게 되었다.

5) 사회복지교육의 통합

미국 사회복지교육협의회는 사회복지관련 교과과정에 대해 연구하고, 그 결과 공통의 교과과정을 마련하여 전문직으로 통합하는 데 기여하였다.

6. 사회복지실천의 발전기(1960~1980)

이 시기는 사회복지 실천의 발전기로, 1960년대를 기점으로 개별사회사업의 역기능에 대해 이것은 지나친 심리학적 접근으로 인해 효과성이 없으며 빈민과 억압된 계층의 욕구에는 불충분한 반응과 과학적으로도 정밀성이 미비하다는 비난과 지적을 받고 있었다. 이에 새로운 발전을 시도하게 되었다.

1) 개별사회사업실천

(1) 개별사회사업실천이론과 기술의 발전

1960년대 개별사회사업에 대한 비판을 계기로 발전하게 된다. 그 비판 내용은, 개별사회사업은 가난하고 소외받는 계층이 억압받고 있는 상황을 묵인하거나 심지어 조장하고 있다는 것이다. 또한 개별사회사업은 방법론으로는 불충분하고 과학적으로 정밀하지 못하다는 것이다.

① **대상의 확대** : 개별사회사업의 대상은 전통적 모델들이 대상으로 생각했던 한정된 클라이언트뿐만 아니라 모든 사람들이라는 것을 인식하게 되었고 실천에 있어서도 모든 클라이언트를 대상으로 하게 되었다.

② **기능의 확대** : 클라이언트의 확대는 개별사회사업의 기능의 변화·확대에도 연계되었다. 많은 역할이나 기능들 중 특히, 최근에는 중재적 기능과 대변적 기능이 강조되고 있다.

(2) 새로운 모델의 발전

사회복지분야가 다양해지면서 정신건강, 학교사회복지 및 노인복지 분야와 같은 특수사회복지 분야들의 중복성을 재규정하게 되면서 이론적인 분열이 시작되었다. 홀리스(Hollis)의 '심리사회적 모델', 랑크(Rank)의 '기능주의 모델' 펄만(Perlman)의 '문제해결모델', 토마스(Thomas) 등의 '행동주의 모델' 등이 주요 모델로 등장했다. 또한 1970년대를 전후하여 라포포트(Rapoport)의 '위기개입 모델', 레이드와 엡스타인(Reid & Epstein, 1972)의 '과제중심 모델', 저메인(Germain)의 '생활모델'에 대한 이론화가 진행되었다. 이 모델들의 공통점은 클라이언트의 환경을 중시한다는 점이다. 이로써 개별사회사업실천은 전통적인 의료모델로부터 생활모델로의 전환이 현실화되었다. 생활모델은 인간과 환경과의 관계를 가장 잘 설명해 주는 모델이라고 할 수 있다.

(3) 임상사회사업의 발전

1960년대 사회사업으로부터 심한 공격을 받아온 개별사회사업의 개념은 점점 사라져 가고 1970년대 접어들면서 발전하게 된 것이 임상사회사업이다. 임상사회사업은 '환경 내 인간'이라는 관점을 바탕으로 대인 상호작용, 정신역동, 생활지원과 관리에 입각하여 개입한다. 주요 서비스는 심리치료와 상담, 클라이언트 중심 옹호, 자문, 평가를 포함하며, 사정, 진단, 치료과정으로 구성된다. 전문가로서의 자격보호와 관련된 구제, 임상사회사업가의 서비스 비용 청구, 개인 개업 등을 살펴볼 때, 임상사회사업은 개별사회사업보다 더 독립적이라고 할 수 있다. 따라서 오늘날에도 미국에는 기존의 전미사회사업가협회와 전미임상사회사업연맹이 별도로 존재하고 있다.

2) 집단사회사업실천

사회복지실천 이론 및 기술이 발전하게 되면서, 가족체계·인지행동·심리사회와 같은 이론들이 사회복지 유사 이론의 빈번한 출연으로 정교하게 다듬어져 갔다. 집단사회사업 실천이 싹트기 시작한 것은 19세기 후반부터 20세기 초이다. 1960년대 집단사회사업은 개별사회사업 모델, 임상적 모델, 일반적 집단사회사업 모델이었으나 점점 세분화되어 1960대 후반부터 70년대에 이르러 사회목표모델, 치료모델, 상호작용모델, 인본주의 모델, 사회학습모델, 목표형성모델 그리고 가족치료모델의 일곱 가지 모델로 성장하게 되었다.

그런데 가족치료모델은 집단사회사업이지만 가족을 대상으로 하는 사회복지로 분리하는 움직임이 태동되어 현재는 별도로 구분짓고 있다.

3) 지역사회조직사업의 실천

1960년대에는 사회행동으로서의 지역사회조직사업에 의한 사회문제 해결이 특히 강조되었고, 이는 사회적 측면을 기반으로 한 사회복지 실천 전반에 중요한 영향을 미쳤다. 동시에 사회행동으로 분명해진 사회복지욕구를 어떻게 사회복지 서비스 계획으로 구체화해 갈 수 있을 것인가가 중대한 과제로 대두되면서 1970년 중반 이후의 역점은 사회계획 쪽으로 이동해 갔다.

7. 새로운 복지의 확장기(1980~현재, 다중적 개입 전략)

이 시기는 절대 진리나 절대적 생명체계를 밝히려는 연구의 한계가 드러남에 따라 다중관점의 필요성이 새롭게 대두된 시기이다. 새로운 관점이 등장하였고 개입전략 등이 확장되는 시기이다. 다양한 이론적 관점들을 수용하면서 인간의 한계를 인식하고 생명공학적인 입장에서 친환경을 사회복지실천에 적용하려고 노력하고 있다. 클라이언트의 관점에서 관심을 가지며, 병리보다는 개인의 강점에 초점을 두고, 클라이언트의 상황에 맞는 역할 및 개입전략의 다중성을 중요하게 여긴다.

또한 역량강화(empowerment : 권한부여)가 집단사회사업실천의 중요한 요소로 등장하였고, 복합가족집단, 폭력, 보건단체, 아동, 청소년 등 다양한 영역으로 실천이 확대되고 있다.

생태학적 관점, 지역사회와 가족중심 접근방법들은 사회에서 소외된 사람들에게 적절한 서비스를 제공과 폭넓은 프로그램 수행의 이론적 배경이 되고 있다.

제 2 절 한국의 사회복지실천 발달과정

한국에서는 사회복지 실천의 도입은 6・25 전쟁으로 인하여 외국민간원조 단체가 들어오게 된 1950년대의 개별사회사업이다. 이 단체들에 의한 사회사업에는, 대개 선교목적으로 관련된 사람들이 사회사업에 전문적인 교육이나 훈련이 미비한 비전문가들로 구성되어 있는 등 사회복지의 저해요인들이 산재해 있었다. 그러나 이러한 저해요인으로 인한 문제의 해결이 우리나라 사회복지 실천의 지름길이 되었다. 우리나라 사회복지의 중요한 사건들을 살펴보면 첫째, 외국민간단체의 영향으로 1959년에 국립의료원에서 의료사회사업이 시작되었고, 둘째, 1965년에 캐나다 유니테리안 봉사회와 기독교 봉사회가 주축이 되어 개별사회사업과 지역사회사업이 전개되었다. 셋째, 1970년에 사회복지사업법이 제정 공포되었고, 넷째, 1980년대에 지역복지사업이 활성화되면서 재가복지사업의 개념이 도입되었고, 아울러 전국적으로 종합사회복지관이 등장하였다. 그리고 공공복지사업으로 사회복지 전담공무원이 동사무소에 배치되어 현재의 국민기초생활보장의 주축을 이룩하였다. 다섯째, 1997년에 사회복지사업법이 대폭 개정되어 사회복지 시설이 신고제도로 전환되었다. 하지만 미신고시설을 조건부로 신고토록 양성화하면서 부정적인 면도 있게 되었다. 또 사회복지사1급 국가시험제도가 시행되었고 정착되었다. 여섯째, 2000년 국민기초생활보장법 제정으로 복지국가 실현을 추진하였으며 2005년 건강가정기본법 제정과 영유아보육법을 개정 보육교사제도 자격증화 및 건강가정사 제도를 법제화하였다. 일곱째, 1997년 정신보건법을 제정 정신보건 사회복지사 제도가 정착되었고, 현재 공적노인요양보장제도가 법제화되었으며, 2007년 케어인력을 육성하는 자격제도화를 시행하기로 하였다.

1. 개별사회사업실천 영역

대한민국의 근대적 개별사회사업실천은 일제시대의 방면위원제도가 기원으로, 빈민의 생활상태를 조사하고 빈곤원인을 판명하여 적절하게 지도하고 교화하는 구제방법을 강구하는 것이 목적이었다. 오늘날 사회복지전문요원과 유사한 기능을 수행했다고 할 수 있다. 즉, 한국에서의 본격적인 전문적 개별사회사업은 1948년 이화여자대학교에서 한국 최초로 사회복지인력을 배출하기 시작한 것을 시점으로 하여, 미국 선교사들이 설립한 병원, 상담소에서 사회복지사를 고용하였고, 당시 심리치료를 주로 하였으며, 6·25를 전후로 설립된 기독교 아동복리재단, 홀트아동복리회, 선명회 등 외원사회사업기관(KAVA : Korea

Association Voluntary Agencies 외국민간원조기관 한국연합회)을 중심으로 이루어졌다. 2006년 3월 현재 약 13만명의 사회복지사들이 있다.

1959년 국립의료원에서 의료사회사업이 시작되었고, 그 해 한국개별사회사업가협회가 창설되었으며, 1967년 한국사회사업가협회가 탄생했다. 이후 한국사회복지사협회로 개칭하였고 현재는 사회복지사업법에 의한 법정 단체가 되었다.

2. 사회복지교육

사회복지교육은 1947년 이화여자대학교에서 사회사업학과를 최초로 만들었고, 1953년 최초의 사회복지사 양성을 위한 훈련기관으로 강남사회복지학교가 창설되었으며, 현재 대학원에 석사, 박사과정 그리고 4년제 대학교와 2년제 대학에 사회복지학과가 설치되어 있다. 그리고 평생교육 일환으로 사이버대학교와 대학에 준하는 사회교육원 등에서 학점은행으로 사회복지 교육이 진행되고 있다.

3. 지역사회복지

지역사회복지의 시작은 1921년 태화기독교사회관이 최초의 복지관으로 설립되면서부터이며, 이 사회복지관운동은 미국의 인보관 운동과 같은 형태로 사회계몽과 사회개혁을 지역사회를 중심으로 실천하고 있다. 지역사회중심 사회복지실천 정착운동으로 1985년부터 각 시도단위로 종합사회복지관이 설립되어, 2005년 12월 30일 현재 전국에 394개 종합사회복지관이 운영되고 있다. 한편, 한국사회복지관 협회에 정식 등록한 복지관은 379개로 15개의 복지관이 미등록 회원이다.

4. 공공 영역

1987년부터 사회복지전문요원이 공공영역에서 활동하고 있다. 사회복지전담 공무원의 경우 1987년 7월부터 부산, 대구, 인천, 광주, 대전시에서 49명을 임용하는 것을 시작으로 1991년에는 1,660명을 임용하는 등 1994년까지 모두 3,000명의 사회복지전문요원을 배치하였다. 그러나 이들 사회복지담당공무원들은 대부분이 별정직으로 임용되었는데 1999년 9월부터 사회복지일반직으로 전환되었다.

대학에 있어서 사회복지학과(사회사업학과)의 설치 또한 1980년대 이후에 급격하게 늘어나는 양상을 보이고 있다. 우리나라에서 대학에 사회복지학과가 설치된 것은 1940년대이지만 1970년대까지만 해도 전국적으로 그 수는 그리 많지 않았다. 전국에 걸쳐 10여 개 대학에 불과하였으나 1998년 말 2년제 대학을 제외하고 한국사회복지대학협의회에 등록된 4년제 대학으로서 사회복지학과는 총 46개 대학에서 설치, 운영하였고 현재는 사단법인 한국사회복지교육협의회로 개칭 운영하고 있다. 1997년 사회복지사업법 개정 이후 2006년 2월 현재 한국대학교육협의회에 등록된 203개의 대학에서 해마다 배출하고 있는 사회복지사는 45,000명을 상회하고 있다. 여기에 2년제 대학 사회복지학과와 대학원에서 배출되는 사회복지사와 학점은행제의 졸업생을 합한다면 매년 8,000명 정도의 사회복지사가 양성되고 있다.

5. 한국사회복지의 발전의 중요한 사건

1970년 처음으로 사회복지사업법이 제정되었고, 1997년 그 내용이 대폭 수정되어 2003년부터는 사회복지사자격증제도가 대학과 사회복지사협회 그리고 보건복지부의 공동노력으로 시행하게 되었다. 또한, 1959년도에는 국립의료원에서 의료사업사업이 시작되었고, 1965년도에는 캐나다 유니테리안 봉사회와 기독교 봉사회가 주동이 되어 개별사회사업과 지역복지사업이 시작되었다. 그리고 1980년대에는 지역복지와 재가복지적 사상이 도입되면서 전국적으로 종합사회복지관이 건립되어 전문가로서의 역량과 기술을 발휘하게 되었다.

또한 공공영역에서는 사회복지전문요원을 동사무소에 배치하고 정부의 복지정책을 최일선에서 실행하는 역할을 수행함으로써 한국사회복지실천의 중추적 역할을 담당해 오고 있다. 그리고 1997년도에는 지역사회주민의 정신건강 향상을 위한 정신보건법의 시행으로 정신보건사회복지사제도가 도입되었다.

제 3 절 사회복지 방법론과 변천 및 학문적 관계

초기의 사회복지실천은 사회문제를 해결하기 위한 방법으로 사회운동과 관련되어 있었으나, 그 이후에는 개개인의 문제해결을 위하여 훈련받은 유급 사회복지사의 채용 및 전문화과정의 시작과 함께 전문사회사업이 생겨나 사회운동의 성격은 약화되었다. 그러나 오늘날 사회복지실천을 현재의 사회적 조건에 상응하여 사회개혁으로 되돌아가려는 경향도 있다. 이렇게 보면 사회복지실천의 방법론이 역사적인 사건들에 의해 변화되어 왔다고 할 수 있다(Jones, 1975). 현재 사회복지 방법론은 모든 국민을 대상으로 국민의 삶의 질을 향상시키는데 주안점을 두고 있다.

사회복지실천은 사회복지현장이나 전문사회복지 기관에서 클라이언트에게 전문적으로 제공하는 사회복지활동, 서비스, 프로그램의 제반 사회적 복지서비스이다. 사회사업방법론은 기술과 기법(skill and techniques)으로 구성되어 있으며 사회복지사 또는 변화매개인(change agent)이 주어진 사회복지 현장에서, 인간이해(human under standing)에 기초하여 전문적인 사회복지지식을 응용하는 능력이라고 할 수 있다.

방법론의 변화 과정을 보면 다음과 같다.

초기의 사회복지실천 방법은 미국의 전통적인 3대 방법인 개별사회사업(social casework), 집단사회사업(social group work), 지역사회사업(community organization)이며, 대상은 개인과 가족, 집단, 지역사회로 규정하였다. 1970대에 들어오면서 전통적인 사회사업 방법은 생태체계이론(ecological system theory) 또는, 사회체계이론(social system theory)의 영향, 방법론에 대한 비판으로 사회복지 통합방법이 출현하게 되었다. 즉, 종전의 의학모델(medical model)에서 생활모델(life model) 또는, 체계모델(sysrem model)로 전환되면서 통합적 접근방법이 탄생하게 되었다. 대표적인 학자로는 핀커스(A. Pincus)와 미나한(A. Minahan)을 들 수 있으며 이들은 전통적인 3대 방법, 즉, 개별사회사업, 집단사회사업, 지역사회조직의 공통점을 찾아 4체계모델을 개발하였다.

또한 지역사회조직과 기관의 계획(planning of institutian)영역을 통합하여 간접서비스(indirect service)로 규정하고, 사회복지 행정과 조사영역을 통합하여 지원적서비스(support service in social work)로 구분하고 효과적인 사회복지실천을 위하여 전통적인 방법론의 개념이 변화하였다. 그리고 돌프만(R. A. Dorfman, 1988)의 임상사회사업의 패러다임(paradigms), 재스트로(C. Zastrow, 1992)의 사회복지실천에서의 새로운 관점, 실천기법의 변화, 그리고 카운슬링 실천모델도 적용하였다. 또한 1992년 존슨(L. C. Johnson)은 사회복지실천에 체계적 이론을 적용하여 사회복지실천 과정을 사정(assessment), 계획(planning), 직접적 실천행동(direct practice action), 간접적 실천행동(indirect practice action), 평가(evaluation), 종결(terminatian) 등 6단계로 설명하였다. 또 과거의 질병모델(disease model)이나 생활모델(life model)을 새로운 관점에서 설명하였다.

세퍼, R. 호레이시, 그리고 A. 호레이시(B. W . Sheafor, C. R.

Horejsi & G. A. Horejsi, 2000)는 사회복지실천의 기법과 지침에서 사회복지실천이론과 모델을 확대하여 해석하였고, 실천기술에 적용되는 기본적 지침내용을 구체적으로 제시하면서 사회복지실천의 중요성을 강조하였다. 이들은 계획된 변화 과정을 5단계 즉, 접수면접과 관여, 자료수집과 사정, 계획과 계약, 개입과 점검, 평가와 종결 과정으로 구분하였다. 각 단계마다 실천기법과 지침을 직접적 실천영역과 간접적 실천영역으로 나누었다. 직접적 실천영역은 전통적인 개별사회사업이나 집단사회사업 방법을 활용하고, 간접적 영역은 지역사회 조직, 행정, 정책, 홍보 및 사회행동 등 폭넓게 적용하도록 한 점이 특징이다.

사회복지서비스 영역을 미국의 전통적인 사회사업 방법론에 기초하여 실천기법의 변화 과정을 분석하여 분류하면 다음과 같다.

핀커스와 미나한은 개별사회사업, 집단사회사업, 지역사회조직을 중심으로 실천방법을 통합하고, 목적, 대상, 서비스방법, 변화매개인의 역할을 강조하였다. 그리고 프리드랜더와 앱트는 미국의 전통적인 사회사업의 5대 방법론을 중심으로 직접적 서비스, 간접적 서비스, 지원적 서비스 등의 3개로 구분하여 구조화하였다. 또한, 세퍼와 호레이시는 사회복지실천의 기법과 지침에서 개별사회사업, 집단사회사업을 직접적 실천영역으로, 지역사회조직과 사회복지행정, 사회복지조사, 사회행동 및 정책을 간접적 실천영역으로 분류하였다.

제 4 절 사회복지실천과 관계 학문분야 비교

사회복지실천은 역사적으로 사회학, 심리학, 정신의학 등과 같은 인접학문의 영향을 받으면서도 이들 학문을 사회복지실천의 고유한 목적과 기능을 위해 효과적으로 수정하고 변형해 왔다. 사회복지실천을 위한 학문은 순수학문이기보다는 실천응용학문이라고 할 수 있다.

1. 사회학과의 차이

사회학은 인간 및 인간을 둘러싼 사회사상(社會思想)을 연구대상으로 하는 사회과학의 한 분야이다. 즉, 사회의 구조와 기능, 변동과 발전을 인간의 사회적 행위와 관련시키면서 고유한 개념과 방법을 사용하여 이론적·실증적으로 규명하고, 역사적·사회적 현실을 일관하는 법칙을 분명히 하여 현실의 여러 문제 해결에 기여하려는 사회과학의 한 부문을 말한다. 따라서 사회학자는 사회문제나 사회현상의 원인과 결과를 사실적으로 밝히는 데에 치중하며, 이를 위해 사회조사, 참여관찰, 통계검증 등과 같은 과학적인 연구조사활동에 중점을 둔다.

사회복지실천도 사회구성원들 간의 상호작용이나 사회문제의 원인과 결과를 연구한다는 측면에서는 사회학과 유사한 면이 있으나, 사회복지실천은 사회구성원들의 사회적 기능을 향상시키고 사회 문제를 해결하는 구체적인 방법을 개발하고 개입하는 활동에 더욱 많은 비중을 둔다.

2. 심리학과의 차이

심리학은 인간의 마음과 행동을 과학적으로 연구하여 개인의 내면적인 세계나 성격적 특성 그리고 행위의 원인을 밝히는 것을 목적으로 한다. 심리학은 인간의 사고, 정서, 행동 등을 연구하는 학문으로서 사회복지실천이 인간의 내면적인 특성이나 행동을 연구하고 심리치료를 제공한다는 측면에서는 심리학과 서로 유사하나, 사회복지실천은 클라이언트의 심리 정서적 문제를 치료하기 위해 상담 외에 사회경제적 서비스를 동시에 제공하는 특색이 있다.

3. 정신의학과의 차이

정신의학은 정신의 이상 또는 병적상태(정신병)에 대한 연구·치료·예방을 다루는 의학의 한 분야로, 의료모델에 기초하여 환자의 정신질환을 진단하고 처방하며 약물이나 주사 투여 혹은 입원치료를 통해 이들의 질병을 치료하고 회복시키는 것을 목적으로 한다.

〈그림 2-1〉 사회복지 관련 학문

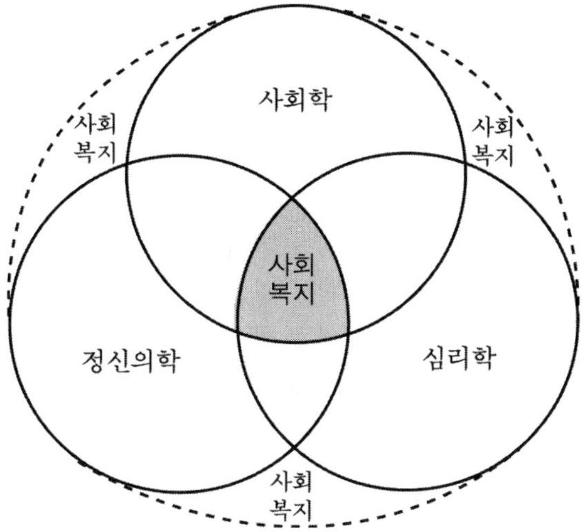

오늘날의 정신의학은 정신질환, 정신신경증(노이로제), 성격행동장애 등의 심인성 정신질환 등을 생물학적·심리학적·사회학적으로 다양한 방법을 활용하여 그 원인을 종합 연구하는 동시에, 그 증상을 연구한 방법으로 치료 및 예방하려는 것이 특징이다.

사회복지실천도 정신질환을 가진 사람들을 돕는다는 측면에서는 정신의학과 동일하지만, 정신의학은 환자 개개인의 질병을 의료적 치료에 역점을 두는 반면에, 사회복지실천은 심각한 정신질환의 치료에 클라이언트와 이들 가족의 일상적인 문제를 해결하고자 하기에 이들의 사회적 기능을 향상시키는 것에 초점을 둔다.

제 3 장

사회복지실천의 가치 및 윤리

학습목표

① 사회복지실천의 가치에 대해 살펴본다.
② 사회복지실천의 윤리와 윤리강령에 대해 학습하고 실천현장의 가치갈등에 대해 이해한다.

제 1 절 사회복지실천의 가치

사회복지실천의 철학은 사회복지의 기본 가치인 인간존엄성의 실현이며 인간행동에 관한 지식과 실천기술과 함께 3대 중심축이라고 할 수 있다. 따라서 사회복지사에게 매우 중요한 개념이다.

사회복지실천의 본질적 가치는 인간의 존엄성, 문제의 원인을 개인만의 문제가 아닌 인간과 사회 환경간의 역기능적인 상호작용에 의한 것으로 규정하고, 가치는 상황에 따라서 변화할 수 있다는 점이다. 따라서 가치체계는 가치의 상대적 중요성에 의해서 궁극적 가치, 차등적 가치, 수단적 가치로 구분된다.

1. 가치의 정의

가치는 믿음 또는 신념과 같은 것으로 다수의 사회 구성원들이 좋거나 바람직하다고 여기는 것 혹은 개인의 선호도를 나타내는 적합한 행동선택의 지침이다. 또한 가치는 지식, 기술과 더불어 사회복지실천 3대 중심 축 중의 하나로, 사회복지실천이 추구해야 하는 방향성을 제시한다고 볼 수 있다. 가치는 세계가 어떠해야 하며, 사람들이 어떻게 행동해야 하며, 최적의 생활환경은 어떠해야 하는지에 대한 신념이다. 가치는 단순한 관심이 아니라 행동 시에 선택의 기준으로 작용한다. 즉, 가치란 일반적으로 사회구성원들에 의해 결정된 바람직함의 기준으로 사회가 바람직하다고 여기는 것, 사회 구성원들이 행동해야 하는 방식, 적절한 삶의 조건에 대한 믿음을 의미한다.

따라서 실천 가치에 우선하는 전문직 가치 범위로는 사람 우선가치(인간에 대한 바람직한 개념)가 있는데, 레비(Levy, 1973)는 사회복지 전문직 자체의 가치를 3개 범주로 나누어 설명하는데 이는 사회복지가치들이 갖는 기능적 측면을 기준으로 구분하였다. 첫째, '인간에 대해 선호하는 생각(사람우선 가치)'이다. 둘째, '결과우선 가치'이다(인간에 대해 선호하는 결과). 셋째, '우선수단 가치'(인간을 다루는 선호하는 수단)이다.

그리고 사회복지실천의 본질적 가치로는 어떠한 것이 있을까? 우선 인간존엄성과 배분적인 사회정의에 대한 가치가 있으며, 인간존엄성에 대한 가치를 기반으로 클라이언트의 개별화, 자기결정권, 비밀보장을 존중하는 수단적 가치가 있는데 이것들이 직업적인 윤리를 발전시켰다. 또 배분적인 사회정의는 사회의 책임성과 참여를 중시한다. 즉 개인의 능력이나 노력에 따라 빈부의 차이가 가능함을 인정하면서 인간적인 삶을 영위하기 위해서는 최소한의 사회적 자원이 필요하다고 믿는다. 따라서 이러한 사회자원은 공평하게 분배해야 한다.

이러한 사회복지실천의 본질적 가치를 실현하는 사회복지 실천에는 다음과 같은 본질적인 가치전제가 내포되어 있다. 그것은 인간을 존엄한 존재라고 생각하고 독특성에 대한 존중으로, 이는 사회복지 전문직에 의하여 일관성 있게 수용되고 지지되는 중심적인 가치 전제들 중의 하나로, 각 사람은 존중해야 할 본래적인 존엄성을 지닌 독특한 개인이라는 사실이다. 즉, 사람은 충분한 목적 그 자체이며, 다른 목적을 위한 수단으로 취급되어서는 안 된다는 것이다.

그리고 사회복지 전문직의 중심 가치(Loewenberg et al., 양옥경 외 1993)는 다음과 같다.

① 사회복지사의 전문적 관계는 개인 존중과 인간 존엄에 바탕을 두고 구축되며 클라이언트의 참여, 가치 존중 및 수용, 비밀보장, 정직성, 갈등을 다루는 책임성 등의 가치에 의해 증진된다.

② 사회복지사는 클라이언트의 선택, 권리, 서비스 계약 권리, 서비스 개입을 인정하는 권리를 존중한다.

③ 사회복지사는 사회제도가 보다 인본주의적이며 인간의 요구에

반응하는 제도가 되도록 하는 데 기여한다.

④ 사회복지사는 다양한 인구 집단이 가진 고유한 특성을 존중하고 수용하는 데 솔선한다.

⑤ 사회복지사는 질 높은 실천을 위해서 전문적 지식과 기술을 끊임없이 연마하고 자신의 윤리적 행동에 책임을 진다.

2. 클라이언트의 자기결정에 대한 신념

클라이언트의 자기결정원리는 인간의 타고난 존엄성에 대한 신념으로부터 나오며, 클라이언트의 자기결정에 대한 신념은 사람이 자기 스스로 결정을 하도록 허용되어야 한다는 점이다. 그러나 클라이언트가 자기 결정을 할 때 사회복지사가 유의해야 할 점이 있다. 우선은 자기결정에는 여러 가지 대안들이 요청되는데, 대안 없이는 자기결정의 기회도 없다는 것이다. 또 사회복지사는 클라이언트를 대신하여 결정을 내리는 것은 피해야 한다는 것이며, 또 클라이언트의 자기결정과 사회복지사(worker)의 자기결정은 구별되어야 한다. 전문적인 책임을 맡을 때, 사회복지사는 자신의 결정을 제한한다. 그리고 클라이언트의 이익과 기회를 극대화할 수 있도록 행동할 책임을 갖는다는 것 등이 있다.

3. 사회복지실천에서의 가치갈등문제

사회복지현장에서 사회복지사들은 개인적 가치, 전문적 가치, 클라이언트 가치, 사회의 가치에 지배를 받으면서 여러 가지 갈등으로 어려움을 경험하게 된다. 따라서 사회복지실천과정에서 사회복지사들은 가치갈등을 갖게 되는 경우가 많다.

사회복지사가 겪게 되는 다양한 가치갈등 유형은 다음과 같다.

① 가치 상충

클라이언트의 자기결정권과 인간의 생명보호라는 가치 사이에서 윤리적 결정을 내려야 하는 경우로 어떤 가치를 우선순위로 놓아야 하는 것은 사회복지사가 해결해야 할 전문가 윤리의 문제이다. 청소년 클라이언트가 임신하여 낙태를 원할 경우 생명존중의 가치와 대상자의 자기결정존중과 낙태는 절대 안 된다고 생각하는 사회복지사의 경우 클라이언트의 자기결정가치와 인간생명의 보호가치라는 갈등을 겪을 수 있다.

② 의무 상충

사회복지사는 자신이 속한 기관의 정책을 준수해야 하지만 그 행동이 클라이언트의 이익에 위배될 경우 사회복지사는 직원과 사회복지사로서의 의무로 어떻게 해야 할 것인가에 대한 윤리적 갈등을 겪을 수 있다.

노숙자쉼터에서 생활하고 있는 경미한 정신적 어려움이 있는 클라이언트가 쉼터에서 계속 생활하고 싶어하지만 기관에서는 공동생활의 어려움을 이유로 시설에 보낼 결정을 내릴 경우에는 클라이언트와 기관사이의 의무상충을 겪게 된다.

③ 클라이언트 체계의 다중성

사회복지사가 제일 우선순위로 두는 것은 클라이언트이다. 그러나 아동학대문제, 심각한 부부갈등, 구타, 남편의 정신질환 등 다양하고 복합적인 문제를 가진 가족의 자녀문제에 개입되는 경우 피해자가 여러 명일 경우 누가 클라이언트이고 누구의 이익을 최우선적으로 고려하여 개입해야 하는지를 판단하기 어려운 경우이다.

④ 결과의 모호성

사회복지사가 내린 윤리적 결정의 효과를 예측하기 어려울 때, 사회복지사는 어떤 결정을 내려야 할지 갈등이 생기는 경우이다. 부모가 경제적인 이유 때문에 아이를 해외 입양시키는 것이 그 아이를 위해 최선의 결정인지 확신할 수 없어서 의사결정을 하지 못하는 경우이다.

⑤ 힘 또는 권력의 불균형

의사결정을 내리기 어려워하거나 문제해결 능력이 부족한 아동이 자신의 결정과 선택을 전문가에게 의존함으로써 클라이언트의 자기결정권이 포기되는 경우로 사회복지사와 클라이언트의 관계가 권력적으로 평등하지 않기 때문에 생기는 갈등이다. 클라이언트와 사회복지사의 관계에 있어서 권력과 의존의 관계로 형성되기가 쉬운데, 클라이언트의 자기결정권이 포기되는 경우이다.

사회복지사는 나의 가치는 무엇이며 그것이 어떻게 나의 행동을 규제하여 대인관계에 영향을 미치는가를 항상 염두에 두어야 한다.

4. 사회복지실천의 윤리

1) 사회복지실천의 윤리의 정의

- 사전적 의미로서의 윤리(ethics)란 '사람이 사회적 관계에 있어 사람으로서 마땅히 행하거나 지켜야 할 도리'(우리말 큰 사전, 1992)이다. 영어로는 에틱스(ethics)라고 하며 그리스어의 에도스('ethos')에서 나온 '관습'의 의미를 뜻한다.
- 윤리(ethics)란 선악의 속성이나 도덕적 의무를 결정하는 일련의 지침, 행동기준 또는 원칙을 의미한다.
- 핀커스와 미나한(Pincus & Minahan은 윤리란 '도덕적 철학'이라고 정의하였다.

사회복지실천에서의 전문적 가치는 실무현장에서 윤리적 원칙들을 정립하는 지침을 제공한다. 가치가 믿음이라고 할 때 윤리는 판단이다. 이때 사회복지실천 윤리의 정의는 어떤 행동에 대한 옳고 그름을 나타내는 판단 기준이며, 인간이 마땅히 행하거나 지켜야 하는 도리이다.

그리고 사회복지사가 반드시 지켜야 하는 행동 원칙이나 지침을 의미한다.

이러한 사회복지실천윤리의 출현은 1970년대에 들어서 사회복지실천의 윤리가 본격적으로 논의되기 시작하였으며, 사회가 다양하게 변하면서 전문직도 이를 이해하고 시대적 흐름에 합류해야 할 필요성이 대두되었다. 사회복지사는 전문가로서 사람을 돕는 일을 펼쳐 나감에 있어 윤리적 결정을 내려야 하는 다양한 상황에 직면하게 된다.

5. 가치와 윤리와의 관계

사회복지실천이 인간의 존엄성을 유지하고 사람답게 살 수 있도록 직접적인 도움을 줄 뿐만 아니라 그것을 뒷받침할 수 있는 제반조건을 정비하는 것이라면, 그것에는 개인과 사회의 가치가 반영된다. 특히 사회복지실천은 사회적으로 취약한 사람을 대상으로 하는 전문직이기 때문에 클라이언트의 인격적 대우와 인권을 존중하는 윤리성이 강하게 요청된다.

윤리는 '무엇이 옳고 틀린가'를 다루는 반면 가치는 '무엇이 좋고 바람직한가'와 관계가 있다. 그리고 가치는 구체적인 실천을 규제하기보다 일반적으로 선호하는 더 폭넓은 사회의 가치를 반영한다.

사회복지실천의 윤리에서 가치문제를 중요하게 다루는 이유는 사회복지의 가치에서 윤리적 원칙들이 나오기 때문이다. 사회복지실천에서 전문적 가치는 실천현장에서 필요한 윤리적 원칙을 세우는 지침을 제공한다.

가 치	윤 리
• 믿음, 신념 같은 것 • 무엇이 좋고 바람직한가? • 방향제시 • 구체적인 실천을 규제하기보다 일반적으로 선호하는 사회의 가치를 반영	• 판단 • 무엇이 옳고 그른가? • 행동의 원칙이나 지침 제공 • 구체적인 실천을 제시한다. • 가치와의 조화

사회복지실천 가치와 윤리에서 사회복지사의 전문직 관계는 개인적 가치, 존엄에 근거한다. 그리고 상호참여, 수용, 비밀보장, 책임감 있게 갈등을 다룰 수 있는 능력으로 더 견고해진다. 또 사회복지사는 사람들이 독립적으로 결정을 내릴 수 있는 권리와 원조과정에 참여할 수 있는 권리를 존중한다.

사회복지실천윤리는 사람들이 추구하는 가치를 일관되게 행동하도록 규제하는 행동규범이며, 사회복지사 윤리강령은 사회복지사가 행동하는 데 지침이 되도록 만든 것이다.

6. 사회복지사의 윤리강령

인간을 대상으로 하는 전문직은 인간의 존엄성의 가치를 실현할 수 있는 어떤 원칙이나 기준이 있어야 한다. 대개 전문직이라면 윤리강령을 가지고 있다. 그리고 윤리강령을 발전시켜 나가고 있다. 윤리강령은 전문직이 윤리적 실천을 수행할 수 있는 전문적 행동기준과 원칙을 기술해 놓은 것으로 전문가들이 공통으로 합의한 내용을 담고 있다. 윤리강령은 전문직을 외부의 규정으로부터 보호해 주고, 전문직의 비윤리적 행위에 대해 판단할 수 있는 기준을 제시하는 기능이 있다.

사회복지 전문직의 윤리강령의 공통사항은 다음과 같다.

- 개인의 존엄과 가치
- 클라이언트의 자기 결정의 촉진
- 클라이언트의 다양성 존중
- 클라이언트의 자기실현을 달성하기 위한 기회나 자원의 제공
- 클라이언트의 임파워먼트의 배양
- 사회 정의의 향상
- 클라이언트의 비밀유지
- 동료에의 경의

• 전문직 행위에 관한 책임 등

이에 사회복지사가 윤리를 추구하는 작업은 미국에서 가장 먼저 이루어졌다. 미국 사회복지사들의 단체가 1921년에 설립된 후에 1951년에 윤리강령을 발표하였다. 1955년에 미국 사회복지사협회(National Association of social workers : NASW)가 결성되어 1960년 전미사회복지협회에서 공식적인 윤리강령을 채택하였다. 1967년과 1979년, 1993년에 부분적인 개정을 한 후 1996년에 새로운 윤리강령이 발표되었다. 전미사회복지사협회에서는 전문직 근본 가치에 기초하면서 클라이언트에 대한 윤리적 책임에 관한 것, 동료에 대한 윤리적 책임, 실천현장에서의 윤리적 책임, 전문가로서의 윤리적 책임, 직업에 대한 윤리적 책임, 사회복지사의 일반적 행동을 상세하게 행동기준으로 기술하였다.

우리나라는 1982년 1월 15일 윤리강령을 최초로 제정 공포하였으며, 2001년 12월 15일 3차의 개정을 통하여 한국사회복지사의 윤리강령을 채택하였다. 즉 사회복지사의 기본적 윤리기준, 클라이언트 · 동료 · 사회 · 기관에 대한 윤리기준, 사회복지 윤리위원회의 구성과 운영 등을 강조하고 있다. 우리나라의 사회복지사 윤리강령은 사회복지의 이념, 철학, 그리고 사회복지사의 사명에 대한 선언문과 10개항의 조항으로 되어 있다. 2001년 12월 15일 3차 개정된 사회복지사 윤리강령은 다음의 표와 같고 사회복지사 선서문은 아래와 같다.

사회복지사 선서문

• 나는 모든 사람들이 인간다운 삶을 누릴 수 있도록, 인간존엄성과 사회정의의 신념을 바탕으로, 개인 · 가족 · 집단 · 조직 · 지역사회 · 전체사회와 함께 한다.
• 나는 언제나 소외되고 고통받는 사람들의 편에 서서, 저들의 인권과

권익을 지키며, 사회의 불의와 부정을 거부하고, 개인이익보다 공공이익을 앞세운다.

- 나는 사회복지사 윤리강령을 준수함으로써, 도덕성과 책임성을 갖춘 사회복지사로 헌신한다.
- 나는 나의 자유의지에 따라 명예를 걸고 이를 엄숙하게 선서한다.

사회복지사 윤리강령

2001. 12. 15. 개정

전문

사회복지사는 인본주의·평등주의 사상에 기초하여, 모든 인간의 존엄성과 가치를 존중하고 천부의 자유권의 보장활동에 헌신한다. 특히 사회적·경제적 약자들의 편에 서서 사회정의와 평등·자유와 민주주의 가치를 실현하는데 앞장선다. 또한 도움을 필요로 하는 사람들의 사회적 지위와 기능을 향상시키기 위해 저들과 함께 일하며, 사회제도 개선과 관련된 제반 활동에 주도적으로 참여한다. 사회복지사는 개인의 주체성과 자기결정권을 보장하는 데 최선을 다하고, 어떠한 여건에서도 개인이 부당하게 희생되는 일이 없도록 한다. 이러한 사명을 실천하기 위하여 전문적 지식과 기술을 개발하고, 사회적 가치를 실현하는 전문가로서의 능력과 품위를 유지하기 위해 노력한다.

이에 우리는 클라이언트·동료·기관 그리고, 지역사회 및 전체사회와 관련된 사회복지사의 행위와 활동을 판단·평가하며 인도하는 윤리 기준을 다음과 같이 선언하고 이를 준수할 것을 다짐한다.

윤리기준

1. 사회복지사의 기본적 윤리기준
   1) 전문가로서의 자세
   2) 전문성 개발을 위한 노력

3) 경제적 이득에 대한 태도

2. 사회복지사의 클라이언트에 대한 윤리기준
   1) 클라이언트와의 관계
   2) 동료의 클라이언트와의 관계

3. 사회복지사의 동료에 대한 윤리기준
   1) 동료
   2) 슈퍼바이저

4. 사회복지사의 사회에 대한 윤리기준
5. 사회복지사의 기관에 대한 윤리기준
6. 사회복지 윤리위원회의 구성과 운영

7. 일정순서에 기초한 윤리원칙과 윤리적 딜레마

윤리적 원칙들이 다음과 같이 일정한 순서에 기초한 윤리원칙(Loewenberg & Dolgoff, 1966)은 일정순서에 기초한 윤리원칙을 서열화하여 제시하였다. 즉, 원칙 1은 원칙 2에 우선하며, 원칙 2는 원칙 3에 우선한다는 식으로 7가지로 우선순위를 정하여 접근하고 있다. 첫째, 생명보호의 원칙이고, 둘째, 공정하고 평등한 치료를 받을 권리로, 평등과 불평등의 원칙, 셋째, 자치와 자유의 원칙, 넷째, 최소해악의 원칙, 다섯째, 생활의 질 추구 원칙, 여섯째, 사생활과 비밀보장의 원칙, 일곱째, 진실과 사실을 완전히 알릴 원칙이 있다.

사회복지실천 상황에서의 업무 추진시 두 가지 이상의 윤리적 의무가 뒤따를 때 한 가지를 위반하지 않고서는 다른 것을 지킬 수 없는 상황이 필연적으로 발생할 수 있다. 이런 경우, 사회복지사는 사회복지실천 전문직의 가치, 사회복지사의 개인적 가치, 사회적 가치 사이에서 갈등하는데, 이러한 가치 갈등은 다양한 윤리적 딜레마를 파생시킨다.

1) 사회복지실천에서 부딪히는 문제들에 대한 결정의 근거는 다음과 같은 가치를 기반으로 이루어진다.

(1) 클라이언트의 자기결정권(Self Determin)
(2) 클라이언트의 비밀보장(Confidentiality)
(3) 진실을 말할 의무
(4) 기타
① 제한된 자원의 공정한 분배
② 상충되는 의무와 기대
③ 클라이언트와 사회복지사의 이익
④ 전문적 동료관계
⑤ 규칙과 정책 준수
⑥ 개인적 가치와 전문적 가치

2) 사회복지사가 어떤 이슈를 다룰 때 자신에게 던져야 할 질문은 아래와 같다.

(1) 특별한 주제에 대한 나의 입장은 무엇인가?
(2) 나의 견해는 어디로부터 나온 것인가?
(3) 나의 가치는 수정 가능한 것인가?
(4) 나의 가치관을 바꾸도록 도전해 보았는가?
(5) 세상은 나의 어린 시절과 다를 것이 없다고 내심 주장하고 있는가?
(6) 나의 클라이언트가 나의 가치관을 받아들이도록 재촉하고 있지는 않은가?
(7) 나의 가치를 클라이언트에게 강요하지 않으면서도 나의 가치를

전달할 수는 없는가?

(8) 나의 가치관이나 신념이 클라이언트와 일하는 나의 방식에 어떻게 영향을 주고 있는가?

이러한 윤리적 딜레마를 해결하기 위해서는 몇 가지의 준거 틀이 있다. 이런 행동에 필요한 전제조건은 거짓, 비밀누설이나 오락, 교육, 물질과 같이 부가적인 이익에 우선한다는 것이다. 또한, 생활필수품을 포함하여 개인의 기본적인 복지권은 다른 개인의 자기결정권에 우선하며, 개인의 자기결정권은 기본적인 복지권에 우선되어야 한다. 또 자발적으로 자유롭게 동의한 법, 규칙, 규제를 따르는 의무가 우선한다. 그리고 개인의 복지권이 법, 규칙, 지원단체의 협정에 우선함은 물론 배고픔으로 인해 생존권을 위협하는 굶주림 같이 기본적인 생활의 의식주를 방해하는 요소들을 제거할 의무와 주거, 교육, 공적부조 등 공익을 증진할 의무는 개인 재산 통제권보다 우선한다고 할 수 있다.

〈표 3-1〉 윤리원칙 준거틀

윤리원칙 1	생명보호의 원칙	생명의 권리는 모든 권리 중 가장 기본적인 것이며 다른 것에 우선한다.
윤리원칙 2	평등과 불평등의 원칙	모든 사람들은 평등하게 처우, 사례의 특성에 따라 다르게 처우
윤리원칙 3	자율성과 자유의 원칙	개인의 자율성과 독립성 그리고 자유는 중시되나 무제한적인 것은 아니라는 것으로서 자신이나 타인의 생명을 위협하거나 학대할 권리 등은 없다.
윤리원칙 4	최소 해악의 원칙	가장 쉽게 회복 가능한 손실이 초래되는 대안을 선택한다.
윤리원칙 5	삶의 질의 원칙	지역사회는 모든 사람의 삶의 질을 향상시키는 기회를 선택한다.
윤리원칙 6	사생활 보호와 비밀보장의 원칙	사회복지사가 클라이언트에 대해서 알게 된 사실을 다른 사람에게 공개해서는 안 된다.
윤리원칙 7	성실의 원칙 (혹은 진실성과 완전 공개의 원칙)	사회복지사는 진실만을 이야기하며 모든 관련 정보를 완전히 공개해야 한다.

로웬버그와 돌리프의 준거틀에 양옥경(외, 1995)이 제시하는 윤리적 결정지침을 살펴보면, 윤리원칙 1은 생명보호원칙이며, 2는 자기결정의 원칙이다. 3은 비밀보장의 원칙이고, 4는 진실성의 원칙이다. 5는 기회균등의 원칙, 6은 객관성의 원칙이다. 또한 7은 최소손실의 원칙이며, 8은 효과성의 원칙이다. 마지막으로 9는 규칙준수의 원칙이다.

제 2 절 사회복지사의 정체성

1. 사회복지사의 정의

우리는 흔히 사회복지기관이나 시설에서 일하고 있는 국가자격을 갖춘 전문가를 일컬어 '사회복지사'라고 한다. 그러나 사회복지사는 지역사회 내에 물적·인적 자원을 동원·활용하여 그 지역 내 어려운 이웃을 도우며, 자원체계 사이의 상호작용을 도모하는 등 조달적인 업무의 영역을 가지고 일을 하고 있다. 그러면 여기서 사회복지사의 정의(定義)를 살펴보고자 한다.

사회복지사란, 클라이언트의 문제나 욕구를 파악하여 그를 위한 적절한 케어 계획을 세울 수 있는 능력을 갖추고, 지역 내의 현재적·잠재적 사회자원 및 사회적인 관계망을 충분히 활용하면서 클라이언트는 물론 타 기관이나 단체들과 효과적으로 유대관계를 가지고 세상과 사람을 변화시키고 의사소통을 하는 사람을 말한다.

한국의 사회복지사 제도는 1970년 1월 사회복지사업법이 제정·공포됨에 따라 제도적으로 공식 출범하게 되었다. 그 후 1994년 2월 사회복지사업법 시행령 개정과 함께 종래의 사회복지사업 종사자 자격증을 사회복지사 자격증으로 그 명칭을 개정하여 현재까지 이르게 된 것이다.

2. 사회복지사의 역할

사회복지사의 역할이란 사회복지사가 중요하다고 여기는 전문적인 기능과 기대되는 행동을 말한다. 실무에서 활용하는 역할을 이해하는 것은 기술을 습득하는 단계에서 도움이 된다. 역할에 따라 거시체계 상황에서 더 유용한 것과 미시나 중범위 체계에 주로 관련이 있는 것들이 있다. 그러나 통합적인 접근을 한다면 대부분 모든 역할을 동시에 담당할 수 있다. 여기에서 사회복지사의 역할을 크게 세 부분으로 구분할 수 있는데 첫째는 직접 서비스 제공의 역할, 둘째는 서비스 연결차원에서 서로 다른 체계들을 연결하는 역할, 셋째는 체계유지와 강화를 위한 역할로 설명할 수 있다. 하지만 통합적인 사회복지사의 역할이 매우 중요하기에 다음을 기술하고자 한다.

1) 조력자(Enabler)

클라이언트가 다양한 스트레스에 대처하도록 돕는 역할을 한다. 조력자 역할에 필요한 기술은 희망을 전하고, 양가감정을 줄이도록 돕는다. 이에 감정을 인식하고 관리하며 개인의 감정이나 사회자원을 발굴하고 지지해 주는 것과 문제를 손쉽게 다룰 수 있도록 분류하고 목적을 강조하고 이를 잘 성취하도록 방법을 인식하는 것이다.

2) 중재자(Mediator)

중재자는 미시, 중범위, 거시체계 사이의 논쟁이나 갈등을 해결하는 역할을 담당한다. 견해가 다른 개인이나 집단 사이의 의사소통을 증진시킨다. 또 타협하도록 돕는 중재자의 역할을 잘 수행하면서 중립을 유지하고 논쟁에서 어느 한쪽 편도 들지 않으며 서로의 입장을 이해하고 있는가를 확인한다. 중재자는 위치를 분명히 하고 의사를 잘못 전달하는지를 인식하며, 관련 당사자가 입장을 명확히 밝히도록 도와

준다.

3) 통합자/조정자(Integrator/Coordinator)

사회복지사는 통합자/조정자로서 "옹호나 조정 가능성을 파악하는 일에서부터, 기술적으로 지원을 하거나 서비스를 연계하고 수행하기 위해 직접 개입하는 일까지 다양한 방법으로" 기능한다.

4) 관리자(Manager)

사회복지실천에서의 관리는 사회복지 기관이나 부서의 행정책임과 관련이 있는 것으로 조직의 목표를 세우고 서비스 프로그램을 운영하며 기관의 효과성과 효율성을 높이고 재정 자원을 확보하고 지역사회의 지지를 얻으며 기관실무자의 일을 조정하는 일이다.

5) 교육자(Educator)

교육자의 역할은 클라이언트와 다른 체계에 정보를 제공하며 기술을 가르치는 일을 포함한다. 효과적인 교육자가 되기 위해 사회복지사는 무엇보다 많이 알아야 하며 정보를 명확히 전달하고 이해시키기 위해 의사소통을 잘 하는 것이 필요하다.

6) 분석가(Analyst)/평가자(Evaluator)

어떻게 다양한 체계들이 기능하는가에 관한 폭넓은 이론적 기초를 가진 사회복지사는 프로그램과 체계가 제대로 기능하는가를 분석하거나 평가할 수 있으며 자신이 개입하는 것의 효과성도 평가하게 된다.

7) 중개자(Broker)

중개자는 클라이언트와 지역사회의 자원이나 서비스를 연결하는 것을 돕는다. 중개자는 클라이언트가 긴급하게 식량이나 주거, 법률적 도움이나 다른 필요한 자원을 얻도록 도와주며, 지역사회의 다양한 부분들이 상호 이익을 증진하기 위해 교류하도록 돕는다.

8) 촉진자(Facilitator)

촉진자는 집단의 지도자 역할을 담당한다. 사회복지사는 가족치료집단이나 과업집단, 감수성훈련집단, 교육집단, 자조집단, 그 밖의 다른 목적을 가진 집단에 개입한다. 촉진자 역할은 거시적 실천에도 적용할 수 있다. 이때 사회복지사는 사람들을 모으고 의사전달 통로를 만들어 가교역할을 하여야 한다.

9) 협상가(Negotiator)

협상가란 다른 집단이나 체계에서 무엇인가를 얻기 위해 노력하는 개인, 집단 또는 조직을 말한다. 중개와 마찬가지로 협상은 모든 쪽이 가능한 한 함께 합의에 도달할 수 있도록 중간지점을 찾는 일을 한다. 이 때 윈-윈(win-win)이 되도록 중립적인 역할을 감당하지만 협상을 성공시키기 위해서는 중재자와는 달리, 협상가는 관련된 어느 한쪽과 연결되어 있다.

10) 옹호자(Advocator)

옹호란 "사회정의를 지키고 유지하려는 목적으로 개인이나, 집단, 지역사회의 입장에서 직접적으로 대변과 보호, 개입, 지지를 하며 일련의 행동을 제안하는 행동"을 포함한다. 옹호자의 역할은 클라이언트를 위하여 일을 진행하고 말하는 것으로 특히 클라이언트가 필요한 것을 얻을 힘이 거의 없을 때 적절하게 돕는 역할이다. 옹호는 절대적으로 많은 노력을 요구하며 크고 강력한 체계에 맞서 있는 클라이언트를 옹호하기 위해서는 위험도 감수해야 한다.

◈ 사회복지실천에서 사회복지사의 역할을 요약하면 다음과 같다.

- 심리치료사(Psychotherapist)나 상담자(Counselor)의 역할

- 정보제공자나 교육자(Educator)의 역할
- 중개자(Broker)의 역할
- 권한 부여자(empowerer)의 역할
- 사례관리자(case manager)의 역할
- 개입가 또는 중재자(Mediator)의 역할
- 대변자 또는 옹호자(Advocate)의 역할
- 조직분석가(Organizational Analyst)의 역할
- 전문가팀 구성원(Team Member)의 역할
- 자문가(Consultant)의 역할
- 연구자(Researcher)의 역할
- 체계 발전적 전문가의 역할
- 모범을 보이는 행동가(activist)의 역할

3. 사회복지사의 자질

사회복지사란 말은 대학 또는 대학원에서 사회복지학 또는 사회사업학을 전공하거나 대학에서 사회복지 필수 10과목과 선택 4과목을 이수하고 졸업한 후 사회복지사 자격증을 교부받아 사회복지 분야 등에서 활동하는 전문 직업인을 말한다. 사회복지사가 전문가로서 자질을 갖추고 있느냐의 여부는 사회복지적인 가치와 지식 및 기술을 겸비하고 있느냐가 관건이다. 이러한 가치와 지식, 기술에 관해 다음과 같이 살펴보고자 한다.

1) 가치(Values)

사회복지사는 사회복지 전문직의 가치에 투철해야 한다. 이것은 사회복지사가 사회복지를 실현하는 데 영향을 미치고 안내자의 역할을 하기 때문이다. 그러므로 사회복지사는 자신의 개인적인 가치나 신념을 명확히 인식하고, 클라이언트에게 전문적인 도움을 주는 지렛대로

서의 역할을 하여야 한다. 사회복지사가 사명감을 갖는다는 것은 사회복지사 개인의 가치를 사회복지 전문직의 가치에 접근시키는 논리적인 결단의 행위라고 볼 수 있다.

2) 지식(Knowledge)

사회복지사에 의해 사용되는 지식은 광범위하고 다양하며 종합적이다. 따라서 사회복지사는 다음과 같은 지식적인 기반을 필요로 한다.

첫째, 광범위한 교양과목에 대한 기초지식이 요구된다.

둘째, 인간관계 및 인간성이나 인간들에 의해 기능하고 있는 사회적인 상황에 대한 충분한 기초 지식이 요구된다.

셋째, 돕는 관계에서의 상호작용, 돕는 과정이나 다양한 상황 및 체계에 적합한 다양한 개입전략에 초점을 둔 실천이론에 관한 지식이 요구된다.

넷째, 특수상황에서 특정한 클라이언트 집단과 더불어 사회복지를 하는데 필요한 전문 지식이 요구된다.

3) 기술(Skill)

사회사업의 기술은 클라이언트의 욕구에 반응하여 클라이언트의 사회적인 기능을 향상시키려는 목적으로서, 사회복지의 가치와 지식을 잘 조화시켜 이를 행동으로 옮기는 실천적인 구성 요소이다. 베어와 페데리코(Baer & Federico)는 사회복지는 네 가지 영역에서의 기술이 필요하다고 주장하고 있는데, 이것은 ① 정보수집 및 사정기술, ② 전문적인 자아를 발전시키고 활용하는 기술, ③ 개인·집단 및 지역사회와 더불어 사회복지를 실천하는 활동 기술, ④ 평가기술 등이다. 이와 같은 핵심적인 기술은 모든 사회복지사들에게 필요하다(Johnson, 1992).

지금까지 논의한 가치나 지식 또는 기술을 적절히, 그리고 창의적으로 조합할 수 있는 능력이 바로 사회복지사의 중요한 자질이다.

한편, 사회복지의 가치, 지식 및 기술은 사회가 발전함에 따라 변하고 계속 발전해 가고 있다. 따라서 사회복지사들은 계속적인 교육을 통해서 끊임없이 새로운 가치나 지식, 기술에 접함으로써 자신들의 자질을 발전시켜 나아가야 할 것이다.

4. 사회복지사의 기능

사회복지사의 기능(업무)은, 다양하지만 어떤 기능은 자원체계로부터 도움이 필요한 사람들과 수행하기도 하지만 각종 자원체계 내의 사람들과도 수행하게 된다. 사회복지의 목적을 달성하는 데 있어서 사회복지사의 주요 기능은 7가지로 구분할 수 있으며, 사회 개입활동과 과업들은 다음의 기능들 중 어느 하나라도 그 이상을 성취하기 위해 최선을 다해야 한다.

첫째, 사람들의 문제 해결과 처리 능력을 향상시키고 더욱 효과적으로 이용할 수 있도록 돕는다. 둘째, 사람들과 자원체계들 사이에 최초의 연결을 수립한다. 셋째, 사람들과 사회자원체계들 사이에 상호작용을 촉진시키며, 새로운 관계를 수정하고 수립한다. 넷째, 자원체계 내의 사람들 사이에 상호작용을 촉진시키며, 관계를 수정하고 수립한다. 다섯째, 사회정책의 개발과 수정에 기여한다. 여섯째, 물질적인 자원을 분배한다. 마지막으로 일곱 번째는 사회통제의 매개인 역할을 수행한다.

1) 문제해결 능력 향상을 위한 기능

사람들이 그의 생활과업을 처리하지 못하고 신체적·감정적·경제적·사회적인 문제 등으로 인한 고통을 경험할 수 있기 때문에, 사람들로 하여금 그들의 문제해결과 처리능력을 향상시켜 보다 효과적으로 생활과업에 종사할 수 있도록 돕는 것이 사회복지사의 기능이다.

2) 지원체계와의 연결수립 기능

지원이 필요함에도 불구하고 비공식적인 체계나 공식적인 체계 또는 사회 체계들과 연결이 되어 있지 않음은 지원체계의 존재나, 이용방법을 모르기 때문이다. 그러나 이용하는 것을 주저하거나, 자신들의 필요를 충족시킬 수 없다는 자신감의 부족과 부정적 생각 때문이다. 따라서 사회복지사는 사람들과 자원체계들 사이에 첫 연결을 맺어주기 위하여 여러 가지 활동들을 하게 된다.

3) 지원체계들과 상호연계 기능

사회지원체계와 사람들 사이에 첫 연결이 맺어진 후에도 사회체계가 수혜자들의 욕구에 무감각하다거나 필요한 도움이 제공되지 못하는 문제 등이 생길 수 있다. 따라서 사회복지사는 사회지원체계와 사람들 사이의 상호작용을 촉진시키며 새로운 관계를 수립해야 한다.

그러므로 사회체계들에게 그들의 운영절차가 소비자에게 문제를 일으키고 있다는 정보를 전달한다. 이는 사회복지사가 자신이 정보를 제공할 수도 있다. 또 그 체계 내의 직원들로 하여금 기존의 정보를 제공받고, 그 체계 내의 직원들로 하여금 기존의 정보를 검토하거나 사회체계의 자문역할을 함으로써, 운영방법의 변화를 모색하며, 비공식적인 체계와 상의하여 사회체계의 새로운 서비스나 확장된 서비스를 얻도록 협력할 수 있다.

4) 지원체계내의 상호작용 촉진 기능

사회복지사의 기능은 지원체계 내에서 사람들 사이의 상호작용을 촉진시키며, 그들의 관계를 호전시키고 수립하는 것이다. 다시 말해서, 사회복지사는 체계의 한 부분에서 다른 부분으로 정보를 전달한다. 그리고 중립 대신 소외되어 있거나, 체계에서의 역할에 만족하지 않는 부서의 편이 되어서 그들을 대변하여야 한다. 또한 체계 내의 항의집단을 조직화하여 그들 스스로가 자기들에게 유익한 변화를 초래하도록 노력한다. 그리고 체계성원들의 자문이 되어 내적인 역기능문제를 지적하며, 운영절차와 역할분담의 변경을 모색한다. 또 체계 회원들에게 현재의 역할을 더 잘 수행하거나, 체계 내에서 새로운 역할을 맡을 수 있도록 기술을 가르칠 수 있어야 한다.

5) 사회정책 영향 하에서의 기능

사회복지사들은 다른 분야의 사람들과 협력하여 사회정책의 목표들을 위해 일을 하고, 기존 자원의 부족과 충족되지 못한 욕구 및 기존 사회정책과 법령의 역기능적인 면에 관심을 둔다. 새로운 서비스의 설치를 계획하고 촉진하도록 기존 사회자원체계를 조성하거나 통합시키고, 사람들의 사회적인 조건이나 속박을 변화시키는 사회정책이나 법령에 영향을 미치거나 이들을 돕기 위해 일을 해야 한다. 그리고 사회정책 변화를 위해 일을 할 수 있도록 새로운 체계를 형성할 수도 있다. 또한 사회정책 수립자나 위원들에게 정보를 제공하여 변화의 필요성을 주장할 수 있다.

6) 물자 배분의 기능

사회복지사에게 있어서 과거나 현재에 이르기까지 중요한 기능으로 여겨지는 것은 금전, 식량, 입양이나 위탁 가정, 가정부 서비스 및 인간 생존에 절대 필요한 기타의 자원들을 분배하는 것이다. 이들 지원(경제적인 부조)의 일부는 법에 따라서 공공기관으로부터 공급되는 경우도 있는데, 이 때, 사회복지사는, 사람들이 자원을 필요로 하는가와 이 자원이 적당한가를 조사하고, 이 사람들이 신청 자격을 구비하였는가를 조사, 사정한다. 그리고 사람들을 위해서 새로운 비공식적인 자원체계를 구성해 주며, 자원을 발굴하고, 사람들 자신이 잠재적인 자원인 경우(잠재적인 위탁가정)에는 그들이 자원을 효과적으로 공급할 수 있는지도 조사, 사정한다. 또한 자원역할을 수행하는 사람들에게 필요한 지식과 기술을 제공하며, 자원을 이용할 수 있도록 사람들을 준비시켜 주며, 자원을 효과적으로 사용하도록 도와주면서, 자원의 사용을 지도 감독한다.

7) 사회통제 매개인으로서의 기능

사회통제의 매개역할자로서 사회복지사는 클라이언트가 사회 지원체계에 구성원이 되었다는 사실 때문에 통제역할을 인정하고 사회복지사의 통제를 따르며 사회복지사가 권한을 행사할 수 있게 된다. 그러므로 사회복지사는 그의 사회통제 기능과 관련된 특수한 과업과 활동을 수행해야 한다. 그리고 사회가 일탈적이라고 낙인찍힌 사람들을 지도·감독한다. 즉, 그들이 행정정책이나 법원명령 또는 법령 등에 순응하는 생활을 하고 있는지의 여부를 감독하는 것이다. 또한 학대나 방임에 대한 신고가 있을 시 그것을 조사하고, 지원을 필요로 하는 사람들에게 적절한 서비스를 제공할 수 있는 지원시설을 운영해야 한다.

위에서 언급한 사회복지사의 7가지 기능은 각각 독자적으로 이루어지는 것이 아니며, 통합적으로 각 상황에 알맞게 사용되어져야 할 것이다.

5. 사회복지사의 전문적 기반

실천을 효과적으로 수행하기 위해서 사회복지사는 예술과 과학을 혼합한다. 사회복지사는 실천상황에서 과정과 성과에 영향을 미치는, 보이지 않는 요인들을 알아야 한다. 예를 들면 관계를 형성하고 창의적인 사고를 하고 긍정적이고 적극적인 자세가 필요하다. 따라서 동정과 용기, 희망과 에너지, 건전한 판단력의 사용, 그리고 적합한 가치에 헌신하는 것들을 포함하는 예술적 기반이 필요하다. 동시에 사회복지사는 자신의 예술적 능력을 전문적 지식과 과학적 기반에 통합시켜야 한다. 예술이 없는 지식기반은 거의 가치가 없다. 그러나 지식이 없다면 예술은 효과성의 한계를 나타내게 된다.

1) 사회복지사의 예술적 기반

예술이란 "사회복지실천이 능숙한 수행을 하는 데 필요한 특수한 기술로 학습만으로는 배울 수 없는 직관적인 능력을 발휘해야 하는 것"이라고 정의된다(American Heritage Dictionary, 1978, s. v. 'art'). 그렇다면 어떤 요인들이 사회복지의 예술에 포함되는가? 여기에 해당되는 것으로 동정과 인간의 고통에 직면할 수 있는 용기, 의미 있고 생산적인 원조관계를 수립할 수 있는 능력, 변화에 대한 장벽을 극복하는 창의성, 변화과정에 에너지와 희망을 불어넣는 능력, 건전한 판단력, 적합한 개인적 가치들, 그리고 효과적인 전문가적 소양을 배양하는 것 등을 들 수 있다.

(1) 동정(compassion)과 용기

동정이 결여된 사회복지사는 자신과 클라이언트의 관심적 사안 사이에 거리를 둘 가능성이 있다. 언제 어디서나 사회복지사는 질병, 장애, 폭력, 방임, 성학대, 약물중독, 범죄적 착취, 빈곤, 이상행동과 혼란스러운 가족생활, 사랑하는 사람과의 이별, 외로움, 유기, 그리고 다른 유형의 고통을 받는 사람들에게 건설적으로 반응할 수 있어야 한다. 뿐만 아니라 사회복지사는 직접적으로 혹은 간접적으로 다른 사람들에게 고통을 가하는 사람들에게도 건설적으로 반응할 수 있어야 한다.

(2) 전문적 관계

사람들이 어려운 인간의 경험, 즉 변화의 위험을 감수하려는 의지가 생기기 전에 신뢰감을 형성해야 한다. 그래서 협상의 가장 기본적인 도구는 전문적인 관계를 활용하여 사람들이 변화의 가능성에 관해 개방적이 되도록 하고 적극적으로 변화과정에 참여하도록 돕는 것이다. 긍정적 관계는 개인, 가족, 혹은 클라이언트 집단을 효과적으로 원조하기 위한 전제조건이 될 뿐만 아니라, 조직이나 지역사회를 구성하는 사람들과의 활동관계에도 중요하다.

(3) 희망과 에너지

에너지는 어떤 것이 진행되도록 하고 결과를 얻고, 실수와 실패로부터 회복할 수 있는 능력으로 규정된다. 클라이언트 혹은 클라이언트 집단이 활동하도록 만들고 클라이언트의 주저함을 없애기 위해 사회복지사의 에너지가 필요하다.

(4) 판단

원조과정의 특성과 클라이언트 상황의 독특성으로 인해 사회복지사는 판단을 하기가 어렵다. 자격을 갖춘 사람의 성숙도는 흔히 바람직한 사회복지사의 판단유형을 설명하는 데 사용된다. 성숙도에 대한 두 가지 개념규정은 흔히 우리의 사고 속에서 혼합된다. 하나의 개념규정은 진전된 단계로써 성숙에 도달하는 것과 관련된다. 두 번째 개념규정은 판단을 위한 조심스럽고 현명한 사고의 활용과 관련된다. 실천지혜 속에서 성숙하기 위해서 사회복지사는 분석적이고 반성적이어야 하며 성공뿐만 아니라 실패로부터의 학습에도 개방적이어야 한다.

(5) 개인적 가치

가치는 어떻게 되어야 하고 무엇이 옳고 가치 있는 것인지에 대한 신념이다. 사회복지사의 개인적 가치는 사회복지 전문직의 가치와 동시에 만족 시켜야 한다.

이에 전문적 사회복지를 특징짓는 가치를 살펴보면 에보트(Abbott)의 네 가지 기본적인 가치가 시사하는 바가 크다.

① 기본적 권리에 대한 존중 : 모든 인간은 생활에서 목표를 달성하고 문제를 예방하거나 경감시키며, 인간으로서 완전한 잠재력을 실현시키는 데 도움이 될 자원과 서비스에 관해 동등한 접근성을 가져야 한다.

② 사회적 책임감 : 가족, 교육, 정보, 그리고 사회복지와 같은 사회적 제도는 인간의 욕구에 관해 인간적이고 반응적이어야 한다.
③ 개인적 자유에 관한 헌신성 : 사람들 사이에는 상당한 편차가 있다는 것을 인식하고 사회는 그 성원들에게 사회적 통제를 최소화해야 한다.
④ 자기결정에 대한 지지 : 사람들은 자기 자신이 선택을 할 권리를 가져야 하며, 자신의 삶을 선택할 자유를 갖지 못한 사람들은 가능한 언제든지 선택을 할 수 있도록 능력을 고취시켜야 한다.

2) 과학자로서 사회복지사

사회복지사는 예술적 능력을 갖고 기초지식을 끌어내고 다양한 기법을 활용하는 사회복지사는 학습을 하면서 전문가적 능력을 쌓아 간다. 전문직은 그 지식과 실천의 발전 속에서 과학적 방법을 활용할 때 과학적인 것으로 간주된다.

사회복지사는 다음과 같은 방법을 활용할 때 과학적이 된다고 말할 수 있다.

① 사람들의 사회적 기능을 나타내는 자료들을 수집하고 조직화하고 분석한다.
② 새로운 기법을 만들고 새로운 실천지침을 형성하고 새로운 프로그램과 정책을 개발하기 위해 관찰, 경험, 그리고 공식적 연구를 활용한다.
③ 사회복지 개입을 안내하는 계획과 개념적 준거 틀을 세우기 위해 기초가 되는 자료를 활용한다.
④ 개입이 사람들의 사회적 기능수행에 미치는 영향을 객관적으로 검토한다.
⑤ 전문직에서 다른 사람들이 설명하는 아이디어, 연구, 그리고 실천을 교환하고 비평적으로 평가한다.

(1) 사회적 조건과 사회문제에 관한 지식

사회복지사는 공통적으로 사회기관의 주의를 끄는 문제들과 인간의 문제들이 어떤 관련성을 갖는지에 대해 이해해야 한다. 사회문제를 다루는 배경으로 사회복지사는 이 지구상 삶의 전반적인 특성에 기여하는 요인들에 익숙해야 한다. 이런 요인의 일부는 공기와 물, 안전과 충분한 음식공급과 에너지, 고용기회, 개인의 자유와 사회정의를 지지하는 전 세계적인 정치적 그리고 경제적 조건, 인간의 복지를 향상시키기 위한 기술의 현명한 사용, 전염성 있는 질병을 통제하는 것과 안녕을 촉진시키는 것, 그리고 인종적인 증오와 전쟁으로부터 세계를 자유롭게 하는 것이다.

(2) 사회정책과 사회적 프로그램에 관한 지식

사회적 조건이 사람들에게 해를 끼치거나 지역사회나 사회에 위협적인 것으로 인식될 때, 사회정책이 형성되고 사회적 프로그램이 그런 위협적인 문제들을 다루기 위해 만들어진다. 사회적 프로그램은 세 가지 주요 요소, 즉 조직구조, 혜택이나 서비스, 그리고 서비스 제공자로 구성된다. 사회적 프로그램은 조직이나 기관과 같은 어떤 형태를 통해 전달되어야 한다. 그래서 사회복지사는 서비스 전달의 재정적, 행정적, 그리고 조직적 측면에 관한 지식이 있어야 한다. 사회적 프로그램에 의해 제공되는 혜택과 서비스는 사회적 급부, 사회적 서비스 그리고 사회행동의 형태를 취할 수 있다. 사회복지사는 자신의 기관에서 제공하는 프로그램을 이해해야 하고, 기관에서 제공되는 서비스의 수혜자에게 익숙해야 한다.

(3) 사회적 현상에 관한 지식

다양한 체계수준과 사회복지실천에서 강조하는 다양한 상황의 상호관련성에 관한 이해뿐만 아니라 사회복지사는 한 사람으로서 개인을 이해해야 한다. 사회복지사는 인종적 정체성, 비교 문화적 상호작용,

그리고 인종차별주의에 영향을 미치는 것과 관련되어 문화적·종교적 차이와 개인적·사회적 이슈도 이해해야 한다. 사회복지사는 클라이언트와 지역사회의 다른 성원이 이런 조직들을 어떻게 보는지 그리고 사람들이 조직의 행동에 의해 어떤 영향을 받는지에 관해 이해해야 한다.

기관이나 프로그램 내에서 효과적으로 활동하기 위해 사회복지사는 조직 개발, 구조, 수행방법, 그리고 의사소통 패턴에 관해 이해해야 한다.

(4) 사회복지 전문직에 관한 지식

전미사회사업가협회(NASW)에 의해 규정된 전문가 표준은 사회복지의 전문화에 의해 출현한 중요한 특성이다.

① 기본적 전문가(basic professional) : 사회복지교육협의회(CSWE)가 인정하는 사회복지 프로그램에서 학사학위를 받은 사람이다.

② 특정 전문가(specialized professional) : 사회복지교육협의회(CSWE)에서 인정하는 사회복지 프로그램으로부터 석사학위를 받은 사람이다.

③ 독립적 전문가(independent professional) : 공인된 사회복지 석사학위를 받고 석사학위 취득 후 최소한 2년 정도 적절한 전문가로부터 슈퍼비전을 받은 경험이 있는 사람이다.

④ 고급 전문가(advanced professional) : 사회복지에서 보다 고급의 연구를 수행하는 데 필요한 전문적 이론, 실천, 행정적 혹은 정체적 능력이 필요하고, 보통 사회복지 박사학위나 사회과학을 공부한 사람이다.

전미사회사업가협회(NASW, 1971)에 의해 개발된 두 번째 기준은 사회기관이 좋은 사회복지실천을 지지할 수 있는 인사관리 실천에 관한 표준을 세우도록 안내한다. 그것은 직원선발, 직원개발, 직원평가, 승진, 부가급부, 그리고 퇴직과 같은 항목들이 포함된다.

사회복지사는 세 번째 전문가 기준인 실천의 지침이 되는 윤리적 원칙에 대해 철저히 이해하는 것이 중요하다. 윤리는 전문직에서 도덕적으로 옳은 것, 전문가 행동에서 올바른 과정이 무엇인가와 관련되는 것이다.

제 4 장

사회복지실천의 현장에 대한 이해

학습목표

① 우리나라의 사회복지실천현장에 대해 살펴본다.
② 사회복지사의 자격과 역할에 관해 학습한다.

제 1 절 사회복지실천현장

최근 들어 사회복지실천현장이 점차 세분화되고 전문화됨에 따라 사회복지서비스를 전달하는 실천현장에 대한 이해가 중요해지고 있다. 사회복지실천현장은 사회복지사가 직접 또는 간접적으로 사회복지서비스를 전달하는 장(setting)으로 '장소'의 개념을 넘어 사회복지실천이 이루어지는 '장(setting)', '문제(problem)', '대상집단(client)'을 모두 포함하는 개념이다(Kamerman, 1998 ; 백은령 외, 2006 재인용), 또한 사회복지실천현장은 사회의 변화에 따라 달라지고 있으며 종류도 매우 다양하여 분류방법 또한 복잡하다.

사회복지실천현장의 광의의 개념은 실천분야 또는 서비스의 초점이 되는 문제영역을 포함하는 개념과 서비스를 제공하기 위해 직접·간접으로 관련되는 모든 현장을 말한다. 협의의 개념으로는 사회복지실천서비스를 직접 또는 간접적으로 제공하는 사회복지기관을 말한다. 이러한 사회복지실천현장은 기관의 목적, 기관을 설립한 주체 및 재원조달방식, 서비스 제공방식, 서비스 내용에 따라 분류할 수 있다(김혜란 외, 2003).

첫째, 기관의 목적에 따라 1차 현장과 2차 현장으로 분류한다. 1차 현장은 기관의 일차적 기능이 사회복지서비스를 제공하기 위한 것으로 사회복지사가 중심이 되어 활동하는 실천현장이다. 지역사회 종합사회복지관, 노인복지관, 사회복지시설 등을 말한다. 2차 현장은 기관의 일차적 기능은 따로 있으며 필요에 의해 사회복지서비스를 제공한다. 의료기관, 교정시설, 학교, 읍・면・동사무소 등을 말한다.

둘째, 사회복지기관의 설립주체와 재원의 조달방식에 의해 공공기관과 민간기관으로 분류한다. 공공기관은 정부지원으로 운영되며 사회복지사 업무도 정부의 규정이나 지침에 따라 지도・감독받으며, 민간기관은 사회복지 관련 사업을 목적으로 사회복지법인, 재단법인, 사단법인, 종교단체, 시민사회단체 등에서 운영하는 비영리기관을 총칭한다.

셋째, 서비스 제공방식에 따라 행정기관과 서비스 기관으로 분류한다. 행정기관은 사회복지서비스 전달체계를 효율적으로 운영하기 위해 행정업무를 수행하고 기관 간의 협의 및 연계업무를 담당한다. 예를 들어 보건복지부, 고용노동부, 민간행정조직 등을 말한다. 서비스 기관은 클라이언트에게 직접 서비스를 제공하는 것을 목적으로 하는 지역사회복지관, 노인복지시설 등을 말한다. 주거시설의 제공여부에 따라 생활시설과 이용시설로 나눌 수도 있다.

〈표 4-1〉 사회복지시설의 종류

관련법	시설종류	세부종류		소관부서
		생활시설	이용시설	
사회복지사업법	부랑인-노숙인시설 결핵-한센시설 종합사회복지관	• 부랑인시설 • 결핵-한센시설	• 종합사회복지관 • 노숙인쉼터 • 상담보호센터	보건복지부
노인복지법	노인복지시설	• 노인주거복지시설 • 노인의료복지시설	• 재가노인복지시설 • 노인여가복지시설 • 노인보호전문기관	
아동복지법	아동복지시설	• 아동양육시설 • 아동일시보호시설 • 아동보호치료시설 • 자립지원시설 • 아동단기보호시설 • 공동생활시설	• 아동상담소 • 아동전용시설 • 아동복지관 • 지역아동센터 ※ 2개 이상 아동시설이 혼합되어 있는 종합시설 설치가능	
장애인복지법	장애인복지시설	• 장애인생활시설 • 장애인유료복지시설 중 생활시설	• 장애인 지역사회재활시설 중 이용시설 • 장애인직업재활시설 • 장애인무료복지시설 중 이용시설	
한부모가족지원법	한부모가족복지시설	• 모(부)자보호시설 • 모(부)자자립시설	• 여성복지관 • 한부모가족복지상담소	

관련법	시설종류	세부종류		소관부서
		생활시설	이용시설	
		• 미혼모자시설 • 일시보호시설 • 미혼모(자) 공동생활가정 • 모(부)자공동생활가정		
정신보건법	정신보건시설	• 정신요양시설 • 사회복귀시설 중 생활(주거)시설	• 사회복지시설 중 이용시설	
국민기초생활보장법	자활후견기관		• 자활후견기관	
농어촌주민의 보건복지증진을 위한 특별법	복합노인복지시설	농어촌지역에 한해 노인복지시설 중 '노인보호전문기관'을 제외한 2종류 이상의 사회복지시설을 동일 또는 인접 건물에 설치가능		
영유아보육법	보육시설		국공립어린이집, 법인어린이집, 직장어린이집, 가정어린이집, 부모협동어린이집, 민간어린이집	
성매매방지 및 피해자보호 등에 관한 법률	성매매피해지원시설	-일반지원시설 -청소년지원시설 -외국인여성지원시설	자활지원센터	
	성폭력피해보호시설	가정폭력피해자보호시설	긴급전화센터, 가정폭력상담소	여성가족부
건강가정지원법	건강가정지원센터		건강가정지원센터	
다문화가정지원법	다문화가족지원센터		다문화가족지원센터	
노인장기요양보호법			방문요양서비스, 주야간보호서비스, 단기보호서비스, 방문목욕서비스	

출처 : 보건복지부(2010).

이 장에서는 우리나라에서 사회복지사가 주로 활동하고 있는 지역사회복지관, 아동-청소년, 장애인, 노인, 여성, 정신보건, 의료영역, 자활, 공공복지부문 등에 대해 간단히 살펴본다.

1. 지역사회복지관

사회복지관은 일정한 시설과 전문인력을 갖추고 지역사회의 인적-물적 자원을 동원하여 종합적 사회복지사업을 수행하는 사회복지시설이다(보건복지부, 2006). 사회복지관은 사회복지서비스 욕구를 가지고 있는 모든 지역사회 주민을 대상으로 보호서비스, 재가복지서비스, 자립능력배양을 위한 교육훈련 등 그들이 필요로 하는 복지서비스를 제공하고, 가족기능강화 및 주민상호 간 연대감 조성을 통한 각종 지역사회 문제를 예방-치료하는 종합적 복지서비스 전달기구로서 지역주민의 복지증진을 위한 중심적 역할을 수행한다(보건복지부, 2006).

〈표 4-2〉 지역사회 사회복지관 사업내용

분야	단위사업	우선사업 대상 프로그램
가족 복지사업	• 가족관계증진 • 가족기능보완 • 가정문제해결-치료 • 부양가족지원	• 개인 및 가정문제 등 상담 • 방과후 아동보호 프로그램
지역사회 보호사업	• 급식서비스 • 보건의료서비스 • 경제적 지원 • 일상생활지원 • 정서서비스 • 일시보호서비스	• 급식서비스(식사배달, 밑반찬배달, 무료급식 등) • 주간보호소-단기보호소 운영
지역사회 조직사업	• 주민조직화 및 교육 • 복지 네트워크 구축 • 주민복지증진 • 자원봉사자 양성 및 후원자 개발-조직	• 주민조직체 형성 및 운영
교육-문화 사업	• 아동-청소년 평생교육 • 성인기능교실 • 어르신-여가문화 • 문화복지	• 어르신 여가-문화 프로그램 • 아동-청소년 사회교육 프로그램
자활사업	• 직업기능훈련 • 취업알선 • 직업능력 개발 • 자활공동체 육성	• 취업-부업 안내 및 알선 • 취업-부업 기능훈련 및 공동작업장 운영

2. 여성복지시설

여성복지는 여성이 국가와 사회로부터 인간의 존엄성과 인간다운 생활을 할 권리를 동등하게 보장받음으로써 건강, 재산, 행복의 조건들이 만족스러워지고 질적인 삶을 실현하기 위한 모든 실천적 노력을 포함하는 것을 말한다. 과거의 여성복지는 요보호여성과 이들로부터 파생되는 문제에 국한되었으나 최근에는 일반 여성까지 모두를 포함하는 포괄적 개념으로 변화되었다.

즉 빈곤모자가족문제, 매매춘, 미혼모, 가출, 근로여성, 노인여성문제와 함께 일반여성의 인권문제와 복지문제, 사회참여와 자아실현을 돕는 여건조성, 성차별 철폐 운동으로 확대되었다. 여성복지시설로는 윤락여성을 위한 복지시설(선도보호시설, 일시보호시설, 자립자활시설), 한부모가족복지시설(모자보호시설, 모자자립시설, 미혼모시설, 일시보호시설, 모자가정상담소, 여성복지관)등이다.

3. 노인복지시설

노인복지란 노화로 인해 야기되는 사회생활상의 곤란에 대한 사회복지적 원조라고 할 수 있다. 노인이 인간다운 생활을 영위하면서 자기가 속한 가족과 사회에 적응하고 통합될 수 있도록 필요한 자원과 서비스를 제공하는데 관련된 공적-사적 차원에서의 조직적 제반활동이다. 노인복지 관련 서비스는 다음과 같다.

〈표 4-3〉 노인복지시설 구분

종류	시설	설치목적
노인주거 복지시설	양로시설	노인을 입소시켜 무료 또는 저렴한 요금으로 급식 기타 일상생활에 필요한 편의 제공
	노인공동생활가정	노인에게 가정과 같은 주거여건과 급식 기타 일

종류	시설	설치목적
		상생활에 필요한 편의 제공
	노인복지주택	노인에게 주거시설을 분양 또는 임대하여 주거의 편의·생활지도·상담 및 안전관리 등 일상생활에 필요한 편의를 제공
노인의료 복지시설	노인요양공동 생활가정	치매·중풍 등 노인성 질환 등으로 심신에 상당한 장애가 발생되어 도움을 필요로 한 노인에게 가정과 같은 주거여건과 급식·요양 기타 일상생활에 필요한 편의를 제공
노인여가 복지시설	노인복지관	무료 또는 저렴한 요금으로 노인에 대하여 각종 상담에 응하고, 건강의 증진·교양·오락 기타 노인의 복지증진에 필요한 편의 제공
	경로당	지역노인이 자율적으로 친목도모·취미활동·공동작업장 운영 및 각종 정보교환과 기타 여가활동을 할 수 있도록 하는 장소제공
	노인교실	노인에 대하여 사회활동 참여욕구를 충족시키기 위하여 건전한 취미생활·노인건강유지·소득보장 기타 일상생활과 관련한 학습 프로그램 제공
재가노인 복지시설	방문요양서비스	신체적·정신적 장애로 일상생활을 영위하기 곤란한 노인이 있는 가정에 요양보호사를 파견하여 노인의 일상생활에 필요한 각종 편의 제공
	주야간보호서비스	부득이한 사유로 가족의 보호를 받을 수 없는 심신이 허약한 노인과 장애노인을 주간 또는 야간 동안 시설에 입소시켜 필요한 각종 편의 제공
	방문목욕서비스	목욕 장비를 갖추고 재가노인을 방문하여 목욕을 제공
	단기보호서비스	부득이한 사유로 가족의 보호를 받을 수 없어 일시적으로 보호가 필요한 심신이 허약한 노인과 장애노인을 시설에 단기간 입소시켜 보호
노인보호 전문기관	노인보호전문기관	• 시·도지사가 노인보호전문기관을 지정·운영 • 노인학대 신고, 상담, 보호, 예방 및 홍보 • 24기간 신고·상담용 긴급전화(1389)운영
노인일자리 전담기관	노인인력개발기관	노인 일자리 개발·보급사업, 조사사업, 교육·홍보 및 협력사업, 프로그램 인증·평가 사업들을 지원하는 기관
	노인일자리지원기관	지역사회 등에서 노인일자리의 개발·지원, 창업·육성 및 노인에 의한 재화의 생산·판매 등을 직접 담당하는 기관
	노인취업알선기관	노인에게 취업 상담 및 정보를 제공하거나 노인일자리를 알선하는 기관

4. 아동-청소년복지시설

1) 아동복지시설

아동복지는 협의의 아동복지와 광의의 아동복지로 나누어 생각할 수 있다. 협의의 아동복지는 요보호 아동을 중심으로 한 복지활동으로 빈곤가정이나 폭력 및 해체가정의 아동이나 선천적 또는 후천적 장애를 가진 아동을 대상으로 한다. 광의의 아동복지는 일반 아동과 그 가족을 대상으로 다양한 복지주체들이 유기적 관련하에 체계적으로 복지활동을 전개하는 것이다. 근래에 이르러 아동복지의 개념이 가족복지의 개념을 포괄하는 개념으로 확대되고 있다.

초기의 아동복지는 주로 가정위탁이나 시설에서 양육되거나 입양과정에 있는 아동과 피학대 아동에 대한 보호분야로 간주되었으나 최근에는 진정한 아동복지는 가족 전체에 대한 지원 없이는 불가능하다는 생각하에 다양한 아동 및 가족지원 프로그램을 포함하는 분야로 새롭게 인식되고 있다. 아동복지서비스는 아동지원서비스(child supportive services), 아동대체서비스(child substitute services), 아동보호서비스(child protective services)로 나뉜다.

〈표 4-4〉 아동복지서비스 유형

유 형	내 용
지원서비스	가족 외부에서 가족의 기능을 강화시켜 주는 서비스 기본적인 재정·경제적 지원, 가족치료, 상담, 집단치료와 같은 정신치료, 아동보호서비스, 집중적 가족유지서비스, 데이케어서비스, 가족교육
대체서비스	일시적 또는 항구적으로 부모의 모든 역할을 대신 해주는 서비스 친척보호, 가정위탁보호, 생활시설(그룹홈, 생활시설, 치료센터), 입양
보호서비스	학대아동, 방임아동과 같은 위기에 빠진 아동을 보호하는 서비스

2) 청소년복지시설

청소년복지는 청소년이 정상적인 삶을 영위할 수 있는 기본적 여건을 조성하고 조화롭게 성장-발달할 수 있도록 제공되는 사회적, 경제적 지원을 말하며 주요 시설은 다음과 같다.

첫째, 청소년상담실이다. 교육청 산하 청소년상담센터, 한국직업능력개발원 진로상담센터, 한국교육개발원 상담실, 한국교육학술정보원 에듀넷 교육종합상담실 등이 운영되고 있다. 문화관광부 산하에는 한국청소년상담원, 시·도 청소년종합상담실, 시·군·구 청소년상담실, 청소년 쉼터가 있으며, 보건복지부 산하에는 아동상담소 등이 있다.

둘째, 공부방 운영이 있다. 공부방에서는 초·중·고등학생을 대상으로 저학력의 부모를 대신하여 방과 후 학습지도를 하며, 학교에서 보내는 시간을 제외한 때에 유해환경으로부터 보호하여 청소년 범죄를 예방하고, 건전한 생활습관과 청소년의 발달과업을 이루고, 장래문제 등을 해결함으로써 지적 발달과 심리사회적 발달을 도모한다.

셋째, 청소년쉼터는 가출 청소년에게 의식주를 무료로 제공하여 일시 보호하고, 개별이나 집단상담, 전화상담, 가족상담, 심리검사 등을 통한 상담, 학습지도와 약물남용 방지교육, 성교육, 집단활동, 취미와 기능교육, 자원봉사활동, 사후관리 등을 한다.

넷째, 한국청소년연맹 등 전국의 청소년단체 등이 청소년수련시설을 운영하고 있으며, 청소년의 전인적 성장과 공동체 의식함양에 크게 기여하고 있다.

기타 가출 청소년을 위한 일시보호시설로서 청소년의 쉼터와 긴급보호시설인 드롭인 센터, 비행청소년의 교정교육시설로 소년원, 소년교도소, 보호관찰소 등이 있다.

3) 학교사회복지

학교사회복지는 학생의 심리사회적 문제를 학생-학교-지역사회의 연계를 통해 예방하고 해결함은 물론 모든 학생이 자신의 잠재력과 능력을 최대한 발휘할 수 있도록 학생복지실현을 도와주는 교육기능의 한 부분이며 사회복지의 전문분야이다. 우리나라의 학교사회복지는 그 필요성에도 불구하고 아직 제도화되지 못하고 있으며 시범사업을 하는 단계이고 학교에 상주하는 학교사회복지사는 소수이다. 현재는 일부 교육청의 시범사업과 사회복지공동모금회의 기획사업 등으로 학교 사회복지에 대한 효과를 제고시키고 있다. 교육인적자원부도 교육투자우선지역에 사회복지사를 지역사회교육전문가로 임용하여 학교에서 적응력이 낮은 학생을 지도하고, 학교와 지역사회 간의 네트워크를 형성하도록 하고 있다.

5. 장애인복지시설

장애인복지는 장애인을 대상으로 장애발생예방과 장애인의 의료, 훈련, 보호, 교육, 고용의 증진 등 장애인의 자립보호, 생활안정에 기여하기 위한 공사 차원의 활동을 의미한다. 즉 장애인복지는 장애인의 완전한 사회참여를 통한 사회통합을 목적으로 심신의 결함으로 인하여 가정생활, 사회생활에 곤란을 가지게 되는 것을 국가나 민간사회복지기관이 그들이 모든 생활에서 곤란을 느끼지 않도록 원조하는 제도적 정책적 서비스의 조직적 활동과 노력이라고 말할 수 있다. 장애인복지시설은 다음과 같다.

① 장애인생활시설 : 장애인이 필요한 기간동안 생활하면서 재활에 필요한 상담·치료·훈련 등의 서비스를 받아 사회복귀를 준비하거나 장애로 인하여 장기간 요양하는 시설이다.

② 장애인지역사회재활시설 : 장애인복지관, 의료재활시설, 체육시설, 수련시설, 공동생활가정 등 장애인에게 전문적 상담·치료·훈련 등을 제공하거나 여가활동 및 사회참여활동 등에 필요한

편의를 제공하는 시설이다.

③ 장애인직업재활시설 : 일반고용이 어려운 장애인이 특별히 준비된 작업환경에서 직접훈련을 받거나 직업생활을 영위할 수 있도록 하는 시설이다.

④ 장애인유료복지시설 : 장애인이 필요한 치료, 훈련 등 편의를 제공받고 이에 소요되는 일체의 비용을 시설운영자에게 납부하여 운영하는 시설이다.

⑤ 기타 대통령령이 정하는 시설이다.

6. 의료사회복지

의료사회복지란 병원에서 제공하는 의료적 치료를 조정, 보강하여 질병의 원인이 될 수도 있고, 질병치료 과정에 장애가 될 수도 있는 사회경제적·정서적 문제 해결을 돕고, 퇴원 후 환자가 그의 가정이나 지역사회에 복귀하여 가장 적절하게 사회적 기능을 발휘할 수 있도록 도와주는 것으로 이는 사회복지적 지식과 기술로 의료에 접근하는 사회복지의 한 영역이다(김규수, 2005).

최근 들어 의료의 활동이 치료적인 면에서 보건활동면으로 확대되고 있는 추세이다. 즉, 의료는 병을 다루는 초점을 갖는 치료체계이지만 보건이란 말은 일반적으로 건강의 유지와 질병예방에 초점을 둔 체계이다. 의료사회복지실천으로는 지역사회보건사업, 호스피스, 재활사회사업, 병원 내에서의 사회복지사업 등이 있다.

7. 정신보건복지

정신보건시설이란 정신적·정서적 장애로 어려움을 겪고 있는 사람의 치료 및 재활에 대한 조기개입과 예방을 통하여 국민건강증진을 목적으로 하고 있는 정신 보건의료기관·사회복귀시설·정신요양시설 · 지역사회시설 등을 말한다.

정신보건사회복지의 목적은 정신적 · 정서적 장애로 고통을 받고 있는 사람들의 건강회복과 정신건강을 촉진하는 활동, 즉 정신건강을 증진하는데 있다. 실시장소는 주로 정신의료기관, 즉 정신병원, 진료소 등에 정신과적 치료를 하는 기관 또는 환자의 회복을 돕는 지역사회 전문기관 등이다. 주요 대상은 정신적 · 정서적 장애로 고통을 받고 있는 클라이언트 또는 그 가족, 친척 등이며 정신적 · 정서적 장애의 고통문제는 물론 그 문제로 말미암아 파생되는 문제, 즉 경제적 · 사회적 문제 그리고 증상회복에 따른 지지적 문제 등이다. 정신보건사회복지사의 역할은 정신과 진료팀, 정신의학자, 심리학자, 정신과 간호사, 작업치료사 등과 함께 분담된 역할을 사회사업방법을 통하여 실천하는 사회복지실천의 한 영역 · 분야이다(김규수, 2005).

8. 자활사업

자활사업은 시 · 군 · 구별로 지역사회의 복지자원을 최대한 이용하여 자활근로, 지역봉사, 사회적응 프로그램 등 다양한 자활 프로그램 제공 및 자활공동체의 창업을 지원하는 한편, 노동부의 고용 관련 인프라를 통하여 취업알선 · 직업훈련 등의 취업지원서비스를 제공하는 등 저소득층의 자활촉진을 위한 각종 지원 및 서비스 제공을 실시하고 있는 시설이다(보건복지부, 2006).

9. 사회복지전담공무원

사회복지전담공무원은 저소득층의 지원과 대상자의 욕구충족 및 사회적 자활을 지원하고 사회복지사업의 효율적이고 전문적인 서비스를 강화하기 위하여 도입되었다. 사회복지전문요원들은 행정기관에 배치되어 아동, 노인, 장애인 등 공적 사회복지업무를 담당하고 있다. 위에

열거한 사회복지실천현장 외에 교정복지, 군대사회복지, 산업복지 등이 있다.

제 2 절 사회복지사의 자격

사회복지사(social worker)는 사회복지현장에서 근무하는 전문직으로서, 사회복지 실천에 관련되어 직접적 서비스를 전달하는 사람을 말한다. 이 호칭은 국제적으로 승인되어 있으며, 그 범위나 자격기준은 국가에 따라 다르다. 사회복지사는 개인이나 집단의 욕구에 반응하고, 인간의 욕구를 충족시키는데 필요하거나 또는 장애가 되는 요소를 제거하며 환경을 변화시키기 위해 영향력을 행사한다. 우리나라의 사회복지제도는 1970년 사회복지사업법이 제정, 공포됨에 따라 제도적으로 인정받게 되었다. 1994년 사회복지사업법 시행령 개정으로 사회복지사업 종사자 자격증을 사회복지사 자격증으로 사용하게 되었다. 우리나라의 사회복지사 자격제도는 다음과 같다.

1. 사회복지사 1급

법 제11조 제3항의 규정에 의한 국가시험에 합격한 자(본 조항은 2003년부터 적용)이다. 국가시험은 매년 1회 이상 실시하며, 시험은 필기시험의 방법에 의하여 실시된다. 시험응시자격은 4년제 정규대학 및 대학원 졸업생으로 사회복지학 교육을 받고 졸업한 자이고, 국가시험 과목은 8과목이다.

2. 사회복지사 2급

① 고등교육법에 의한 대학원에서 사회복지학 또는 사회사업학을 전공하고 석사 또는 박사학위를 취득한 자. 다만 대학에서 사회복지학 또는 사회사업학을 전공하지 아니하고 동 석사학위를 취득한 자는 보건복지부령이 정하는 사회복지학 전공 교과목 중 필수과목 6과목 이상(대학에서 이수한 교과목을 포함하되, 대학원에서 4과목 이상을 이수하여야 한다), 선택과목 2과목 이상을 각각 이수한 때에 한하여 사회복지사 자격을 인정한다.

② 고등교육법에 의한 대학에서 보건복지부령이 정하는 사회복지학 전공 교과목을 이수하고 학사학위를 취득한 자

③ 고등교육법에 의한 대학과 동등 이상의 학력이 있다고 교육인적자원부 장관이 인정하는 학교에서 보건복지부령이 정하는 사회복지학 전공 교과목과 사회복지 관련 교과목을 이수하고 졸업한 자

④ 고등교육법에 의한 전문대학에서 보건복지부령이 정하는 사회복지학 전공교과목과 사회복지 관련 교과목을 이수하고 졸업한 자

⑤ 고등교육법에 의한 대학을 졸업하거나 이와 동등 이상의 학력이 있는 자로서 보건복지부 장관이 지정하는 교육훈련기관에서 12주 이상 사회복지사업에 관한 교육훈련을 이수한 자

⑥ 사회복지사 3급 자격증 소지자로서 3년 이상 사회복지사업의 실무경험이 있는 자

제 5 장

사회복지실천의 대상 및 문제: 방법론

학습목표

① 사회복지실천의 전통적 방법론에 대해 살펴본다.
② 사회복지실천의 대상 및 문제에 대해 살펴본다.

역사적으로 사회복지는 모든 사회문제에 대하여 다양한 접근방법으로 도움을 제공하였다. 이러한 접근방법들은 상이한 개념, 기술, 과업 및 활동을 가진 기술론적이고 구체적인 방법들로 전환되었고, 즉 1920~30년대는 개별사회사업과 집단사회사업, 1940년대는 지역사회조직사업, 1950년대에는 사회복지행정과 사회복지정책 및 사회복지조사가 발달하면서 전통적인 사회복지방법론에서 통합적 사회복지방법론으로 전환되는 계기가 마련되었다. 따라서 전통적 방법론은 다양한 요인이 복합적으로 작용하는 실천영역에 대해서는 효과적으로 대처하지 못하는 한계를 낳게 되었다. 따라서 이러한 한계를 보완하고자 사회복지실천방법을 통합하려는 시도가 나타나기 시작하였다.

제 1 절 전통적인 사회복지실천방법-개별사회사업

개인수준에서의 실천은 전통적으로 '개별사회사업(case-work)'으로 잘 알려져 발달하여 왔다. 개별사회사업은 개인의 환경조건이나 인간관계 속에서 개인이 갖는 문제, 그리고 병리적 의학모델을 주창, 혹은 상황을 사회복지사와 클라이언트의 1 대 1의 관계로 전개되는 실천과정을 의미한다.

1. 개별사회사업의 정의

1) 개별사회사업의 대상은 문제를 가진 개인과 가족이다.
2) 개별사회사업의 주체는 문제에 대한 과학적 지식과 전문적 기술을 가진 전문가이다.
3) 그 방법은 대상에 따라 달라지는 개별적(case by case) 방법으로 진행한다.

4) 개별사회사업은 사회복지사와 클라이언트간의 인간관계를 중요시하는 협동적인 활동이다.
5) 개별사회사업은 과정(process)이며 예술이다.
6) 예방보다는 치료적 입장에서 문제해결 및 재조정을 중요시한다.

2. 개별사회사업의 원리

비에스텍(Biestek)은 사회복지사가 클라이언트를 돕기 위해 개별화, 의도적인 감정표현, 통제된 정서적 관여, 수용, 비심판적 태도, 복지대상자의 자기 결정, 그리고 비밀보장의 원리를 지킬 것을 강조했다.

* 더 자세한 내용을 알기를 원하면 제6장 사회복지실천 관계론의 관계의 7대 원칙 참조 바람.

① 개별화(Individualization)
② 의도적인 감정 표현(Purposeful Expression of Feelings)
③ 통제된 정서적 관여(Controlled Emotional Involvement)
④ 수용(Acceptance)
⑤ 비심판적 태도(Nonjudgemental Attitude)
⑥ 자기결정(Self determination)
⑦ 비밀보장(Confidentiality)

사회복지실천에서의 비밀보장이란 클라이언트의 기본적인 권리에 기초하는 것으로서 전문적인 관계를 통해 밝혀지는 클라이언트에 대한 정보를 누출시키지 않는 것이다. 이는 사회복지사의 윤리적인 의무이고 성공적인 사회복지실천 관계유지를 위해 반드시 필요한 것이다. 그러나 모든 경우에 비밀보장이 요구되는 것은 아니다.

3. 개별사회사업의 과정

개별사회사업의 과정은 클라이언트의 문제를 효과적으로 해결하기 위하여 거쳐야 할 최소한의 절차로서 일반적으로 인테이크, 조사, 진단, 치료 단계로 이루어진다.

인테이크 → 조사, 진단 → 치료

1) 인테이크(intake : 접수)단계
2) 조사(case study) 단계, 진단(diagnosis)단계
3) 사정(assessment)단계
4) 치료(treatment)단계

(1) 지지적(支持的) 치료

가장 기본적이며 필요 불가결한 치료요법이다.
① 흥미와 관심을 보여라 : 경청하라.
② 수용적 태도를 가져라 : 받아들여라.
③ 안도감을 갖게 하라 : 신뢰관계 회복
④ 격려를 하라 : (진술 내용에 대해)희망을 갖게 하라.
⑤ 선물주기 : 칭찬(진술 내용을)하라. 미인대칭

(2) 명료화(Clarification : 통찰적 치료법)

명료화는 자기의식의 개발, 해석, 반성적 고찰, 통찰력 등의 용어로 표현되는데, 치료되지 못하고 있는 감정이나 행동(미분화된 자아 또는 행동)들을 밝혀 주어 현실에 보다 나은 사회적 적응을 가져오게 하는 기법이다.

4. 개별사회사업 실천가(사회복지사)의 역할

개별사회사업 실천가(사회복지사)는 편견이나 선입관으로부터 탈피하고 인간행동에 관한 지식을 풍부하게 갖추고 클라이언트의 말을 경청하고 관찰하는 능력을 가져야 한다. 또한, 클라이언트의 원조활동에

맞는 능력과 인간의 감정을 들여다보고 나누는 능력 및 관심을 유도하는 능력도 가져야 한다. 그리고 개별사회사업 실천가(사회복지사)는 겸손과 인성을 겸비하여야 하며, 타인을 지도할 수 있는 사람은 자기의 행동에 대한 반성이 앞서야 하고 자신의 인격수양이 필요하다. 더욱이 지역사회의 자원을 개발하고 활동하는 지도자로서 그 책임이 더욱 중요하다 하겠다.

제 2 절 전통적 실천방법-집단사회사업

1. 집단사회사업의 정의

집단사회사업(group work)이란 개별사회사업의 영향을 받아 발전해 온 사회복지실천방법 중의 하나이다. 집단사회사업의 모체는 집단이며 그 집단 내에서 상호관계를 가진 개인 성원들이다. 이 점이 개별사회사업과의 차이이다.

집단사회사업이란 한마디로 사회복지사가 개인의 사회적 기능을 향상시키기 위해 집단을 그 수단으로 하여 개인과 집단의 욕구와 능력을 선택적 집중으로 발달단계 등을 기초로 하여 집단실천기술을 의도적이고 계획적으로 개입하는 것이다.

2. 집단사회사업의 기본적 요건

집단사회사업의 기본적 요건으로는 성원(member), 그룹(group), 프로그램(program), 사회복지사(worker)가 있다.

1) 성원(member)

궁극적으로 성원 개개인에게 관심을 둔다. 사회복지사는 개별화를 통해 구성원 한 사람 한 사람에 대한 충분한 이해를 갖고 있어야 한다.

2) 그룹(group)

단순한 개인들의 집합체가 아닌, 하나의 유기체로서의 집단을 말한다. 따라서 구성원 상호간의 역동성으로 인해 구성원 개개인에게 미치는 영향이 크다. 사회복지사는 언제나 집단을 통해 구성원 각자에게 접근한다. 따라서 그룹에 대한 충분한 이해가 매우 중요하다.

3) 프로그램(program)

프로그램은 사회복지사가 사용하는 집단사회사업의 핵심적 도구로서, 프로그램은 집단사회사업의 한 부분이 아니라 시작에서부터 종료까지의 전체 과정을 말한다.

4) 사회복지사(worker)

(1) 가능하게 하는 사람(enabler)

구성원들이 달성하고자 하는 목표에 도달할 수 있도록 원조하고 가능케 하는 역할을 담당한다.

(2) 변화를 일으키는 사람(change Agent)

구성원 개인은 물론 집단(Group)이나 주변 환경 또는 제도까지도 변화시키고자 한다.

(3) 매개자 또는 자료제공자(mediator or resource person)

사회복지사는 집단 구성원의 상호 작용과 원조를 중시하고, 필요에 따라 구성원과 사회자원과의 매개자, 자료제공자의 역할을 담당하게 된다.

① 중개자(broker) : 클라이언트에게 지역사회자원을 중개
② 매개자(mediator) : 클라이언트의 기관 및 지원체계의 서비스를 상호 연결
③ 변호자(advocate) : 클라이언트의 입장에서 대변, 옹호자
④ 상담자(conferee) : 클라이언트에게 상담해 주는 것

3. 집단사회사업의 실천의 원리

집단사회복지 실천의 원리는 다음과 같다(G. Konopka).

1) 각 개인의 독특한 차이점을 인식하여 그에 따라 행동한다(집단내의 개별화).
2) 어떤 집단에 대해서든지 그 집단이 가지는 특성을 인식하여 그에 따라 행동한다(집단의 개별화).
3) 개인에 대해서는 그가 가지는 장점과 단점을 동시에 순수하게 수용한다(집단 내의 수용).
4) 사회복지사의 집단구성원 간에 의도적인 원조관계를 수립한다(집단의 의도적인 원조관계).
5) 집단구성원들 간에 협조적이며 협력적인 관계를 이룩한다(집단상호협력관계).
6) 집단과정에 적절한 수정을 가한다(집단내의 잠재력 개발).
7) 각 구성원에게는 각자의 능력의 단계에 따라 참가하도록 격려하며 보다 유능해지도록 돕는다(집단의 참여 원칙).
8) 각 구성원들로 하여금 문제해결 과정에 스스로 관여하게 한다(집단내의 자기결정권).
9) 집단구성원들 간의 문제를 해결해나감에 따라 점차 만족할 수 있는 방도를 체험하도록 한다(집단내의 체험의 원칙).

4. 집단사회사업의 목표

클레인(Klein, 1972)은 집단사회사업의 일부분이고 그들의 대인관계와 환경과의 참 만남에 있어서 개인을 돕는 사회복지사의 역사적 임무에 적합한 8가지의 특별한 목표를 제시하고 있다.

1) 재활(rehabilitation)

재활의 과정은 사람이나 일이 이전의 능력 또는 수준으로 회복하는 것을 의미한다. 사람의 재활은 감정적 또는 정신적인 어려움이나 행동에 관한 것이라 할 수 있다. 그것은 또한 어떤 태도나 가치를 변화시키는 수단에 관한 것이라 할 수 있다.

2) 교육훈련(habilitation)

교육훈련과정은 치료(treatment)보다는 성장과 발달을 의미한다. 교육훈련이라는 용어는 어려움을 가진 어떤 개인들이 어렸을 때 행동하는 법을 배운 적이 결코 없었을지도 모르는 행동을 가르친다는 사실을 의미한다. 때문에 '재활'이라는 의미보다는 훈련의 의미를 가지고 있다.

3) 교정(correction)

교정의 과정은 사회법(social law), 혹은 사회적 관습에 대해 어려움을 가지고 있는 사람들과 범법자나 폭력자를 돕는 것을 의미한다.

4) 사회화(socialization)

사회화의 과정은 사람들이 사회적으로 기대되어지는 것을 행하는 방법, 그리고 다른 사람들과 같이 살아가는 방법을 배우도록 돕는 것을 의미한다. 관련된 용어인 재사회화는 개인은 퇴보하고 다시 훈련받을 필요가 있다는 사실을 암시한다.

5) 예방(prevention)

예방은 어려움이 일어나기 전에 그 어려운 문제, 즉 장애요인을 제거토록 미리 처리하고 사람들이 필요로 하는 환경적 조건을 제공하는 것을 의미한다. 집단의 예방적 목적은 집단성원이 개인적 혹은 사회적 기능에 있어서의 퇴보의 위험에 직면한 상황에서 유용하다.

6) 사회행동(social action)

사회행동을 격려하는 과정은 사람들이 대처하고 적응하는 것 이외에 그들의 환경을 변화시키는 것을 배우도록 돕는 것을 포함한다. 집단에서의 적극적인 관계를 통해 개인을 이끌고, 따르고, 결정을 내리는데 참여하고, 그들 자신에 대해 책임을 지고 더 큰 지역사회에 대해 책임을 지는 것을 배운다.

7) 문제해결하기(problem solving)

문제해결의 과정은 사람들이 과업을 달성하고, 결정하고, 사회문제를 해결하도록 집단을 이용하는데 도움을 주는 것을 의미한다.

8) 사회적 가치(social value)

사회적 가치의 발달을 조장하는 과정은 개인이 생활과 관련된 실천 가능한 사회적 가치를 발달시키는 것을 돕는 것과 관계가 있다.

집단은 동시에 이들 목적 모두 혹은 이들 중의 어느 하나를 위해 이용되어질 수 있다. 집단을 위한 치료자의 목표는 그 성원의 특별한 욕구가 변할 때 바뀔 수 있다.

5. 집단사회사업의 발달단계

집단의 발달은 일반적으로 집단의 구조상의 변화, 집단성원들의 상호작용 형태의 변화 및 집단문화의 변화라는 세 가지 요소의 변화를 내포한다. 그리고 이와 같은 변화는 그 특성에 비추어 다음과 같은 몇 개의 단계로 나뉘어진다.

1) 준비 단계(preparatory stage)

이 단계는 개인이 문제해결에 집단을 효과적으로 활용하기 위해 예비적 조치가 행해지는 단계이다. 유사한 내용의 문제를 가진 개인들의 접수 및 집단구성에 관한 조치가 행해진다. 이 단계에서 고려해야 할 변수로는 집단의 크기, 구성원의 특성과 배경, 집단의 환경적 위치 등이 있다.

2) 오리엔테이션 단계(orientation stage)

집단성원 간의 인간적인 유대관계가 생기고, 의사소통이 이루어지는 집단응집력의 기초단계로서, 집단구성원은 불안과 긴장이 가장 높다는 단계이며 관계 형성이 중심이 되는 단계이다. 구성원들은 각자가 발전시켜 온 행동규범을 집단에 가지고 오며, 집단의 목적과 활동과제를 설정하는 과정에서 공통적 가치와 태도에 기초한 집단에서의 규범과 행동방식 등을 형성한다.

3) 탐색과 시험단계(exploring & testing group stage)

이 단계에서는 상호작용의 유형이 발달하게 되는데, 이 상호작용은 상황에 대한 탐색과 시험, 그리고 조화와 갈등의 관계가 중심이 된다. 집단의 목적이 분명해지고 목표 지향적 활동이 현저하게 나타난다. 구성원 간의 상호작용이 증가함에 따라 하위집단이 형성되기 시작하며,

집단의 가치에 관련하여 통제적 기제가 발달한다.

4) 문제해결 단계(problem solving stage)

집단성원의 상호의존성과 집단 응집력이 높은 수준에 이르고, 집단의 목적에 대한 충분한 일치성과 목표 달성을 위한 고도의 협동체계가 나타나며, 문제해결능력이 전문화된다. 성공적인 집단만이 이 단계에 도달할 수 있으며, 구성원들이 집단의 내부나 외부에서 오는 변화에의 압력에 효과적으로 반응할 수 있을 때에만 이 단계를 유지할 수 있다.

5) 종료단계(termination stage)

집단의 종료는 첫째, 목적이 달성되어 집단이 더 이상 존속해야 할 필요가 없어져서 끝을 맺는 경우 둘째, 처음부터 집단이 일정 기간 동안 설치되도록 계획되어 그 기한이 도래한 경우 셋째, 집단의 응집력이 약화되어 집단이 분산되는 경우 넷째, 집단이 외적·내적 환경의 압력에 효과적으로 반응치 못한 부적응의 결과로 끝을 맺는 경우에 종료하게 된다.

종료 단계는 집단사회복지사업을 평가하고 집단활동을 종료한다. 종료에 있어서 중요한 과제는 종료에 관한 감정을 가진 구성원을 돕고, 미래에 계획을 세우거나 효과적인 의뢰를 하는 것이 중요한 과제이다.

제 3 절 전통적 실천방법-지역사회조직

1. 지역사회복지의 이해

지역사회조직(community organization)은 개별사회사업, 집단사회사업과 함께 전통적인 사회복지 실천의 한 방법으로, 지역사회를 구성하는 개인, 집단, 또는 조직들의 사회적 안녕을 그들이 원하는 방향으로 증진시키기 위하여 그들의 참여하에 지역사회 수준에서 도움을 제공하는 전문 사회복지사와 함께 전개되는 일련의 활동을 말한다. 지역사회조직은 지역사회 수준에서 개입이 이루어진다는 점에서 개인, 집단을 대상으로 하는 다른 사회사업방법과 구별된다. 그러나 새로운 사회복지 교과 편제에서 지역사회 조직을 지역사회복지학(community welfare)으로 개편하여 현재에 이르고 있다.

또한 지역사회조직사업은 지역사회 주민의 생활욕구, 생활문제를 발견하며 지역사회주민의 욕구의 조직적 해결과 지역사회주민의 조직화와 지역사회 그룹 활동(inter-group work) 및 홍보, 교육활동을 전개할 수 있으며 지역사회 자원을 활용할 수 있는 특성을 가지고 있다.

2. 지역사회조직의 분야

1) 지역사회복지협의회

지역사회복지협의회(community welfare council)란 지역사회 내에 있는 각종 사회복지시설, 사회복지에 관심을 가지는 민간단체나 개인의 연합체 또는 협회를 말하는 것으로, 지역사회가 요구하는 사회복지가 가능한 한 효과적으로 달성될 수 있도록 상호협동계획이나 활동을 조정하는 일을 한다.

2) 지역사회복지관(community welfare center)–종합사회복지관

지역사회복지관은 사회복지관(social welfare center), 사회관(community center), 인보관(Settlement center), 근린복지위원회(neighborhood center) 등으로 지칭되고 있으며, 지역사회의 충족되지 않은 욕구와 문제를 발견해서 주민들에게 필요한 서비스를 제공하는 가장 대표적인 직접서비스 기관이다.

지역사회복지관은 1880년대 영국과 미국의 인보관 운동에서 시작되어, 산업화와 도시화에 따른 도시지역의 각종 복지와 관련된 문제를 해결하기 위한 것으로 광범위한 주민참여를 요구하고 있다. 2011년 4월 말일 현재 424개의 지역사회복지관이 활동하고 있다.

3) 공동모금회(Community chest)

공동모금회는 1873년 영국의 리버플 시에서 시작되었다. 기금 모금은 지역사회 전체로 하며, 시민과 사회복지기관의 협동적·자발적 조직화를 도모한다. 이는 능력에 따른 분배를 의미하는 사회연대의식, 민주주의 가치관의 발로이다. 조직적인 예산의 확립, 모금활동의 전략 확립, 민주적인 경제 배분을 기하며, 사회복지협의회가 직접적인 책임을 지고 수행한다.

3. 지역사회조직의 원칙

지역사회주민의 욕구와 자원 및 자기 결정에 따라 자조적·협동적 사업을 추진해야 한다.

1) 자주성 중시의 원칙

지역사회의 목적설정이나 활동에 대한 지역주민의 자주적인 참가와 협동이 사업성취의 기반이 된다.

2) 과정지향의 원칙

지역의 구체적인 과업의 달성도 중요하지만 과업 성취에 이르는 모든 과정이 중요한 것이다. 이는 과정을 통해서 단결과 협력태도가 이룩될 수 있는 계기가 주어지기 때문이다.

3) 조정의 원칙

지역사회의 문제나 갈등을 자아낼 수 있는 주민간의 마찰, 대립되는 상황도 주민간의 상호작용방법 여하에 따라 조정이 가능할 수 있다.

4) 합의의 원칙

방법상의 원칙으로서 지역사회의 문제해결이나 목표달성을 위해 전 주민의 의견의 일치를 목적으로 삼는 전술을 활용한다.

5) 능력 부여자로서의 역할의 원칙

사회복지사의 역할상의 원칙으로 능력부여자로서의 역할을 중시한다.

4. 지역사회조직(C.O.)의 과정

1) 사회조사의 단계

사실에 대한 파악으로 지역실태조사, 앙케이트 조사, 주민의 토론과 좌담회 즉 중간집단(intergroup)의 형성(위원회, 협의회, 협회 등)을 통해 문제에 대한 토의 및 자원을 확인하는 단계이다.

2) 계획의 수립

문제해결이나 욕구충족을 위해서는 어떤 사실에 대하여 어떠한 사람들이 어떤 방법으로 얼마의 경비와 시간을 들여 그 목표를 달성할 것인가에 대한 계획을 수립해야 한다. 즉, 진단을 중심으로 계획을 수립·분석하고 자조적인 계획 및 대책을 강구하게 된다.

3) 계획의 실시와 촉진(실행의 촉진)

사회복지 계획을 실시하고 촉진케 하기 위해서는 사회복지사업 전문가(사회복지사)만으로 되는 것은 아니다. 널리 일반대중과 지역주민들이 그것을 이해하고 지지하여야 한다. 따라서 지역사회를 위한 사회복지 계획에 대한 인식의 보급, 활동의 동기를 불어넣을 수 있는 홍보활동, 조직 내부의 상호협력관계를 유지 강화할 수 있는 조정활동 등이 전개되어야 할 것이다.

4) 평가

평가는 두 가지 목적을 갖는다.

(1) 모니터링과 피드백(monitoring & feedback)

프로그램의 실천과정에서 수집된 정보를 입수해서 실천에 반영하여 실천의 궤도를 수정하기 위한 것이다.

(2) 결과와 최종 산물의 평가

프로그램을 통해서 성취하고자 하는 목표가 어느 정도 달성되었는가? 즉, 프로그램의 효과성(effectiveness)과 영향(impact)을 측정하는 것이다.

5. 지역사회조직에서 사회복지사의 역할

1) 안내자로서의 역할

사회복지사는 지역 내의 특정집단들의 문제를 해결하기 위해서 공적기관이 가지고 있는 제도, 프로그램, 서비스체계는 물론 민간기관이 가지고 있는 프로그램 및 서비스를 알아야 하고 그것을 이 특정집단들과 연결시켜 주는 안내자 역할을 한다.

2) 촉진자로서의 역할

지역사회가 설정한 공동적인 목표나 목적을 성취할 수 있도록 하기 위해서 지역사회가 가지고 있는 능력, 에너지를 개발하고 통합해 갈 수 있도록 지도하고 촉진한다.

3) 조직가와 계획자로서의 역할

지역사회의 특정한 문제를 해결하기 위한 중간집단을 조직하고 조직된 각종 집단을 이끌어가는 역할을 한다. 또한 지역사회복지계획을 수립하기 위해 필요한 자료와 정보를 가지고 계획을 수행하는 역할을 한다.

4) 대변자로서의 역할

지역주민들 가운데서 자기들의 문제나 권리를 표현하고 주장할 수 없는 클라이언트 집단을 발견할 경우 이들의 문제와 주장을 대변하는 역할을 한다.

5) 가치의 옹호와 변화를 위한 역할

가치의 옹호와 변화를 위해서는 지역 사회복지사는 특별히 인간의 존엄성을 지키고 물질 우선주의적인 가치를 변혁시키는 역할을 해야 한다. 전통적으로 관습화되어 있는 사회적인 약자, 장애인을 무시 혹은 경시하는 가치관을 변화시키고, 현대 산업 사회에서의 인간소외, 지나친 합리주의, 노인경시의 가치를 변혁시키는 역할을 한다. 더 나아가서 가족관계의 유대, 이웃간의 친목 및 협동, 노인에 대한 경애, 친우간의 신뢰 등 우리사회가 가지고 있는 미풍의 가치를 옹호하는 역할을 해야 한다.

제 6 장

사회복지실천의 관점: 통합적 접근

학습목표

① 통합적 접근방법의 등장배경을 이해한다.
② 통합적 접근방법의 실천과정을 이해한다.

사회복지실천의 전통적인 방법론은 하나의 기술, 실천영역을 강조하면서 다양한 요인이 작용하는 실천영역에 효과적으로 대처하지 못하는 한계를 드러냈다. 이와 같이 인간의 삶의 질을 향상시키고 다양한 욕구를 충족시키기 위해서는 어려움이 많았다. 따라서 통합적인 접근방법이 등장한 이유가 바로 여기에 있다.

사회복지실천에서 통합적 방법(integrated or unitary, generalist approach)이란 사회복지사가 개인, 집단, 지역사회에서 제기되는 사회문제에 활용할 수 있는 공통된 하나의 원리나 개념을 제공하는 '방법의 통합화'를 의미한다. 즉, 통합적 방법이란 전통적 방법의 전부 또는 일부를 조합해서 교육함으로써 한 명의 사회복지사가 복수의 방법을 통합적으로 사용하여 클라이언트에게 삶의 질의 향상을 돕고자 하는 사회복지실천의 기본 틀이라고 할 수 있다.

제 1 절 통합적접근 방법의 등장배경

사회복지실천에서 개별사회사업의 이론과 실천의 발달은 사회복지 전문직을 정립하는 계기가 되었으나, 개인의 심리문제에 지나치게 집착함으로써 결과적으로 과도하게 분화된 사회복지 전문화를 야기하였다. 또한 하나의 기술이나 실천영역을 강조하는 사회복지 전문직내의 동향은, 다양한 요인이 복합적으로 작용하는 실천영역에 대해서는 효과적으로 대처하지 못하는 한계를 낳게 되었다.

브라이어(Briar)는 전통적인 사회복지실천방법에 대한 통합적 접근이 시도될 수밖에 없었던 이유를 다음과 같이 설명하고 있다.

첫째, 전통적 방법은 주로 특정한 문제중심의 개입으로써, 최근의 복잡한 문제 상황에 대해 적절히 개입하기 어려운 상황이 발생한다.

둘째, 전통적 방법은 지나친 분화와 전문화로 서비스의 파편화 현상을 초래함으로써, 다양한 문제와 욕구를 가진 클라이언트가 여러 기관이나 사회복지사를 찾아다녀야 하는 부담감을 야기한다.

셋째, 전문화 중심의 교육훈련은 사회복지사의 분야별 직장이동에 도움을 주지 못한다.

넷째, 공통기반을 전제하지 않는 분화와 전문화는, 각각 별개의 사고와 언어 및 과정을 보여줌으로써 사회복지 전문직의 정체성 확립에 장애가 되었다는 점이다.

이러한 전통적 방법의 한계를 보완하고자 사회복지실천방법을 통합하려는 시도가 나타나기 시작하였다. 1958년 미국사회사업가협회(National Association of social workers : NASW)가 제출한 「사회사업실천의 작업 정의」라는 보고서가 그것이다. 이후 골드스타인(Goldstein), 핀커스와 미나한(Pincus & Minahan), 플랜저(Flanzer), 사포린(Siporin), 콤튼과 갤러웨이(Compton & Galaway), 메이어(Meyer) 등에 의해 통합적 방법에 관한 이론 구축을 위한 노력이 전개되었다.

한편, 이러한 사회복지 전문직 내의 노력과 함께 사회복지 외부의 환경에서도 체계이론, 일반체계이론, 생태체계이론 등의 다양한 이론이 사회복지의 주요 이론들로 활용되면서 복잡한 문제에 대해 접근할 수 있는 기틀이 마련되었다.

제 2 절 통합적 접근방법의 개념과 특징

1. 개념

통합적 방법은 개인, 집단, 지역사회에서 제기되는 사회문제에 활용할 수 있는 공통된 원리나 개념을 제공하는 것으로 방법을 통합하는 것을 의미한다. 즉, 전통적인 방법을 전부 또는 일부, 최소한 2개 이상을 조합해서 교육하여, 사회복지사 한 명이 2개 이상의 방법을 통합적으로 사용해 클라이언트에게 개입할 수 있도록 하는 것이다.

통합적 방법은 결합적 접근방법, 중복적 접근방법, 단일화 접근방법의 세 측면에서 통합하는 형태이다.

2. 특징

통합적 방법은 사회복지실천에 본질적인 개념, 활동, 기술, 과업 등에 공통적인 기반이 있음을 전제한다. 통합적 방법의 가치는 클라이언트의 잠재성을 인정하며 이 잠재성이 개발될 수 있다고 보고 미래 지향적인 접근을 강조한다.

사회복지의 지식은 정신역동적 측면으로부터 일반체계이론까지 확대된 개념을 사용한다. 통합적 방법은 사회복지사가 인간과 환경영역 양면에 개입해야 한다고 강조한다. 클라이언트의 참여와 자기결정 및 개별화를 극대화할 것을 강조하며, 클라이언트의 존엄성을 인정하고 개별화를 중요한 요소로 보고 사회복지실천을 지속해서 평가할 것을 주장한다.

3. 통합적 방법을 지향하는 일반사회복지실천의 주요 요소

1) 생태체계적 관점

일반사회복지실천의 이론적 관점은 일반체계, 사회체계, 생태체계 이론을 결합한다. 이 이론에서 사용하는 용어와 개념은 일반사회복지실천을 위한 유용한 틀을 제공한다.

2) 문제 초점

일반사회복지실천에서는 문제를 광범위하고 포괄적으로 본다. 즉, 사회복지실천은 곧 문제해결과정이며 사회복지실천의 초점은 개인과 체계 간에 기능을 수행하는데 직면하는 문제에 있다. 예외로 역량강화/권한부여모델은 클라이언트의 강점에 초점을 두고 문제를 도전으로 인식한다.

3) 다양한 수준에서 접근

일반사회복지실천은 상이한 크기의 체계에 다양하게 접근할 수 있다는 특징이 있다. 클라이언트 체계는 개인, 가족, 집단, 지역사회로 이 중 하나가 표적체계나 행동체계가 될 수 있다. 사회복지사는 생태체계적 관점에서 사정한 문제의 초점에 따라 어떠한 수준에도 관여하고 실천할 수 있다.

4) 이론과 개입을 개방적으로 선택

어느 하나의 이론적 접근에 얽매이지 않고 클라이언트의 문제에 따라 다양한 이론과 개입방법을 선택적으로 활용한다.

5) 문제해결과정

통합적 방법론 모델이 제시하는 사회복지실천과정은 점진적으로 문제를 해결하는 단계이다.

제 3 절 통합적 접근방법의 실천과정

사회복지실천과정은 목적을 향한 체계적인 일련의 행동이다. 모든 체계들의 결과목표와 사회복지사의 방법목표를 통해 사회복지사의 목적을 정의한다.

1. 체계의 결과목표

클라이언트의 결과목표는 모든 체계의 결과목표와 관련지어 이해되어야 한다. 따라서 사회복지사의 목적은 클라이언트체계의 결과목표뿐만 아니라 행동체계, 표적체계, 변화매개체계의 결과목표들에 영향을 받게 된다.

1) 클라이언트체계

클라이언트체계란 서비스나 도움이 필요한 사람들로서 변화매개인과 계약이 이루어졌을 때 클라이언트가 된다. 계약이란, 변화 노력의 목표나 목적을 분명히 하여 변화 활동에 사용되는 방법을 확실하게 하는 것을 의미한다. 또한 계약은 체계 구성원 모두와 이루어질 수도 있고, 일부와도 이루어질 수 있다. 계약을 통해 사회복지사와 클라이언트간의 결과목표에 대한 합의가 필요하다.

2) 행동체계

변화매개인들이 변화 노력을 달성하기 위해 서로 상호작용하는 사람들을 행동체계라 한다. 즉, 사회복지사가 변화 노력을 완수하고 달성하기 위해 상대하는 사람들로서 이웃, 가족, 전문가들이 이에 해당된다. 변화노력과정에서 변화매개인은 단계에 따라 여러 가지 다른 유형의 행동체계와 일할 수 있다.

사회실천과정에서 사회복지사가 4체계와 활동하게 되면 여러 가지의 이점이 있다.

첫째, 변화노력에 관련된 많은 사람들과 여러 종류의 다른 상황에 적응할 수 있는 기본구조를 제공해 준다.

둘째, 변화노력에서 완수해야 할 과업을 찾아내는 데 도움을 준다.

셋째, 체계의 기본구조를 통하여 도움을 요청하는 사람 자체가 개입의 주요 표적이라고 전제할 수 없다는 사실을 알게 해준다.

넷째, 클라이언트체계가 제시한 문제를 해결하는데 가장 효과적인 행동체계의 규모나 유형을 전제로 할 수 없다는 것을 분명히 알게 해 준다.

다섯째, 사회복지사가 완수해야 할 과업이 있다는 것과, 그 과업을 위해 클라이언트 외의 다른 사람들과 관계를 맺어야 한다는 사실을 알게 해준다.

여섯째, 조직을 사회변화에 관련된 체계로 보는 관점이 중요하다는 사실을 인식시켜 준다.

일곱째, 잠재적 변화의 표적으로 기관(변화매개체계)에 신중하게 초점을 제공해 준다.

여덟째, 사회복지사가 4체계 모두와 상호역동적인 관계를 맺게 됨으로써, 사회복지실천에서 관계의 중요성을 재인식시켜 준다.

3) 표적체계

변화매개인이 변화시킬 대상 또는 그의 목표를 달성하기 위해 영향을 미칠 필요가 있는 사람들을 표적체계라 하는데, 표적체계는 클라이언트체계와 중복되기도 한다. 이는 클라이언트와 동일하거나 상이할 때에 따라서 전략의 종류는 달라질 수 있다.

4) 변화매개인 체계

사회복지사 및 사회복지사를 조직하는 기관이나 조직이 변화매개체계이다. 변화매개인이란 계획적인 변화를 목적으로 특수하게 고용된 '돕는 사람' 즉, 사회복지사를 의미한다. 다시 말해서, 사회복지사가 변화매개인이라고 볼 수 있고 사회복지사를 고용하는 공공기관, 민간기관 또는 이윤추구기관들이 변화매개체계이다. 하지만, 사회복지사 또한 달성하고자 하는 특정한 결과목표를 가질 수 있으나 클라이언트의 목표에 우선하면 안 된다.

2. 사회복지사의 방법목표

결과목표가 성공적인 계획적 변화노력의 마지막 상태에 대한 것이라면, 방법목표는 그 상태를 가져오게 하기 위해 무엇을 하여야만 하는가에 대한 것이다. 행동체계의 구성, 클라이언트와의 계약교섭, 문제에 대한 자료수집, 표적체계의 클라이언트체계로의 전환, 그리고 위원회의 적절한 의사결정절차의 개발은 방법목표의 예들이다. 따라서 방법목표는 그 자체가 목적으로 추구되는 것이 아니라, 결과목표의 달성을 촉진하는 수단으로 추구되어야 한다.

제 4 절 통합적 접근방법의 형태

1. 결합적 접근방법(combination approach)

클라이언트의 문제와 상황에 따라 전문 분화된 각종 방법을 단독 혹은 복수의 형태로 임기응변 식으로 사용하는 것이다. 이러한 접근방법은 사회복지사에게 현재보다 더 많은 교육훈련을 시키지 않는 한 실시가 어렵다는 제한점이 있다.

2. 중복적 접근방법(multi-method approach)

각 방법상의 원리와 기술을 비교해 공통성, 유사성, 차이성, 다양성을 확인하고 이들 방법간의 상호 관련성을 조합하여 사용하는 것이다. 그러나 각 접근방법을 뒷받침하는 이론이 상이한 현실에서 어떻게 조합할 수 있을지 의문이다.

3. 단일화 접근방법(unitary approach)

전문직으로써 사회복지실천의 공통된 기반을 재확립하고 방법을 특징짓는 총체적 관점과 틀을 확정하여 방법의 재편성을 도모해 나가는 것이다. 이 접근방법은 일반적 접근방법이라고 불리기도 한다.

제 5 절 통합적 접근모델-문제해결모델

1. 등장배경

통합적 접근방법으로써 가장 많이 논의되는 문제해결모델(Problem Solving)은 1950년대에 펄만(Perlman)에 의해 개발된 것으로, 인간의 삶 자체가 끊임없는 문제해결과정이라는 가정 하에 최초로 '문제'를 사회복지실천의 변화 표적으로 제시한 모델이다. 펄만은 문제해결과정을 4P로 표현하였는데, '문제(Problem)'를 가지고 있는 '사람'(Person)이 어떤 '장소'(Place)에 자신의 문제를 가지고 도움을 얻기 위해 찾아오게 될 때, 사회복지사는 클라이언트와 문제해결기능에 관여하게 되고 나아가 문제해결에 필요한 자원을 보완해 주는 '과정(Process)'을 활용한다는 것이다.

문제해결모델은 정신역동이론에 기초를 두면서 기능주의이론을 도입하였다. 전통적인 개별사회사업으로부터 문제해결모형을 분리하는 것에는 두 가지 중요한 동기가 있다. 한 가지 동기는 그 당시 정신역동이론에 의하여 만들어진 실천양식에 대한 불만이었으며, 다른 동기는 개별사회사업의 지식과 행동이론을 조직화하고 체계화하는 새로운 방법을 찾자는 것이었다.

2. 문제해결모델의 인간관

인간이란 누구나 태어나서 죽음에 이르기까지 모든 개념의 움직임 속에서 보다 높은 수준으로 도달하기 위해 항상 문제해결에 의식・무의식적으로 관여하게 된다. 인간은 자극에 대해 단순히 반응하는 존재가 아니라, 어떤 목표를 달성하고자 노력하는 능동적인 행위자로 본다. 사회복지실천은 하나의 살아있는 과정이며 살아있는 관계자와의 상호교류작용이므로, 클라이언트가 가지는 곤란한 문제가 어느 시점에서나 관심의 중심이 된다. 클라이언트는 자기 자신이 문제해결자이다.

3. 문제해결의 과정

사회복지실천의 과정은 보다 구체적으로 사회복지사가 클라이언트로 하여금 변화를 위한 동기를 가지게 하며, 에너지를 부여하는 방향을 찾게 하는 일인데 기술적으로는 다음 세 가지 과정을 밟는다.

1) 클라이언트가 기관의 원조를 활용하는 것을 결정하는 과정

문제해결과정은 클라이언트가 불안이나 공포를 최소화시키고, 자아의 방어기제를 약화시키지만 성장에 대한 기대치는 높인다. 이와 같이 자아가 갖는 에너지를 당면한 과제에 투입할 수 있도록 하기 위해 지지와 안정감을 제공한다.

2) 발생한 문제에 대해 클라이언트가 자기 인식을 하는 과정

문제해결과정은 클라이언트가 문제해결과 관련해서 자기 자신을 다루는 지적・정서적・행동적 능력을 발휘시키며, 반복・실천하게 한다. 다시 말하면, 문제해결과정은 당면한 문제를 다루어 나갈 때 요구되는 자아의 지각, 감정, 인식, 이해, 선택, 판단, 결정, 행동 등의 기능을 발휘 · 행사하게 함을 목표로 삼는다.

3) 클라이언트가 어떤 선택과 결정을 하도록 준비하는 과정

문제해결과정의 초점은 문제해결 혹은 그 완화에 필요한 원조나 사회자원을 클라이언트를 위해 발견하고 사용하는데 있다. 환언하면, 문제해결과정은 만족스러운 역할수행에 불가결한 조건이며 또한 수단이기도 한 외적 환경에 접근하며 이용하는 것을 목적으로 하고 있다.

4. 문제해결모델의 목표

문제해결모델은 인생을 계속적으로 문제에 직면하여 해결하는 과정으로 보고 있다. 그러므로 문제해결과정의 주요한 목표는 개인이나 가족이 현재 직면하고 있는 어떤 어려움을 처리하거나 해결하도록 돕는 것이다. 문제해결 모델의 일차적 목표는 클라이언트가 현재 긴장을 느끼는 사회적 과업과의 관계에 있어서 외부의 도움 없이 가능한 한 효과적으로 문제를 처리하도록 돕는 것이다.

5. 문제해결모델의 이론적 기반

1) 자아심리학

자아는 문제해결에 있어 중요한 역할을 하고 인성문제를 해결하려고 시도한다.

2) 듀이(Dewey)의 사상

인간은 문제를 해결하려고 하며, 사회적 상호작용에 활발하게 참여해 자기를 성장시킨다는 관점이다.

3) 역할이론

문제해결모델의 사회적 역할 개념은 개인의 사회적 기능을 의미하는 것으로, 개인의 전체적 사회상황을 요약해 주고 개인을 사회적 단위로 바라볼 수 있게 하는데 기여한다.

4) 체계이론

통합적 관점을 제공해 준 이론으로 인간과 환경간의 상호작용을 살펴보고, 이를 이해할 수 있는 구조를 제공한다.

6. 주요개념

1) 문제

(1) 기본가정

클라이언트의 근본적인 어려움은 문제 자체가 아니라, 문제를 해결하는 클라이언트의 태도에 있다.

(2) 개입

클라이언트의 문제해결방법이 비효과적일 때 필요하다.

(3) 개입목적

클라이언트의 문제해결능력을 회복시키는 것이다.

(4) 문제

클라이언트의 인성에서 비롯되는 것이 아닌 일상생활에서 경험하는 다양한 것으로, 문제해결모델은 문제의 범위를 개인의 사회적 기능에서 개인이나 집단과 그 환경간의 상호작용에 문제의 초점을 둔다.

2) 사회적 체계

콤튼과 갤러웨이의 사회복지실천을 구성하는 사회적 체계의 6가지 유형은 핀커스와 미나한의 변화매개체계, 클라이언트 체계, 표적체계, 행동체계에 전문체계와 의뢰응답체계를 첨가한 것이다.

전문체계는 전문가단체, 전문가를 교육하는 교육체계, 그리고 전문적 실천의 가치와 재가 등으로 구성된다. 전문체계의 가치와 문화는 변화매개체계인 사회복지사의 행동에 영향을 미치게 되며 사회복지사는 기관변화, 사회변화의 대변가로서 활동할 때 전문체계를 이용하기도 한다.

의뢰응답체계는 클라이언트가 다른 사람의 요청이나 법원, 경찰 등에 의해 강제로 오게 된 경우, 일반 클라이언트 체계와 구별하기 위해 사용된다. 즉, 서비스를 요청한 사람을 의뢰체계(referral system)라 하고 강요에 의해서 오게 된 사람을 응답자(a respondent)로 부른다.

3) 관계

문제해결모델에 있어서 관계는 전문적인 관계를 수행하기 위한 핵심적 개념이다. 사회복지사와 클라이언트의 관계는 치료도구로서 구조적으로 사용되며, 사회복지사는 클라이언트의 지지적 관계 형성을 격려하고, 클라이언트 스스로 문제 상황에 대한 이해와 인식을 명료화시킬 수 있도록 돕는다. 관계에는 사회복지사와 다른 체계 간의 정서적 유대도 포함된다.

제 7 장

사회복지실천의 관계론

학습목표

① 사회복지실천에서 관계의 개념과 중요성에 관하여 배운다.
② 전문적 관계의 특성과 기본요소 및 관계의 기본원리에 관하여 배운다.
③ 관계형성의 장애물에 대하여 어떻게 다룰 것인지에 관하여 배운다.

우리는 일생 동안 수많은 관계를 맺으며 살아간다. 부모님과 형제자매를 비롯한 가족과 친지, 학교동창이나 친구들, 직장 동료나 사회생활에서 알게 된 많은 사람들과 관계를 맺으며 살아가고 있는데 어떠한 관계가 형성되어 있는가에 따라 서로에게 도움을 줄 수도 있고 그렇지 않을 수도 있다. 서로가 좋은 감정과 신뢰를 갖고 있다면 웬만한 것은 좋게 이해하고 넘어가기도 하지만 그렇지 않을 경우에는 사소한 것도 문제가 되는 경우를 많이 볼 수 있다.

그러나 본 장에서 설명하고자 하는 것은 이러한 일반적인 관계가 아니라 사회복지사와 클라이언트와의 전문적인 관계이다. 사회복지사가 클라이언트와 어떠한 관계를 형성하느냐에 따라 원조의 과정과 효과에 많은 영향을 미칠 수 있기 때문에 좋은 관계를 형성하는 것은 원조의 시발점이라 할 수 있다.

따라서 본장에서는 전문적인 관계의 개념 및 특성, 좋은 관계를 형성하기 위한 원칙 및 전문적인 관계의 장애요인 등에 대하여 살펴보고자 한다.

제 1 절 사회복지실천에서의 관계

1. 사회복지실천에서 관계의 정의 및 특성

1) 관계의 개념

사회복지실천에서의 관계란 일반적으로 사회복지사와 클라이언트와의 관계를 의미하며, 전문적인 관계를 말한다. 즉, 친구나 동료 등과 같이 어울리는 일반적인 관계가 아니라, 사회복지사가 클라이언트에게 개입을 하기 위하여 전문가로서 분명한 목적과 의도를 가지고 클라이언트와 관계를 맺는 것을 의미하는 것이다.

효과적인 개입을 하기 위해서는 사회복지사와 클라이언트 사이에 "좋은 라포(rapport)"가 형성되어야지만 한다. 클라이언트가 사회복지사를 신뢰하지 않거나 부정적인 생각을 갖고 있으면 개입의 방법이나 효과에 대해서도 불신하게 될 것이며 그렇게 되면 효과적인 개입을 할 수 없게 된다.

따라서 사회복지사와 클라이언트가 어떻게 관계를 형성하느냐 하는 것은 원조와 개입을 위한 가장 기본적이고 중요한 요소로서, 좋은 관계를 유지하는 것은 성공적인 원조관계를 위한 필수부분으로 간주되고 있다.

사회복지 실천에 있어서 관계의 중요성에 걸맞게 많은 학자들이 관계에 대하여 정의를 내리고 있는데 이를 살펴보면 다음과 같다.

비에스텍은 "케이스워크에서의 관계란 사회복지사와 클라이언트 사이의 감정과 태도의 역동적인 상호작용으로서, 클라이언트가 자신과 환경 간의 좀 더 나은 적응을 이룰 수 있도록 돕는 목적을 갖고 있으며, 개인의 능력과 지역사회 자원을 적절히 동원하고 활용할 수 있도록 돕는 것이다"라고 정의하고 있으며(Biestek, 1957), 핀커스와 미나한은 "관계란 사회복지사와 그가 관계하는 다른 체계들 간의 정서적인 유대로 볼 수 있으며, 이들 관계에는 협력, 협상 또는 갈등의 분위기를 포함한다"라고 정의하였다(Pincus & Minahan, 1973).

또한 펄만은 "관계란 하나의 촉매제로서, 정서적인 유대 및 인간적인 도움을 위한 수단으로 간주하고, 좋은 관계는 문제해결과 도움을 향한 인간의 에너지와 동기를 지지하고 양성하며 자유롭게 하는 원동력이 된다"라고 서술하였으며(Perlman, 1957), 노던은 "인간의 행동이 각기 다른 정서적 반응을 불러일으키는 것처럼, 관계란 한 사람으로부터 다른 사람에게로 흘러가는 감정적인 반응으로 구성된다."라고 서술하였다(Northen, 1969).

이와 같은 여러 학자들의 견해를 종합해 보면 "관계란 사회복지사와 클라이언트 간의 감정과 태도의 역동적 상호작용으로서 클라이언트의 문제해결과 그를 둘러싼 환경과의 사이에 보다 나은 적응을 위해 개인, 집단, 지역사회의 자원을 활용할 수 있도록 도움으로써 클라이언트의 문제해결과 적응능력 향상을 위해 협력하는 활동이다."라고 정의할 수 있다(길귀숙 외, 2010).

2) 전문적 관계의 특성

앞서 언급하였던 바와 같이 사회복지 실천에 있어서의 관계는 일반적인 관계가 아니라 클라이언트의 문제해결을 돕기 위한 전문가와 클라이언트와의 전문적인 대인관계라 할 수 있다. 이러한 전문적인 관계는 일반적인 대인관계와 달리 항상 클라이언트의 입장에서 출발하여야 하며 전반적인 과정에 대하여 전문가로서의 책임을 지게 된다.

이러한 전문적인 관계의 특성에 대하여 존슨은 다음과 같이 설명하고 있다(Johnson, 1998).

첫째, 서로 합의된 의도적인 목적을 갖고 있다. 이는 클라이언트의 문제해결이라는 목적을 갖고 보다 나은 원조를 진행하기 위한 관계를 형성해야 한다는 것을 의미한다.

둘째, 클라이언트와 구체적으로 한정된 기간을 갖고 관계를 맺는다. 목적이 달성되었거나 또는 목적이 달성될 수 없다고 생각될 때 전문적 관계는 종결된다.

셋째, 클라이언트의 욕구 중심적 관계이다. 사회복지사는 자신의 이익보다 클라이언트의 이익을 위해 자신을 헌신하여야 하며, 따라서 사회복지사는 타인의 욕구에 민감할 수 있도록 객관성과 자아인식에 기초한 관계를 형성해야 한다.

넷째, 사회복지사는 권위를 지닌다. 이러한 권위는 클라이언트를 돕기 위한 특화된 지식 및 기술, 그리고 전문직의 윤리강령에 바탕을 둔 권위를 말한다.

다섯째, 통제된 관계이다. 현재 진행 중인 사례에 대해 객관성을 유지하고 자기 자신의 감정, 반응, 충동을 자각하고 그 책임을 진다는 의미에서 통제된 관계이다.

2. 전문적 관계의 기본요소

사회복지 실천에서 전문적인 관계는 사회복지사와 클라이언트 상호 간의 합의된 목적이 있고, 시간적 제한이 있다. 사회복지사는 전문적인 관계와 클라이언트의 이익을 위해 헌신하고, 전문적 지식과 기술에서 나온 권위를 지니며 전문적인 가치와 윤리강령을 준수해야 한다(김혜영 외, 2012).

이러한 전문적인 관계를 형성하기 위해 사회복지사가 갖추어야 할 기본적인 요소에 대해 알아보면 다음과 같다(Compton & Galaway, 1994, 길귀숙 외 역, 2010).

1) 타인에 대한 관심

사회복지사는 클라이언트에게 일어난 일에 대해 진실된 마음으로 따뜻한 온정, 지지와 관심가지고 서로를 인정해야 깊은 신뢰관계가 형성될 수 있다. 이러한 신뢰감을 형성하기 위해서는 책임감, 배려, 존중 등은 필수적인 요소이며, 감정과 참 만남의 관계로 교류할 수 있어야 함을 의미한다.

2) 헌신과 의무

헌신과 의무는 원조과정에서의 책임감을 의미하는 것으로 일관성을 포함하고 있는 개념이다. 이러한 헌신과 의무는 사회복지사뿐만 아니라 클라이언트도 관계에 대한 헌신과 의무를 다해야 하는데, 그래야만 원래 의도했던 전문적 관계에서 관계의 목적을 달성할 수 있다.

사회복지사가 지켜야 할 헌신과 의무는 관계를 맺을 때 지켜야할 필수적인 절차상의 조건들을 최대한 지켜야 한다는 것을 의하는 것으로 미리 약속된 시간과 장소를 지킬 것, 클라이언트의 문제에 대해 활동의 초점을 맞출 것, 성장과 변화를 가져오는 관계를 유지할 것 등을 말한다.

전문적 관계의 목적을 달성하기 위해서는 사회복지사가 지켜야할 헌신과 의무도 있는데, 클라이언트는 자신의 문제와 상황, 문제에 대처하는 태도 등에 대해 정직하고 개방적으로 제시하여야 하며, 전문적 관계에서 요구되는 최소한의 절차 및 조건 등에 충실히 따라야 하다는 것이다. 즉, 예약된 상담시간과 장소를 준수하고 프로그램에 성실하게 참여하는 것 등을 의미한다.

3) 권위와 권한

권위는 클라이언트와 기관에 의해 사회복지사에게 위임된 권한이다. 사회복지사는 전문적 지식과 경험을 바탕으로 일정한 지위에 있음으로써 권한을 부여받고 동시에 권위를 인정받게 된다. 사회복지사는 권위와 권한을 기초로 사회복지실천 전반에 영향력을 행사할 수 있게 된다.

권위는 두 가지 측면으로 살펴볼 수 있는데, 하나는 사회복지기관 내에서 사회복지사의 위상과 기능으로부터 나오는 제도적 측면의 권위가 있고, 다른 하나는, 전문가인 사회복지사에게 정보와 조언을 받고자 하기 때문에 클라이언트가 사회복지사에게 인정하는 심리적인 권위가 있다.

도움을 구하는 사람은 지식과 기술면에서 권위 있는 전문가를 찾게 되는데 사회복지사가 클라이언트에게 권위 있는 전문가로 받아들여짐으로써 성립된 관계는 클라이언트에게 안전감과 보호를 받고 있다는 느낌을 주게 된다.

권위와 권한을 잘못 행사할 경우 클라이언트는 사회복지사에 대하여 반감을 갖거나 불신을 나타내게 마련이며, 이로 인해 관계 자체에 저항을 표출하게 되고 관계형성이 어려워지기도 한다. 따라서 사회복지사는 그들이 갖는 권위와 권한의 내용, 권위와 권한의 범위 및 사용방법 등을 클라이언트에게 명확하게 설명함으로써 불신과 오해를 갖지 않도록 해야만 한다.

4) 진실성과 일치성

사회복지사가 클라이언트와 관계를 형성할 때 일관성이 있고, 정직한 개방성을 유지하며, 대화의 내용과 행동이 항상 일치하면서도 전문가로서의 자아와 가치체계에 부합하여야 함을 의미한다.

5) 수용과 기대

사회복지사의 비심판적이고 무비판적인 태도뿐만 아니라 클라이언트의 감정에 대한 존중 및 클라이언트에 대한 헌신적인 믿음을 의미한다. 클라이언트를 수용한다는 것은 클라이언트를 있는 그대로 받아들이는 것을 의미하며, 클라이언트를 수용하기 위해서는 먼저 클라이언트의 상황과 감정을 이해하려고 노력하는 자세가 필요하다.

이는 사회복지사가 클라이언트 스스로가 자신의 문제를 해결할 수 있고 자신의 삶을 책임질 수 있다는 믿음이 있을 때 가능하다.

6) 감정이입

감정이입은 사회복지사가 자신의 관점을 유지하면서 클라이언트의 입장에서 보고 느낄 수 있는 능력을 의미한다. 감정이입은 적극적인 경청을 통해 클라이언트가 어떻게 느끼는지를 언어적, 비언어적 단서를 민감하게 관찰함으로써 사회복지사가 클라이언트에게 관심을 갖고 있으며 공감하고 있다는 것을 적절하게 전달하는 것이다.

사회복지사는 클라이언트와 감정이입을 하는 동시에 문제 자체를 분석하고 그 해결 가능성을 객관적으로 판단하여야 한다.

7) 기타 사회복지사의 자질(엄영명 외, 2009, 정리 인용)

(1) 성숙함

사회복지사에게 요구되는 그 밖의 전문가적 자질로는 성숙함이 있다. 가장 유능한 사회복지사는 성숙해 가는 과정 속에서 자신을 성장하며 발전하는 인간으로 키워가는 것이다. 성숙해 가는 인간은 변화와 성장을 위협적인 것이 아니라 흥미 있는 것으로 받아들이려는 자세를 취하는 사람이다.

(2) 창조성

창의성은 클라이언트의 문제 상황에 대한 해결책에 대해 개방성을 유지하며, 최선의 해결책을 찾기 위해 자신을 개방하는 것을 말한다. 즉, 이미 알려진 해결책을 찾기보다는 당면한 상황에서의 최선의 해결책을 찾도록 자신을 열어놓는 것이다. 이는 기존의 이론적인 입장이나 사고체계를 거부하는 것이 아니라 단지 기존의 지식만이 전부인 것처럼 행동하지 않으려는 자세를 말한다.

(3) 용기

사회복지사는 클라이언트와의 관계에서 자신뿐 아니라 클라이언트와 관련하여 위험을 받아들일 수 있는 커다란 용기를 필요로 한다.

사회복지사는 도움이 실패하거나 어려운 상황에 휘말리는 일, 통제할 수 없는 상황에 감정이 억눌리거나 비난 또는 학대받는 일, 예측할 수 없는 상황에 계속적으로 연관되는 일, 신체적으로 위협받는 일 등을 받아들일 수 있는 용기를 필요로 한다.

(4) 민감성

민감성은 특정한 단서 없이도 클라이언트의 내면세계를 느끼고 감지할 수 있는 능력으로, 사회복지사가 새로운 상황에 대한 개방성과 변화에 대한 준비 자세를 갖추고 있는지와 밀접하게 관련되어 있다. 선입견과 고정관념의 틀에서 벗어나 클라이언트의 감정과 사고에 사회복지사 자신을 투입시키는 능력이 요구된다.

(5) 인간적 자질

상담하는 사람의 인간적 자질로서 클라이언트의 고통을 존중하는 마음, 자신과 다른 인생 경험, 행동양식, 가치관에 대한 포용성, 장기 목표를 가지고 일할 수 있는 끈기, 클라이언트가 스스로 결정하고 행동할 수 있도록 수동적인 자세를 취할 수 있는 마음자세 등을 들 수 있다.

제 2 절 관계의 7대 기본원칙

비에스텍(Biestek)은 『개별사회사업의 관계(*Casework Relatiosship*)』라는 책에서 사회복지사와 클라이언트간의 관계의 중요성을 강조하고 사회복지사와 클라이언트 사이에 좋은 원조관계를 형성하기 위한 기본원칙을 소개하고 있다.

즉, 비에스텍은 도움을 구하는 사람들에게는 공통적인 기본 감정 및 태도 유형이 있다고 믿고, 좋은 관계를 형성하기 위한 관계형성의 원칙으로 개별화, 의도적인 감정표현, 통제된 정서적 관여, 수용, 비심판적 태도, 클라이언트의 자기결정, 비밀보장 등 관계의 7대 원칙을 제시하였는데 이를 살펴보면 다음과 같다(류종훈, 2006, 정리 인용).

1. 개별화

1) 개념

개별화(individualization)란 모든 인간은 개별적인 존재로 인정받기를 원한다는 기본적인 욕구에 바탕을 두고 있다. 이는 곧 클라이언트 개개인의 독특한 자질을 알고 이해해야 하며, 보다 나은 적응을 위한 원조에 있어서 각 개인마다 상이한 원리나 방법을 활용해야 한다는 것이다. 즉, 비슷한 문제로 인한 고통을 겪고 있는 클라이언트라 하더라도 그 문제로 인한 고통을 인식하는 정도나 클라이언트를 둘러싸고 있는 환경과 강점 및 개인적 능력 등이 모두 다를 수 있기 때문에, 사회복지사는 비슷한 문제라 하여 획일적인 원조방법을 적용하면 안 된다는 것이다.

사회복지사는 클라이언트를 어떤 유형이나 계층에 속한 사람으로서가 아니라 개인적인 차이를 가지고 있는 독특한 개인으로 인식하여야 하며 개입도 클라이언트의 차이에 기반을 두고 행해져야 한다.

2) 사회복지사의 역할

개별화를 위해서 사회복지사는 다음과 같은 역할을 수행해야 한다.

첫째, 인간에 대한 편견과 선입견으로부터 벗어나야 한다. 사회복지사가 성별, 연령, 출신지역, 교육정도, 경제능력의 차이에 따른 고정관념, 혹은 알코올중독자나 동성애자, 비행청소년에 대한 고정관념을 갖고 있으면, 사회복지사는 클라이언트를 어떤 집단의 성원으로 귀속시키고 그 집단에 대한 자신의 태도나 감정을 클라이언트에게 그대로 적용하는 일이 발생하게 된다. 그렇게 되면 클라이언트 개인의 특정 욕구를 무시하게 되고 따라서 개별적인 접근이 어렵게 된다. 따라서 이러한 개별화의 원칙을 지키기 위해서 자기의 편견과 선입견에서 벗어나야 하며 편견과 선입견에 대한 자기 인식이 필요하다.

둘째, 인간행동에 대한 지식을 바탕으로 클라이언트를 이해해야 한다. 생활경험이나 직관을 활용할 수도 있으나, 인간행동 및 인간발달, 그리고 사회 환경에 대한 전문지식은 사회복지사가 클라이언트의 개별적 문제를 과학적으로 이해, 개입전략을 수립, 수행하는데 지침이 된다. 과학적 지식에 입각한 접근은 전문적 원조의 특징을 이룬 개별화의 기반이 된다. 즉, 노인이나 아동의 특성 및 행동 유형에 대한 전문적인 지식이 있어야지만 클라이언트의 행동을 이해하게 되고 개별화된 원조를 제공할 수 있다는 것이다.

셋째, 클라이언트의 언어적 및 비언어적 표현을 경청하고 관찰할 줄 알아야 한다. 사회복지사는 클라이언트의 언어나 태도 및 제스처 등으로부터 클라이언트가 무엇을 호소하고 있는지 민감하게 알아차려야만, 이를 통해서 클라이언트의 특성을 잘 이해할 수 있게 된다.

넷째, 개입에 있어 클라이언트와 보조를 맞출 수 있는 능력을 갖추어야 한다. 설사 비슷한 종류의 문제를 가지고 있다고 하더라도 모든 클라이언트는 문제에 대한 인식, 해결능력, 해결동기, 가용자원 등에 대하여 각기 다르므로 클라이언트의 수준에 맞추어 개입을 하여야 한다.

다섯째, 클라이언트의 감정과 사고를 민감하게 포착하고 클라이언트의 감정과 경험을 자신의 것으로 받아들여 이해할 수 있는 능력이 있어야 한다. 왜냐하면 인간의 개별적인 특성은 그의 감정의 움직임 속에서 가장 잘 나타나며, 사회복지사가 클라이언트의 감정을 민감하게 포착한다는 것은 그의 개성을 존중하는 것이기 때문이다.

여섯째, 사회복지사는 이러한 개별화의 원칙을 지키기 위해 클라이언트의 욕구와 상황을 배려하여 면접시간과 장소 등과 같은 환경적인 측면에 있어서도 면접 전에 철저한 사전준비가 필요하다.

2. 의도적인 감정표현

1) 개념

의도적 감정표현(purposive expression of feeling)의 원칙은, 클라이언트가 자신의 감정 특히 부정적인 감정을 자유롭게 표현하고자 하는 욕구에 기반을 둔 것이다. 의도적 감정표현이란 클라이언트로 하여금 자신의 감정, 특히 비난받을지도 모르는 부정적 감정을 자유롭게 표현하도록 하는 것이다. 예를 들면, 며느리가 고부간의 갈등으로 억눌렸던 감정을 가까운 친구나 지인에게 솔직하게 털어 놓음으로써 마음이 후련해지는 경우가 있는데, 바로 이렇게 모든 것을 털어 놓는 것 자체가 치료나 원조의 첫걸음이 되는 경우가 많다.

클라이언트의 문제가 어떤 종류의 것이든 모든 문제에는 감정적 요인이 내재되어 있기 때문에 클라이언트가 자신의 감정을, 특히 부정적인 감정을 자유롭게 표현할 수 있도록 돕는 것은 사회복지실천의 중요한 부분으로, 사회복지사는 클라이언트의 감정표현을 막거나 비난해서는 안 되며, 치료목적으로 유용한 경우에는 감정표현을 적극적으로 촉진할 필요가 있다.

클라이언트의 감정표현은 사회복지실천의 목적달성에 다음과 같은 점에서 공헌할 수 있다.

첫째, 클라이언트를 스트레스나 긴장에서 완화하며, 문제를 분명하고 객관적으로 볼 수 있게 도와준다.

둘째, 사회복지사는 클라이언트 및 그의 문제 인식을 보다 잘 이해하여, 보다 정확한 조사, 사정, 개입을 할 수 있다.

셋째, 사회복지사가 진지하게 감정표현을 경청하는 것 자체가 클라이언트에게 심리적 지지가 되며, 이는 치료적 가치가 크다.

넷째, 때로는 외적인 상황보다 클라이언트의 부정적 감정이 진정한 문제일 수 있기 때문이다. 즉, 대부분의 클라이언트는 문제의 원인을 자기 자신보다는 다른 사람이나 외적인 요인으로 인한 것이라고 하는 경우가 많은데, 실제로는 그 원인이 클라이언트 자신에게 있는 경우가 종종 있기 때문에 의도적으로 감정표현을 하게 함으로써 그 원인을 찾는데 도움을 줄 수 있다.

이와 같이 의도적인 감정표현은 사회복지사와 클라이언트간의 관계를 깊이 있게 할 수 있으며 동시에 문제해결기능도 가지고 있다.

2) 사회복지사의 역할

클라이언트의 감정표현을 위해 사회복지사가 해야 할 역할로는 첫째, 클라이언트가 자유롭게 감정을 표현할 수 있도록 편안한 분위기를 만들어야 하며, 둘째로, 사회복지사는 클라이언트의 감정을 표현할 수 있도록 격려해 주어야 한다. 즉, 누구나 부정적 감정을 가질 수 있고, 이를 표현해도 좋으며, 도움이 되고 싶다는 것을 알려주어 감정을 표현하도록 격려해 줄 필요가 있다. 셋째로, 클라이언트의 감정표현을 지연시키거나 재촉하지 말아야 하며, 표현한 감정에 대한 과도한 해석이나 비현실적인 보장, 비난이나 판단을 하지 말아야 한다. 즉, 클라이언트의 상황을 잘 이해하기 전까지는 충고나 해결책을 제시하는 것을 삼가야 한다.

3. 통제된 정서적 관여

1) 개념

통제된 정서적 관여(controlled emotional response)란 자신의 문제에 대해 타인으로부터 공감을 얻고자 하는 욕구에 기초하고 있다. 통제된 정서적 관여를 위하여 사회복지사는 클라이언트의 감정에 호응하기 위하여 정서적으로 관여하게 되는데, 이때 중요한 것은 사회복지사가 전문가로서의 자세를 견지하여 정서적 관여를 해야 한다는 것이다. 즉, 상담 시 클라이언트의 욕구와 사회복지사의 전문적 판단에 따라서 상담의 방향이 설정되어야 한다는 것을 의미한다.

2) 통제된 정서적 관여의 구성요소

사회복지사의 통제된 정서적 관여를 위해서는 민감성, 감정이입적 이해, 적절한 반응의 3가지 구성요소가 필요하다. 민감성이란 클라이언트가 무엇을 느끼고 생각하는지를 민감하게 파악하고 적절히 대처하는 것을 말한다. 클라이언트가 자신의 감정을 드러내는 데에는 언어적인 표현뿐만 아니라 얼굴표정, 손놀림, 자세, 억양, 말의 속도 눈빛 등 비언어적 수단을 사용하게 된다. 이 때 사회복지사는 클라이언트가 표현하고자 하는 것이 무엇인지 민감하게 알아차려야 클라이언트를 좀더 정확하게 이해할 수 있게 된다.

감정이입적 이해는 사회복지사가 클라이언트의 주관적인 경험과 감정을 인지하고 이것이 클라이언트에게 가지는 의미를 잘 포착하는 것을 말한다. 감정이입적 이해를 잘 하는 사회복지사는 비록 자기 자신에게는 비슷한 삶의 경험을 하지 못했다 할지라도 클라이언트의 경험이 무엇을 의미하고 있는지를 느낄 수 있다. 이때 중요한 것은 사회복지사에게는 클라이언트의 감정을 깊이 있게 느낄 수 있는 능력과 함께 전문가로서 객관성 유지를 위한 충분한 정서적 거리를 유지할 수 있는 능력도 역시 요구된다는 것이다.

또 적절한 반응은 사회복지사가 정서적으로 관여하는 과정에서 나타나게 되는 적절한 맞장구나 호응 등의 태도를 의미하는 것이다. 이러한 반응을 외적인 표현, 즉 언어, 표정, 행동을 통해 전달할 경우 다음과 같은 3가지에 대하여 유의해야 한다.

첫째, 자기 자신에 일치되어야 한다는 것이다. 일치성은 치료자가 진실하다는 의미로서, 자신의 내적 경험과 외적 표현이 일치되면서 적정 수준의 자기표현이 이루어져야 함을 말한다. 즉, 솔직한 반응이어야 한다.

둘째, 사회복지사의 반응은 원조의 목적에 맞게 통제되고 조정되어야 한다는 것이다. 이를 위해 사회복지사는 클라이언트의 감정에 관여할 때 의도적으로 자신의 감정을 자각하고 통제 관리하여야 하며, 이는 자기인식 및 자기훈련을 통하여 가능하다.

4. 수용

1) 개념

수용(acceptance)의 원리는 가치 있는 인간으로 인정받고 싶은 인간의 욕구에 기반을 두고 있다. 수용이란 사회복지사가 클라이언트의 장점과 약점 바람직한 행동이나 바람직하지 않은 행동 긍정적 감정과 부정적 감정 등을 다 포함하여 있는 그대로의 개인을 편견 없이 받아들이는 것을 뜻한다. 수용은 인간의 존엄성과 가치, 그리고 인간에 대한 사랑에서 비롯된 태도이다.

그러나 수용과 동의(agreement)는 다르다. 수용은 한 인간으로서 클라이언트의 가치, 그의 현실, 감정을 있는 그대로 받아들이는 것이지만 그의 일탈된 행동에 동의하거나 승인하는 것은 아니며, 수용을 통해 클라이언트는 바람직하지 못한 자기방어나 왜곡으로부터 자유롭게 될 수 있다. 또한 수용을 통하여 클라이언트는 현재 존재하는 있는 그대로의 자신을 표현하는 데에 안도감을 갖게 되며, 자기 자신과 자기문제를 현실적인 방법으로 대처할 수 있게 된다.

2) 사회복지사의 역할(길귀숙 외, 2010)

첫째, 클라이언트를 수용하기 위해 사회복지사가 갖추어야 할 기본적인 태도는 클라이언트에 대한 완전한 이해이다. 클라이언트의 진정한 잠재능력과 새로운 성장의 가능성을 신뢰하고 클라이언트의 전부를 수용해야 한다.

둘째, 사회복지사는 클라이언트의 감정을 수용하는 것과 부도덕하고 반사회적인 행동을 인정하는 것을 혼동해서는 안 된다.

셋째, 사회복지사의 이성적인 면과 감정적인 면을 고려해야 한다. 이성적인 면에서는 목적에 대한 명확한 인식과 성격이나 행동양식에 대한 지식을 갖추어야 하며, 감정적인 면에서는 클라이언트의 수용을 의미한다. 즉, 사회복지사가 클라이언트를 정서적으로 수용할 수 있기 위해서는 먼저 자신의 감정이나 태도를 이해할 수 있어야 하며, 이는 계속적인 자기인식에 의해 이루어질 수 있다.

3) 수용의 장애요인

첫째, 사회복지사가 인간의 발달단계에 따른 인간행동에 대한 지식이 부족할 때 클라이언트를 바르게 수용하기 어렵다.

둘째, 사회복지사가 자기 자신 속에 해결되지 않은 문제로 인해 억압된 갈등을 가지고 있는 경우에도 수용이 어렵다.

셋째, 사회복지사가 자기인식이 부족하여 감정을 자각하지 못하는 경우, 자기의 무의식적인 분노와 거부가 클라이언트에게 향할 수 있으며 이는 바른 수용에 장애가 된다.

넷째, 사회복지사가 편견이나 선입견을 갖고 있을 경우에도 수용에 장애가 된다.

다섯째, 사회복지사가 클라이언트의 문제해결을 보장할 수 없는데도 말로서만 안심시키는 것은 사회복지사가 현실 대처를 거부하는 것과 마찬가지이기 때문에 수용의 장애요인이 된다.

여섯째, 사회복지실천 과정에서 클라이언트의 약점과 무능, 실패감과 열등감 및 비윤리적이고 비도덕적인 측면을 지속적으로 발견하는 경우 사회복지사가 클라이언트에 대한 존중심이 결여되게 되고, 이에 따라 클라이언트를 수용하는 것이 불가능하게 된다. 즉, 클라이언트의 일탈 행동에 대해 열등하다거나 경멸하는 경우 역시 수용에 장애가 된다.

일곱째, 수용할 수 있는 것과 수용할 수 없는 것의 구분이 모호하여 혼동을 초래하게 되면 올바른 수용이 어렵게 된다.

5. 비심판적 태도

1) 개념

비심판적 태도(nonjudgemental attitude)는 심판받지 않으려는 인간의 욕구에 기반을 두고 있다. 클라이언트의 문제나 욕구의 발생 원인이 클라이언트의 잘못 때문인지 아닌지, 혹은 클라이언트에게 책임이 있는지 등을 심판하지 않고 클라이언트의 특성 및 가치관을 비난하지 않는다는 원칙이 비심판적 태도이다.

사회복지실천과정에서 클라이언트에 대하여 심판하거나 비나하게 되면 클라이언트는 더 이상 자신의 문제에 대하여 진실되게 얘기하려 하지 않을 것이고, 그렇게 되면 올바른 원조나 개입을 할 수 없게 될 것이다. 따라서 사회복지사는 클라이언트로 하여금 방어 없이 편안하게 자신의 문제와 욕구에 대해 논의할 수 있도록 비심판적 태도를 견지해야 한다.

하지만 비심판적 태도가 클라이언트의 판단 기준 또는 행동에 대해 사회복지사가 평가적 판단을 내려서는 안 된다는 것을 의미하는 것은 아니다. 반사회적이고 비윤리적이며 불법적인 태도에 대해 사회복지사는 전문가로서 올바른 평가와 판단기준을 갖고 있어야 한다. 객관적 평가와 판단은 클라이언트를 처벌하거나 비난하기 위해서가 아니라 그를 이해하고 사회적응을 돕기 위해서라는 목적의식이 분명해야 한다.

2) 사회복지사의 역할

비심판적 태도를 위한 사회복지사의 역할은 다음과 같다.

첫째로, 사회복지사는 클라이언트로 하여금 사회복지사가 자신의 잘못을 비판하거나 비난하지 않을 것이라는 확신이 들도록 분명한 태도를 보여야 한다. 그렇지 않으면 클라이언트는 사회복지사에게 비난받을지 모르는 사실에 대해서는 말하지 않으려 할 것이다.

둘째로, 클라이언트의 행위와 진술에 대해 편견과 선입견을 가지고 지나치게 빠른 결론을 내리거나, 유사한 문제를 가진 다른 클라이언트와 비교하여 일정한 유형으로 분류해 버리는 것은 비심판적 태도를 견지하는데 장애가 되기 때문에 이러한 일은 피해야 한다.

6. 클라이언트의 자기결정

1) 개념

자기결정(self determination)은 모든 사람은 자신의 삶에 대해 스스로 선택하고 결정을 내리고자 하는 욕구가 있다라는 데에 기반을 두고 있다. 즉, 자기결정의 원칙은 사회복지실천 전 과정에 걸쳐 클라이언트가 모든 의사결정과정에 참여하여 스스로 선택하고 결정하는 자유를 누리는 것을 의미하며, 이는 모든 인간의 잠재적 능력에 대한 믿음, 그리고 클라이언트 자신의 자기결정 권리에 대한 존중에 근거한다.

그러나 클라이언트의 자기결정권이 제한되는 경우도 있다. 예를 들면, 클라이언트가 정신적, 신체적 장애로 인해 자기결정을 내리기 어려운 경우 자기결정권의 행사는 매우 제한적일 수밖에 없으며 또한, 자기 자신이나 타인의 생명에 위협적인 행동을 할 때에도 클라이언트의 자기결정권은 인정되지 않는다(김혜영 외, 2012). 이러한 경우 사회복지사는 자기결정의 원칙을 지켜야 하는지에 대한 윤리적 딜레마를 경험할 수도 있다.

2) 사회복지사의 역할

첫째, 클라이언트의 방어기제 및 정서적 긴장을 완화시켜 자신의 문제와 욕구를 전체적인 관점에서 이해하고 자기를 있는 그대로 이해할 수 있도록 돕는다.

둘째, 클라이언트의 잠재해 있는 장점이나 능력, 힘을 발견하고 활용하여 스스로 문제를 해결할 수 있도록 돕는다.

셋째, 지역사회 내의 이용 가능한 인적, 물적 자원들을 연계해 주고 활용할 수 있도록 돕는다.

넷째, 클라이언트가 결정의 전 과정에 적극적으로 참여할 수 있도록 하고, 자기문제를 스스로 해결하는 과정을 통하여 자신이나 자신의 문제에 대하여 깊이 이해할 수 있도록 도와줌으로써 클라이언트의 잠재력을 개발하고 인격적 성장을 이룰 수 있도록 돕는다.

3) 자기결정의 원칙에 있어서 피해야 할 사항

사회복지사는 자기결정의 원칙을 지키기 위해서 다음과 같은 일은 피해야 한다.

첫째, 문제해결 시 사회복지사가 중요한 책임을 지고, 클라이언트가 종속적 역할만을 수행하도록 하여서는 안 된다.

둘째, 클라이언트가 요구하는 서비스는 도외시하고, 사회복지사 중심의 서비스를 제공하는 것은 피해야 한다.

셋째, 클라이언트를 교묘하게 조정(mainpulation)하거나 유도하여 사회복지사의 뜻에 따라 결정하도록 하여서도 안 된다. 이러한 경우는 대개 사회복지사가 자신이 결정하려고 하는 방향에 유리한 정보만 제공함으로써, 클라이언트가 사회복지사의 뜻에 따르도록 유도하는 하는 경우가 많다.

넷째, 클라이언트를 사회복지사의 뜻에 따르도록 강제적으로 설득(advice)하는 것도 피해야 한다.

7. 비밀보장

비밀보장의 원칙은 전문적 관계에서 알게 된 클라이언트의 비밀스런 정보를 사회복지사가 전문적 치료 목적 외에 타인에게 알려서는 안 된다는 원칙이다. 이는 성공적인 사회복지실천 관계를 위하여 매우 중요하고 기본원칙이며, 사회복지사가 지켜야 할 윤리적 의무이기도 하다. 사회복지 실천과정에서 클라이언트가 자신에 관한 정보가 타인에게 알려질 수 있다고 생각한다면, 클라이언트는 부정적인 감정이나 생각뿐만 아니라 그렇지 않은 사소한 일까지도 솔직하게 말하지 않게 될 것이다. 이러한 결과는 결국 성공적인 사회복지실천의 목적 달성을 어렵게 만들 것이다.

그러나 비밀보장의 원칙을 지키기 어려운 경우도 있다. 대표적인 경우로서 보다 나은 서비스를 제공하기 위하여 같은 기관 내의 다른 전문가들과 사례를 공유하는 경우와 기관의 사무직원이 기록을 정리 보관하는 과정에서 사례의 내용을 알게 되는 경우이다. 그러므로 기관 내의 직원도 대외적으로 비밀보장을 해야 할 집단적 의무를 갖고 있다. 이때 사회복지사는 비밀보장의 원칙을 어디까지 지켜야 하는지에 대하여 윤리적 딜레마를 경험할 수도 있다.

비밀보장은 대부분의 경우에는 반드시 지켜져야 할 원칙이지만, 예외적인 경우가 있을 수도 있다. 클라이언트 자신 또는 타인에게 해를 끼치거나, 생명을 위협하는 경우 등의 행위는 제재를 받을 수밖에 없는데, 예를 들면 자실기도, 아동학대, 가정폭력, 기타 범죄행위에 대한 비밀은 지켜줄 수 없으므로 면담 초기에 비밀보장의 한계에 대해 명확하게 밝혀 둘 필요가 있다(김혜영 외, 2012).

〈표 7-1〉 클라이언트의 욕구와 사회복지실천관계의 원리

클라이언트 욕구	관계의 원칙
독특한 특성을 가진 한 개인으로 처우받기 바라는 욕구	개별화
자신의 감정을 자유롭게 표현하고자 하는 욕구	의도적인 감정 표현
문제에 대한 공감적 반응을 얻으려는 욕구	통제된 정서적 관여
가치 있는 인간으로 인정받고자 하는 욕구	수용
판단 받고 싶지 않은 요구	비심판적 태도
자기 스스로 결정하고자 하는 욕구	클라이언트의 자기결정
자기 비밀을 간직하고 싶은 욕구	비밀보장

자료 : 길귀숙 외, 2010. p. 167

제 3 절 원조관계를 방해하는 관계

사회복지사와 클라이언트 사이에 어떠한 관계를 형성하느냐는 원조의 목적 달성 여부를 결정지울 수 있는 중요한 요인이다. 이 양자의 관계형성 과정에서 나타날 수 있는 여러 문제들은 클라이언트의 긍정적 변화를 방해할 뿐만 아니라 때로는 사회복지실천 과정 중에 원조나 개입을 중단시키는 일이 발생하기도 한다.

따라서 본 절에서는 사회복지사와 클라이언트 사이의 관계를 방해하는 장애요인에 대하여 살펴보고자 한다.

1. 클라이언트의 불신

클라이언트의 불신은 거의 대부분 관계 이전의 중요한 다른 관계에서 비롯된다. 즉, 살아온 과정에서 격려나 인정을 받아 보지 못한 사람은 사회복지사를 신뢰하고 그에게 의지하는 것이 쉽지 않기 때문에

비난, 거부, 상처를 미리 예상하여 방어적인 태도를 보이게 된다. 이러한 상황에서 클라이언트의 자기노출은 어려워지며 더 이상의 변화는 기대할 수 없다(이상호 외, 2010).

2. 전이

전이(transference)는 실제로 있는 어떤 대상에게 향했던 감정 그대로를 다른 대상에 표현하는 기제이다(권중돈 외, 2009). 즉, 클라이언트가 어린 시절 경험한 누군가에 대한 바람, 원망, 사랑, 두려움 등의 무의식적인 감정들을 사회복지사에게 보이는 것이다. 예를 들어, 어린 시절 자신을 거부했던 어머니에 대한 감정 때문에 여자 사회복지사를 신뢰할 수 없는 클라이언트의 경우이다. 전이반응은 상황에 맞지 않는 비현실적인 왜곡을 낳아 변화에 대한 강한 저항을 일으킨다(류종훈, 2006).

분노, 원망, 증오와 같은 부정적인 전이만이 저항으로써 작용하는 것이 아니라 긍정적인 감정도 마찬가지로 변화를 일으키지 못한다. 전이는 장시간 강한 감정을 불러일으키는 통찰지향적, 장기적 개입에서 주로 잘 일어나며, 사회복지사가 적극적인 역할을 수행하고 개입 시 과업과 역할이 뚜렷하여 투사를 일으키기 어려운 단기적 개입에서는 잘 일어나지 않는다(강선경 외, 2009).

3. 사회복지사의 역전이

역전이(counter-transference)는 전이와 반대로 사회복지사가 클라이언트를 마치 자신의 과거 속 어떤 인물인 것처럼 느끼고 무의식적으로 반응하는 것이다. 예를 들면, 과거 알코올 중독이었던 아버지의 폭력에 시달리며 성장 했던 사회복지사가 알코올 중독에 의해 가족에게 폭력을 행사하는 클라이언트의 문제를 해결하는 과정에서 사회복지사 자신도 모르게 화가 나고 비판적인 태도를 보이는 경우이다. 이러한 역전이 반응도 강한 비현실적인 감정으로 왜곡을 낳고 건전한 변화를 방해한다.

4. 저항(resistance)

저항이란 억압된 감정이 의식화 되면 너무 고통스럽기 때문에 억압된 재료들이 의식화되는 것을 방해하는 과정이다(권중돈 외, 2009). 이러한 저항은 개입 목표와 반대되는 행동을 보이는 것으로 새로운 행동을 해야 하는 변화에 대한 두려움 등으로 나타나게 된다.

저항은 사회복지사와 클라이언트 간의 관계에서 변화를 방해하는 중대한 요소로, 다양한 유형으로 나타게 되는데 이를 정리해 보면 다음과 같다(류종훈, 2006).

첫째, 저항의 한 형태로 클라이언트의 침묵을 들 수 있다. 침묵은 사회복지사가 초심자일 경우 가장 다루기 어려운 저항의 형태로, 갑자기 말을 하지 않거나 할 말이 생각나지 않는다고 하거나. 말하고 싶지 않다는 경우이다.

둘째, 핵심에서 벗어난 주제를 말하는 것도 저항이다. 이는 개입의 목적과 문제해결과 관련이 없는 이야기를 장황하게 하다가 핵심 주제는 그냥 뛰어넘는 것, 혹은 중요하지만 고통스러운 내용을 꺼내면 못 들은 척 하거나 다른 주제를 꺼내는 행동이다.

셋째, 무력함의 표현은 '잘 안될 것이다. 소용없다'라고 계속적으로 무력감을 나타내는 것으로 변화를 원하지 않고 사회복지사를 무력하게 만들기도 한다.

넷째, 문제를 축소하거나 마술적 해법을 기대하는 것도 저항이다. 이는 문제에 대해 직면하지 않으며, 변화에 대한 노력을 하지 않으려는 것이다.

다섯째, 저항의 심리를 행동으로 나타내는 것도 저항이다. 면담 약속시간을 지키지 않는 것이나, 면담 중 안절부절 하며 몸을 움직이거나 지루해 하는 것 등의 행동이다.

제 4 절 원조관계를 방해하는 관계 다루기

변화를 방해하는 관계를 다루는 방법을 Hepworth & Larsen(1986)은 저항 다루기, 긍정적 재해석, 문제를 성장의 기회로 재규명, 직면으로 보았다(강선경 외, 2009). 이를 중심으로 전이와 역전이 다루기를 추가하여 살펴보면 다음과 같다.

1. 클라이언트의 저항 다루기

클라이언트의 저항은 관계형성을 방해하여 결과적으로 개입 목적의 달성을 어렵게 만드는데 이는 변화에 대한 두려움으로 인한 것이며 보편적 현상이다. 따라서 이를 당연한 것으로 받아들이고, 사회복지사는 이러한 저항의 근원을 파악하고 그에 맞는 대처 방법을 잘 선택할 수 있어야 한다.

클라이언트의 저항을 다루기 위한 사회복지사의 대처 전략은 다음과 같다(Shebib, 2006; 김혜영, 2012 재인용).

첫째, 사회복지사는 클라이언트로 하여금 분노감과 적대감을 표현할 수 있도록 돕고, 부정적인 감정들을 수용해 주어야 한다.

둘째, 클라이언트가 서비스를 더 이상 받지 않아도 되기 위해서는 그 자신이 변화해야 한다는 것을 인식시킨다.

셋째, 클라이언트가 관심을 갖는 변화에 대한 계획을 수립하기 위해 사회복지사와 협력해야 한다는 것을 인식시킨다.

넷째, 클라이언트의 감정과 잠재력을 이끌어내고 지지해야 한다.

마지막으로, 서비스의 방법, 내용 등에 대한 구체적이고 진실한 정보를 제공해야 한다.

2. 긍정적 재해석

긍정적 재해석은 클라이언트의 부정적이고 바람직하지 못한 감정에 사회복지사가 긍정적인 의미를 부여하는 것이다. 예를 들어 "남편이 의지가 약해 담배를 못 끊는 것 같아 화가 난다."는 클라이언트의 말에 "남편의 건강을 그렇게 걱정하시다니 남편을 무척 사랑하는 것 같아요."라고 긍정적인 해석을 붙여주는 것이다. 이 기법의 목적은 클라이언트의 자기 방어를 줄이고 손상되기 쉬운 자존심을 보호하고자 하는 것이다(강선경 외, 2009).

3. 문제를 성장의 기회로 재규정

문제를 성장의 기회로 재규정하는 것은 변화를 부정적인 것으로 볼 것이 아니라 문제를 성장과 도전의 기회로 인식하게 하는 것으로, 이 기법은 클라이언트에게 문제에 대한 낙관적이고 긍정적인 관점을 제공해 준다.

4. 직면

직면(confrontation)은 변화를 방해하는 부정적인 감정, 생각, 행동들을 클라이언트가 인식하도록 돕는 직접적인 방법이다. 이 방법은 클라이언트가 자신의 행동, 생각, 감정 사이의 모순을 발견하지 못할 때는 효과적이지만, 클라이언트가 받아들일 준비가 되어 있지 않을 때는 역효과가 나타나기 쉽다.

5. 전이와 역전이 다루기

전이는 클라이언트의 반응이 비현실적임을 지적하고 현실적인 관점을 갖도록 도와야 한다. 또한 사회복지사에 대한 감정을 과거에 다른 사람에게도 느낀 적이 있는지 알아보고 그 유래에 대해 클라이언트가 깨닫도록 도와준다.

역전이는 사회복지사가 자신의 감정의 기원에 관심을 갖고 클라이언트와의 현실적인 관계에 관점을 갖도록 노력해야 한다. 그러나 역전이로 인해 관계를 지속할 수 없을 경우에는 클라이언트에게 사회복지사 자신의 문제로 인해 관계를 지속할 수 없음을 알리고 다른 사회복지사에게 의뢰해야 한다.

제 8 장

사회복지실천의 면접론

학습목표

① 사회복지실천에서 면접의 개념과 중요성을 이해한다.
② 면접의 주요기술과 방법을 이해한다.
③ 면접 기록의 특징을 이해한다.

우리는 살아가면서 입시면접, 취업면접, 자격면접, 각종 프로그램 관련 면접 등 다양한 면접을 경험하게 된다. 이러한 면접은 사회적 상호작용을 위한 의사소통과정이며 사회복지현장에서도 사용되는 기본적인 도구이다. 사회복지사는 클라이언트를 직접 대면하면서 전문적인 관계를 형성하고 효과적인 의사소통을 통해 문제해결을 이끄는 의도적인 기술로서의 면접을 실시한다. 효과적인 사회복지실천을 위해서는 사회복지사가 클라이언트의 문제를 확인하고 해결하기위해 가장 핵심이 되는 면접에 대해 이해하는 것이 필수적이다. 따라서 이 장에서는 사회복지실천의 면접의 개념과 유형, 구성요소를 살펴보고 효과적인 면접을 위하여 갖추어야 할 주요 기술과 방법을 학습하고 면접의 기록에 대해 살펴보고자 한다.

제 1 절 면접의 이해

1. 면접의 개념

1) 사회복지면접의 개념

일반적으로 면접은 최소한 두 사람의 대면관계에서 특정한 목적을 가지고 서로 의미를 주고받으며 이야기를 나누는 상호작용의 과정을 의미한다. 즉 면접은 일상적인 대화와는 달리 전문적인 관계를 바탕으로 특정한 목적을 이루기 위해 면접자와 피면접자 간의 감정, 느낌, 태도, 생각 등의 메시지를 언어적 혹은 비언어적 의사소통으로 공유하는 특별한 의사소통 방식이다.

사회복지실천에서의 면접은 사회복지사와 클라이언트 간의 전문적인 관계를 바탕으로 정보수집, 과업수행, 문제해결 등의 특정한 목적과 계획을 이루기 위해 의도적이고 시간제한적으로 이끌어가는 의사소통이다. 즉 면접은 사회복지개입의 주요도구로서 사회복지사가 인간의 행동과 반응에 대한 전문적 지식과 인간관계의 기술을 갖추고 클라이언트와 그의 문제를 이해하고 원조한다는 목적을 가지고 의도적으로 이끌어 나가는 전문적 대화이다(엄명룡 외, 2009).

2) 면접의 특성

개인, 집단, 지역사회의 사회적 기능을 강화하고 회복을 위한 효과적인 면접은 다음과 같은 특징을 가지고 있다(Compton & Galaway, 1999).

첫째, 사회복지면접은 면접을 위한 장으로서 특정 클라이언트의 문제를 해결하기 위해 면접을 하는 특정한 상황에 대해 한정된 기관이 있다.

둘째, 구체적인 목표를 달성하기 위해 의도적이고 제한적인 의사소통이 이루어지며 목적지향적이다.

셋째, 사회복지사와 클라이언트 간의 불필요한 것을 제거하고 목적 달성을 위한 일련의 과정을 상호 합의한 계약에 의해 진행한다.

넷째, 사회복지사와 클라이언트는 각각 정해진 특정한 역할이 수반되며 그 역할에 입각하여 상호작용한다.

사회복지사와 클라이언트와의 전문적인 원조관계에서 치료적 효과는 면접을 통해 이루어짐으로써 사회복지실천에서 매우 중요한 기능을 하고 있다. 따라서 효과적인 면접에 영향을 미치는 요인을 살펴보면 다음과 같다(Brown, 1992; 김경호, 2011).

첫째, 사회복지사의 자기인식 정도이다.

둘째, 주고받는 인간의 심리와 고유한 역동성을 이해하는 정도이다.

셋째, 원조관계를 발전시킬 수 있는 사회복지사의 능력이다.

넷째, 클라이언트를 존중하며 클라이언트로 하여금 커뮤니케이션 과정에 적극적으로 관여하도록 하는 사회복지사의 능력이다.

다섯째, 클라이언트에게 기술적으로 말을 하고 질문하는 사회복지사의 능력이다.

여섯째, 면담의 목적이다.

일곱째, 면담이 행해지는 분위기와 장소이다.

여덟째, 비밀보정의 정도이다.

아홉째, 전이와 역전이 등과 같은 면담과정에서 유발되는 역동성에 대한 사회복지사의 인식이다.

3) 면접의 목적

면접의 목적은 클라이언트의 문제해결을 위한 정보수집 뿐만 아니라 면접을 통해 클라이언트의 변화를 위한 치료적인 목적이 있으며 특정 목표와 목적에 따라 달라질 수 있다. Hepworth와 Larsen(1986)은 삶의 질 향상과 성장을 목적으로 하여 문제를 해결하고 이에 필요한 전략이나 행동을 모색하기 위해 정보를 주고받는 것으로 설명하였다. Brown(1992)은 자료수집, 치료관계의 확립과 유지, 클라이언트의 정보 제공, 원조 과정에서 장애 요소 파악 및 제거, 목표달성을 향한 활동의 파악과 이행, 원조 과정의 촉진으로 설명하였다. Kadushin(1990)은 정보수집 또는 사회조사, 진단적 결정, 치료로 설명하였다.

(1) 정보수집을 위한 면접

정보수집을 위한 면접은 클라이언트의 개인적, 사회적 문제와 관련된 사회적 배경이나 개인의 성장 발달에 관한 정보를 얻기 위한 것으로써 클라이언트의 유형, 문제 영역, 기관의 성격에 따라 초점이 달라질 수 있다. 정보를 수집할 때 포함되어야 할 내용은 나이, 성별, 학력, 등의 일반적인 사항과 현재문제 상황과 현재문제와 관련된 과거력, 가족관계, 개인력, 사회적·직업적 기능 등이 있다.

(2) 사정을 위한 면접

문제의 사정을 위한 면접은 어떤 서비스를 제공할지를 결정하는 면접으로서 클라이언트가 처해 있는 현재의 문제 상황, 문제해결목표, 목표를 달성하기 위한 개입방법을 선택하고 결정하게 된다. 사정을 위한 면접은 누가 이 문제상황에 관여되어 있으며 클라이언트는 문제에 어떤 의미를 부여하고 어디서, 언제, 얼마나, 언제부터 문제행동이 일어났으며 문제에 대한 클라이언트의 반응은 무엇이며 클라이언트의 욕구는 무엇이며 문제해결을 위해 필요한 자원은 무엇이며 클라이언트의 강점은 무엇인지를 포함한다.

3) 치료를 위한 면접

치료를 위한 면접은 클라이언트의 변화나 기능의 향상과 사회환경의 변화를 돕기 위한 면접이다. 면접은 클라이언트의 자신감과 자기효능감을 회복하도록 강화하고 필요한 기술을 훈련하여 문제를 해결할 수 있는 능력을 키우는 것 등이 목적이다.

2. 면접의 유형

1) 구조화된 면접

구조화된 면접(structured interview)은 표준화된 면접이라고도 하며 사회복지사가 모든 클라이언트에게 표준화된 면접조사표나 질문을 만들어서 동일한 절차와 방법으로 면접을 수행한다. 사회복지사는 면접계획과 내용을 변경할 수 없으며 미리 정해진 순서에 따라 기계적으로 진행한다. 구조화된 면접은 사회복지사가 면접의 경험이 많지 않거나 수집한 자료를 비교해야 하는 경우, 여러 명의 사회복지사가 면접을 수행할 때 등에 적절하다. 그러나 클라이언트의 정서적 내용이 없고 클라이언트 상황과 해당사항이 없을 수 있어서 시간낭비가 될 수도 있다.

2) 반구조화된 면접

반구조화된 면접(semistructured interviews)은 면접의 중간 형태로서 미리 결정된 질문이나 주요단어가 있는 지침이 있는 면접이다. 그러나 특정 질문을 미리 만들지 않으며 클라이언트의 반응에 따라 적절한 개방형 질문을 한다. 또한 사람들 사이에서 비교하고자 하지만, 클라이언트에 대한 심층적 이해를 원할 때도 적절하다.

3) 비구조화된 면접

비구조화된 면접(unstructured interviews)은 클라이언트의 견해를 이해하기에 가장 좋은 개방형 면접이다. 구조화된 면접과 같이 표준화된 질문을 사용하지 않으며 클라이언트 세계에 대해 심층적이고 자세한 묘사와 이해를 얻고자 할 때 적절하다.

3. 면접의 구성요소

1) 장소

면접은 기관의 사무실, 클라이언트의 집, 학교, 직장, 공원, 까페 등 어디에서나 가능하지만, 원칙적으로는 기관의 상담실 등에서 주로 하고 있다. 기관의 상담실은 클라이언트가 편안함을 느끼며 물리적인 상황을 통제할 수 있으며, 사회복지사의 이동시간을 절약할 수 있다. 또한 가정방문은 클라이언트를 둘러싼 지역사회와 가정환경을 이해할 수 있고, 가족과 면접할 기회가 더 많이 주어질 수 있으나 전화나 손님의 방문 등으로 인해 주의가 산만할 수도 있다. 그리고 이 외에 학교, 직장, 공원, 까페 등의 장소에서의 면접상담은 클라이언트가 기관에 오거나, 가정방문을 꺼리는 경우에 적절하다. 따라서 사회복지사는 클라이언트의 문제해결을 위해 면접 장소를 적절히 선정하여 활용하여야 한다.

2) 시간

사회복지사는 면접할 날짜와 시간을 미리 클라이언트와 약속을 해야 한다. 면접예약을 통해 주어진 시간 동안 사회복지사와 클라이언트가 문제를 해결하기 위해 초점에 집중하는 적극적 참여와 노력이 이루어진다.

면접의 시간은 면접의 목적, 기관, 사례에 따라 다르지만, 일반적으로 한 시간 전후의 면접이 이루어질 수 있도록 사회복지사가 클라이언트에게 미리 알려주는 것이 바람직하다. 너무 짧은 면접은 클라이언트가 하고 싶은 말을 충분히 표현하지 못하고 사회복지사가 듣고 싶은 이야기를 못 들을 수 있어서 상호관계를 형성하지 못하고 중도에 끝나는 면접이 되기 쉽다. 반면에 너무 긴 면접은 초점에 벗어난 면접이 진행될 수 있다. 따라서 클라이언트의 주의집중 능력과 의사소통 능력에 따라 조정할 수 있다. 또한 면접의 기간은 일정한 규정은 없고 클라이언트의 문제해결 진행정도에 따라 결정하는 것이 바람직하다.

3) 사회복지사의 태도

사회복지사는 다음과 같은 태도를 고려해야 한다.

첫째, 사회복지사는 기관 전통이나 클라이언트의 기대를 고려한 옷차림이나 행동을 해야 한다.

둘째, 클라이언트가 사회복지사에게 단순한 호기심이나 사회복지사의 자질을 탐색하고 사적인 관계를 만들거나 사회복지사에 대한 감정을 표현하기 위해 개인적인 질문을 할 수 있다. 사회복지사는 수용될 수 있는 질문은 간략히 말하고 자신이 알지 못하는 질문은 자신의 한계를 스스로 인정해야한다.

셋째, 관심, 따뜻함, 신뢰의 자세는 클라이언트의 특성을 인정하는 존중을 내포한다. 사회복지사는 클라이언트의 욕구에 관심을 보이고 도와주어 끊임없이 반응해 줌으로써 긍정적인 존중의 관계를 맺을 수 있다.

제 2 절 면접의 기술

1. 관찰

관찰은 면접의 가장 기본적인 기술로서 클라이언트가 말하고 행동하는 것에 주의를 기울여 있는 그대로를 보는 것이다. 관찰은 경청과 더불어서 사회복지실천 면접의 전 과정 동안 사용하는 중요한 기술이다. 특히 사회복지사가 클라이언트의 표정, 손놀림, 눈 맞춤, 얼굴 붉힘, 억양 등의 비언어적 표현을 통해 클라이언트의 감정과 표현의 차이를 분명히 하여 클라이언트를 이해할 수 있다. 사회복지사가 관찰해야 할 내용은 클라이언트의 언어적, 비언어적 표현, 시작하는 말과 종결하는 말의 내용, 대화중에 주제의 이동이나 반복되는 언급, 내용의 불일치, 숨겨진 의미, 침묵 등이다.

2. 경청

경청은 사회복지사가 클라이언트의 이야기를 잘 듣기 위한 필요조건이며, 클라이언트가 하는 언어뿐만 아니라 비언어적인 표현까지 포함한다.

1) 비언어적 표현에 대한 경청

사회복지사는 표정, 손발의 움직임, 몸의 자세, 목소리, 자율신경계통에 의한 생리적 반응은 다양한 메시지를 민감하게 관찰하고 알아차려야 한다. 대체로 비언어적 표현은 언어와 함께 복합적으로 사용되는 경우가 많은데, 이때 비언어적 표현은 언어를 재확인하고 언어의 내용을 부정하고 언어로 표현된 내용을 강조하고 상대방의 언어적 행동을 조절하기도 한다.

2) 언어적 표현에 대한 경청

인간의 활동은 행동, 생각, 감정의 세 부분으로 나누어진 활동을 언어로써 표현한다. 행동은 클라이언트가 경험한 사건을 포함하고 생각은 클라이언트의 관점, 입장 등을 말할 때 나타나며 감정은 클라이언트가 경험하는 사건이나 생각이 강조되거나 유도 혹은 인도하는 느낌이나 정서이다.

3) 경청의 확인

사회복지사는 클라이언트에게 경청하고 있다는 것을 적절한 고개의 끄덕임, 단순한 언어적 반응, 질문, 클라이언트의 말을 반복 등을 통해 느끼도록 한다.

3. 질문하기

1) 폐쇄형 질문

클라이언트의 초점을 제한하여 '예', '아니요'의 확실한 사실에 대해 묻거나 간단한 단답형 질문을 하는 방식으로 구체적인 정보가 필요할 때나 클라이언트가 혼란한 상태여서 자신의 상황에 대한 설명이 부적절할 때 폐쇄형 질문을 활용한다.

2) 개방형 질문

클라이언트의 태도나 생각, 느낌에 대해서 다양한 답을 할 수 있도록 기회를 제공하는데 클라이언트가 자신의 상황에 대해 설명할 준비가 되어 있을 때나 다양한 정보가 필요할 때 활용한다.

3) 면접에서 피해야 할 질문

한꺼번에 많은 질문을 하면 클라이언트에게 정보를 끌어내지 못하게 될 수 있어서 효과적이지 않아서 한번에 하나씩 질문을 하는 것이 좋다. 또한 클라이언트가 바람직한 결과를 이끌어가기를 바라는 마음에서 사회복지사의 견해를 간접적으로 나타내거나 특정한 대답을 이끄는 질문은 솔직하지 못한 의견을 제시할 수 있다. 사회복지사가 클라이언트에게 "왜?"라는 질문을 사용하면 사회적으로 허용하는 대답을 하게 된다.

4. 요약과 해석

1) 요약

클라이언트가 여러 가지의 주제, 내용, 상황, 사건을 이야기하거나 클라이언트가 무슨 말을 하고 있는지 혼돈에 빠져 있을 때 클라이언트의 생각, 행동, 감정들을 사회복지사의 언어로 요약해 줄 필요가 있다. 요약은 사회복지사가 주의깊게 경청하였음을 보여주는 동시에 정확히 이해했는지 확인하는 수단이 된다. 또한 사회복지사가 상담이 시작할 때 이전 면접에 대한 중요한 내용을 생각하기 위해서 사용하거나 오늘 상담내용을 정리하기 위해서 사용한다.

2) 해석

해석은 클라이언트가 미처 알지 못하고 있는 문제를 이해할 수 있도록 새로운 틀을 제공하는 것이다. 즉, 해석은 사회복지사의 통찰력을 통해 클라이언트의 표현과 행동상황 속에 숨어 있는 단서를 발견하고 그 결정적 요인들을 이해하여 클라이언트에게 통찰력을 길러준다. 또한 사회복지사는 클라이언트가 스스로의 힘으로 사회복지사가 해석한 내용과 같은 새로운 이해를 갖도록 기다려 주는 것이 필요하다.

5. 감정이입

감정이입은 사회복지사가 클라이언트의 입장에서 생각하거나 클라이언트의 감정, 욕구, 행동을 이해하는 능력을 의미한다. 즉, 사회복지사가 동정과 달리 클라이언트의 주관적 경험과 감정을 더불어 느끼고 정확하게 인지하여 표현하는 것이다. 또한 사회복지사는 자신의 관점을 잃지 않고 클라이언트의 감정을 깊이 느끼면서도 충분히 분리되어 객관적인 지식을 활용할 수 있어야 한다.

6. 격려

사회복지사가 클라이언트에게 특정한 행동이나 경험 혹은 생각에서 벗어나도록 하거나 특정 행동을 취할 수 있도록 도움을 주는 것이다. 격려는 클라이언트가 자신감이 없거나 두려움을 느끼거나 자존감이 낮을 경우에 유용하다. 격려는 문제해결 능력을 향상시키는 기법으로 클라이언트에게 어떤 일이 시작되기 전에 동기화시킴으로써 특정 행동을 취하도록 하며 클라이언트의 행동이나 태도를 인정하고 칭찬해 주는 것이다.

7. 직면

사회복지사는 클라이언트의 말과 행동 사이의 불일치, 표현한 가치와 행동 사이의 모순 등을 직면을 통해 클라이언트 자신이 인식하도록 하는 기술이다. 직면은 도전적이거나 위협적으로 이루어져서는 안

되며 사회복지사가 클라이언트를 돕기 위해 사용하는 것이어야 한다.

8. 초점화

클라이언트가 어떤 주제에 대해 회피하고자 말을 모호하게 하거나 두서없이 말을 산만하게 하고 혼란스러워할 때 사회복지사가 간단히 언급함으로써 다시 초점을 맞추는 것이다. 클라이언트가 자기 문제를 언어로 표현할 때 말속에 숨겨진 선입견, 가정, 혼란을 드러내어 자신의 사고과정을 명확히 볼 수 있도록 해준다.

제3절 기 록

1. 기록의 목적

사회복지실천의 면접에서 기록은 사회복지사가 개입한 사례를 초기 단계부터 종결과 사후지도까지의 전 과정을 정해진 틀에 맞추어서 객관적으로 서술하는 작업이다. 기록과 보고는 클라이언트에게 원활한 서비스의 내용과 업무의 책임을 다하기 위한 목적을 갖는다. 따라서 기록은 서비스의 책임을 높여주고 사회복지사의 서비스 질을 향상시켜서 사회복지사나 클라이언트 모두에게 성장의 수단을 제공할 수 있다. 또한 면접은 일정한 시간과 공간에서 일회성으로 실시되기 때문에 클라이언트에게 서비스를 제공하는 과정에서 취해진 전문적 의사결정 내용과 근거를 기록하고 보관하지 않으면 정보를 잃게 된다.

1) 메모하기

메모는 면접보다 중요한 위치를 차지해서는 안되며 면접의 흐름을 깨지 않아야 한다. 메모가 필요한 경우 사회복지사는 보다 나은 서비스를 위하여 메모가 필요함을 알리고 클라이언트에게 사전에 양해를 구해야 한다.

2) 녹음, 녹화하기

녹음과 녹화하기는 메모보다 효과적으로 활용될 수 있는 방법이다. 특히 녹화는 비언어적 표현까지 확인할 수 있으며 사회복지사나 클라이언트가 면접을 통해 자신이 말하고 행동한 것을 되돌아보고 상호작용 과정상의 문제를 파악할 수 있다. 녹음이나 녹화가 필요할 경우에는 사회복지사가 클라이언트에게 사전 동의를 구해야 한다.

2. 기록의 유형

1) 과정기록

과정기록은 사회복지사와 클라이언트 간의 상호작용 과정을 있는 그대로 기록하는 방법이다. 과정기록은 사회복지사와 클라이언트의 대화체를 그대로 기록한 직접인용과 대화를 풀어서 기록하는 간접인용 중에서 기록하며 사회복지사가 관찰한 클라이언트의 행동과 그때 사회복지사가 느낀 감정 등을 기록한다. 과정기록을 통해 사회복지사는 스스로 자신이 수행한 내용들을 분석하고, 그 내용을 개념화하고 조직할 수 있는 장점이 있다. 따라서 사회복지사는 면밀한 분석을 통해 개입의 목적을 명확하게 하고 기술능력을 향상시키는데 도움이 된다. 반면, 기록하는 시간이 너무 많이 소요되며 실제 내용을 완벽하게 기록하는 것은 불가능하므로 왜곡하여 기록할 수 있는 단점이 있다.

2) 요약기록

요약기록은 사회복지기관에서 흔히 사용되는 기록형태로서 사례접수

일, 사회력, 행동계획, 시간의 경과에 따라 변화된 상황, 개입활동, 중요한 정보 등을 요약하여 기록한다. 사회복지사는 시간의 경과에 따라 일정한 기간의 간격을 정하여 일시와 클라이언트에 대한 간단한 내용을 적은 후 서비스나 개입 내용, 클라이언트의 변화에 대해 짧게 요약하여 기록하는 것이다. 요약기록은 사례가 장기간 지속될 경우 클라이언트에게 일어난 변화에 초점을 두어 유용하게 기록할 수 있다.

3) 이야기체 기록

이야기체 기록은 기록을 할 때 사용하는 문체, 서술방식에 관한 것으로서 직접화법을 사용하지 않고 이야기 하듯이 이야기체로 작성하는 것이다. 즉 사회복지사가 클라이언트와의면접에서 내용 혹은 서비스 제공과정에서 이야기한 것을 대화형태로 그대로 표현하는 것이 아니라 내용을 정리하여 서술한다. 이야기체 기록은 규정된 틀이나 양식으로 표준화나 구조화가 되지 않아서 총괄적인 기록이 가능하며 클라이언트의 상황, 서비스의 내용을 잘 반영할 수 있다.

4) 문제중심기록

문제중심기록은 단순한 기록의 차원을 넘어서 현재 제시된 문제를 중심으로, 문제영역을 규명하고, 사정하고, 각 문제에 대해 무엇을 할 것인지 계획한 내용을 기록하여 문제를 목록화하여 문제해결방법을 반영한다. 문제중심기록은 흔히 SOAP의 형식으로 구성한다.

① 주관적 정보(Subjective Infomation) : 클라이언트와 가족으로부터 얻은 정보, 기본적인 자료, 클라이언트가 주관적으로 느끼는 자신의 상황에 대한 인식과 감정 등의 정보

② 객관적 정보(Objective Infomation) : 심리검사와 관찰로부터 얻은 정보와 전문가의 관찰, 검사결과, 체계적 자료 수집으로 얻어진 정보

③ 사정(Assessment) : 문제에 대한 주관적 정보와 객관적 정보

를 검토해서 추론된 전문가의 해석이나 결론

④ 계획(Plan) : 전문가가 특정한 문제를 해결하기 위한 방법이나 계획

제 9 장

사회복지실천 과정: 접수 및 자료수집

제 1 절 접수단계
제 2 절 자료수집단계

학습목표

① 사회복지실천의 과정에 대해 이해한다.
② 접수단계에서 사회복지사의 역할과 활동에 대해 이해한다.
③ 자료수집단계의 특징과 자료수집방법을 이해한다.

사회복지실천의 과정은 전문적인 지식과 기술을 갖춘 사회복지사가 도움을 필요로 하는 클라이언트와 클라이언트를 둘러싸고 있는 환경내의 체계를 변화시키기 위해 계획된 원조를 단계적으로 제공하여 개입하는 과정이다. 사회복지실천의 과정은 학자마다 3단계, 4단계, 5단계 등으로 다양하지만, 본서에서는 사회복지실천의 과정을 크게 접수 및 자료 수집, 문제사정 및 계획, 개입, 평가와 종결 및 사후지도의 4단계로 구분하여 접근하고자 한다. 사회복지실천의 과정에서 접수 및 자료수집의 단계는 원조과정을 시작하는 첫 단계로서 클라이언트가 도움을 필요로 하여 사회복지기관을 방문하였을 때 클라이언트의 문제와 욕구를 확인하고 적격여부를 판별하여 접수를 결정하고 충분한 자료수집을 통해 개입의 방향을 설정하게 된다. 따라서 이 장에서는 사회복지실천의 과정 중에서 접수와 자료수집의 단계에서 사회복지사의 역할과 자료수집의 특징과 자료수집의 방법에 대해 살펴보고자 한다.

제 1 절　접수단계

1. 사회복지실천의 과정

사회복지실천의 과정은 클라이언트와 그를 둘러싼 다양한 광경의 변화를 위하여 사회복지사가 전문적인 지식과 기술을 기초로 하여 계획된 절차와 단계에 따라 전문적인 개입을 제공하는 과정이라고 할 수 있다. 따라서 사회복지실천에는 일정하게 계획적이고 조직적이며 체계적인 절차와 단계를 포함하고 있다. 사회복지실천과정은 학자마다 차이를 두지만 본서에서는 접수 및 자료수집, 문제 사정 및 계획, 개입, 평가와 종결 및 사후지도로 구분하고 있다. 사회복지실천의 전 과정에 대한 사례의 계획서는 다음의 〈표 9-1〉과 같다.

2. 접수단계

1) 접수

접수(Intake)란 문제나 욕구를 가진 클라이언트가 도움을 받기 위해 사회복지기관을 방문하였을 때 사회복지사가 클라이언트의 문제와 욕구를 확인하고 기관의 정책과 서비스를 받을 자격요건을 갖추었는지의 여부를 결정하는 과정을 말한다. 따라서 접수단계의 주된 목표는 클라이언트의 문제나 욕구가 기관의 목적과 서비스 내용에 적합한지를 판단하여 접수의 여부를 결정하고 접수가 된 사례의 경우에는 적합한 서비스를 받을 수 있도록 클라이언트를 최대한 참여를 유도해야 한다(엄명룡 외, 2009).

〈표 9-1〉 사례에 대한 사회복지실천의 과정 계획서

실천과정	지침서 내용
접수	-주호소문제 -접촉 목적 및 횟수 -클라이언트의 개인력 및 인상, 행동 특성 등 일반적 사항 -클라이언트의 가족상황(가계도, 가족력 등)
사정	-문제사정을 위한 체계분류(클라이언트 체계, 표적 체계, 행동체계, 변화매개 체계) -문제들(각 체계의 문제들) -강점들(각 체계의 강점들) -약점들(각 체계의 약점들) -목표와 하위목표: 해결해야 할 가장 궁극적인 목표와 궁극적인 목표를 달성해야 할 각 단계별 하위목표의 개별, 집단, 지역사회를 대상으로 한 사회복지실천 모델
계획	-계획: 하위목표에 입각한 구체적 계획 -각 단계에서 적용될 사회복지실천 모델(개별, 집단, 지역사회대상)들의 구체적 기법
개입	-각 단계에서의 하위목표 및 계획에 입각한 개입과정 -각 개입과정에 포함해야 할 항목들 예) 1차 개입일시, 장소, 개입목표, 개입내용(활동내용, 상담내용, 프로그램 진행내용: 요약), 개입과정에서의 실천이론 적용내용, 클라이언트의 변화내용, 개입에 대한 사회복지사 평가, 수퍼바이저의 평가, 다음 2차 개

실천과정	지침서 내용
	입에 대한 계획 등
평가	-평가(본인, 실습생 평가, 수퍼바이저 평가 등) 개입과정의 평가, 목표의 평가, 결과의 평가 -각 개입과정에서 적용한 사회복지실천이론에 대한 평가 -사회복지사가 개입 후 변화사항: 개입단계 마다 개입 후 체계의 변화사항 -평가 설계 및 분류 체크 사회복지사의 평가방법: 단일사례설계, 목적성취척도, 과제성취척도 유의성에 따른 평가방법: 시간적, 통계적, 실질적, 이론적 유의성 평가 평가분류: 결과평가, 과정평가, 통합평가
종결	-종결여부체크: 조기종결, 시간 제약에 따른 계획된 종결, 사회복지사로 인한 종결 등 -클라이언트의 종결 반응 체크: 긍정적인 종결, 부정적인 종결
사후지도	-클라이언트의 문제해결을 위한 종결 후 사후계획 비공식적 자원체계의 강점 및 약점 공식적 자원체계의 강점 및 약점 사회적 자원체계의 강점 및 약점

출처: 최덕경 외, 2012.

〈표 9-2〉 클라이언트의 문제를 확인하는 과정을 보여주는 사례

내 용
사회복지사 : 무슨 이야기부터 하고 싶은가요?
클라이언트 : 잘 모르겠어요. 지금은 아무것도 제대로 돌아가고 있지 않는 것 같고 어떻게 설명해야 할지 모르겠어요.
사회복지사 : 이야기를 시작하는 것이 쉽지 않다는 거 잘 압니다. 오늘 오시는데 어려움은 없으셨나요?
클라이언트 : 일이 끝나고 바로 왔어요. 남편이 여기 온 것을 알면 화 낼 거예요. 하지만, 저는 지난 몇 달 동안처럼 계속 그렇게 살 수는 없어요.
사회복지사 : 현재 많이 고통스러우신 것 같군요.
클라이언트 :집에서 일어나는 모든 일에 화가 나요. 제가 견디기에는 너무 엄청나요.
사회복지사 : 많은 가정문제를 어떻게 해결해야 좋을지 몰라 화가 나시는 군요
클라이언트 : 예 아이들과 남편을 사랑해요. 그런데 모든 것이 잘못되어 가고 있어요. 남편은 실직 후에 변했어요. 그는 일도 하지 않고 도리어 제가 일하는 것에 화를 내요. 아이들을 굶게 할 수는 없잖아요. 오전에 세탁소에서 다림질을 하는데 조금이나마 생활에 보탬이 돼요. 정부보조금이 충분하지 않거든요. 남편은 그런 것에는 관심이 없어요. 남편을 어떻게 대해야 좋을지 모르겠어요. 최근에는 술만 마셔요.
사회복지사 : 부인께서 자녀들과 남편을 사랑하는 것을 잘 알겠어요. 남편을 더 이상 이해할 수 없고 남편께서 부인이 노력하는 것을 이해하지 못하는 것에 많이 혼란스러운 것 같은데, 제 말이 맞나요?

내	용
클라이언트 :	예. 그런데 남편은 남자라는 의식이 강해요. 일을 할 수 없다는 것이 기분 나쁜 거예요. 남편을 비난하고 싶지는 않아요.
사회복지사 :	남편을 이해하려고 정말 많이 노력하는 군요.
클라이언트 :	예. 그런데 문제는 남편이 아니예요. 아이들이 요즘 들어 자주 많이 아프고 학교에서는 애들이 변했다고 말해요. 요즘 제가 애들한테 신경을 좀더 쓰고 있어 좋아지고 있어요. 하지만 우리가 사는 곳도 점점 형편없어지고 집주인은 신경도 안써요. 깨끗이 하려고 애쓰지만 남편이 종일 집에 있다 보니 ...... 아이들, 남편과 싸우는데 지쳤어요.
사회복지사 :	지금 부인이 겪고 있는 여러 가지 문제들을 잘 들었습니다. 남편이 직업을 찾지 못하고 있고 부인께서는 남편의 음주가 걱정스럽고 아이들이 자주 아프고 최근에 학교에서 어려움이 있고 살고 계신 곳이 만족스럽지 못하고 식구들이 화목하지 못하다고 하셨는데 혼자서 이 모든 문제를 해결할 수 없기 때문에 압도되는 느낌인 것을 이해할 수 있습니다.
클라이언트 :	(머리를 흔들며 흐느끼기 시작한다) 어떻게 해 볼 수가 없어요. 너무 엄청나서 ......도움이 필요해요.
사회복지사 :	부인께서 상황을 바꿀 수 없기 때문에 무력감을 느끼고 문제해결에 도움을 원한다는 것을 잘 알겠습니다. 원하는 것이 무엇이지요?
클라이언트 :	상황이 달라질 수 있다면 ...... 남편이 직장에 복귀했으면 해요. 그 이는 그 일을 좋아했고 우리는 화목했어요. 애들이 아프지 않고 학교생활을 잘해 나갔으면 좋겠어요. 예전처럼 되기를 원해요. 그런데 어떻게 해야 되지요? 지금은 상황이 너무 나빠요. 해결책이 있었으면 ......
사회복지사 :	부인과 함께 해결책을 찾고 싶은데요. 우리가 이 모든 문제를 당장 해결할 수는 없겠지만, 무엇을 시도해 보는 것이 좋을지 하나하나 생각해 볼 수 있습니다. 우선 제가 이 상황을 충분히 이해할 수 있게 좀 더 설명해주시면 어떨까요?

출처: 최해경, 2009.

2) 접수단계의 과제

접수단계에서 사회복지사가 수행해야 할 과제는 클라이언트의 문제확인, 의뢰, 참여유도이며 구체적인 내용은 다음과 같다.

(1) 클라이언트의 문제확인

클라이언트의 문제가 무엇인지 확인하는 것으로서 기관을 찾아온 주 호소문제가 무엇인지에서 시작하여 그 문제의 성격이 파악하고 클라이언트에게 얼마나 중요한지 무엇 때문에 문제가 발생하였는지 원인을 탐색하게 된다. 또한 클라이언트의 주 호소문제는 기관을 찾아온 이유가 될 수 있지만, 실제문제와 다를 수 있어서 근본적인 문제가 아닐 수 있으며 문제에 대해 느낌이 클라이언트에 따라 다를 수 있다. 따라서 사회복지사는 클라이언트의 실제 문제가 무엇인지를 정확히 판단할 필요가 있다. 다음은 클라이언트의 문제를 확인하는 과정을 보여주는 사례이다.

(2) 의뢰

의뢰는 클라이언트의 문제나 욕구를 확인해 본 결과 기관에서의 서비스 방향이나 내용과 맞지 않아서 다른 기관으로 클라이언트를 보내는 것을 말한다. 사회복지사는 의뢰하는 기관의 서비스에 대한 정보를 클라이언트에게 소개하고 그 기관에 연결시켜주어야 한다. 의뢰 시 에는 클라이언트의 동의가 있어야 하고 의뢰하는 기관의 이름, 위치, 담당자 이름 등에 대한 구체적 정보를 제공하고 그 기관의 담당자와 직접 연결 해주어도 좋을 것이다. 따라서 사회복지사는 다양한 사회복지기관의 기능과 역할, 서비스의 내용, 강점과 약점, 접촉 가능한 담당자 등에 대한 정보를 가지고 있어야 하고 이들 기관 간의 상호연계를 확립하고 있어야 한다.

(3) 참여유도

클라이언트의 참여는 성공적인 개입의 필수 조건이다. 사회복지실천현장에서는 비자발적인 클라이언트도 많기 때문에 성공적인 개입을 위해 참여를 유도하는 것이 사회복지사의 능력이다. 따라서 클라이언트가 개입과정에서의 적극적인 참여를 위해서는 클라이언트와의 관계형성, 동기화, 저항감 해소, 양가감정의 수용과 같은 과업이 필요하다.

사회복지사는 친밀감을 형성하기 위해 클라이언트의 저항감이나 적대감을 이해하고 해소되도록 도와야 한다. 클라이언트는 변화에 대한 저항감으로 갈등-방어-해결-통합의 4단계와 양가감정을 경험한다. 비자발적인 클라이언트는 자발적인 클라이언트보다 저항감이 강하여 사회복지사에 대해 적대적이고 방어적인 태도를 취하게 된다. 사회복지사는 클라이언트가 전하는 메시지의 진정한 의미를 들어주며 클라이언트의 고통에 대해 감정이입, 긍정적 고려, 인정, 온정, 진실한 태도를 취하여 관계의 질을 향상시켜서 원조과정의 참여동기에 긍정적인 영향을 유도할 수 있게 된다.

3. 접수양식과 접수내용

1) 초기면접지(Intake sheet)

초기면접지는 사회복지사가 신청자의 접수내용을 기록하는 양식이며 각 기관마다 구체적인 내용이나 형식은 다르지만, 일반적으로 공통된 내용이 포함되어 있다.

2) 초기면접지에 포함되는 내용(김혜영 외, 2012)

(1) 기본정보

클라이언트의 기본적인 정보로서 이름, 성별 나이, 결혼관계, 주소, 전화번호, 종교, 직업, 월 소득 등

(2) 주요문제

클라이언트가 사회복지사의 원조를 요청하게 된 문제가 무엇이며 문제가 언제부터 발생했으며, 어떤 과정으로 지속되어 왔는가 등

(3) 기관에 오게 된 동기

기관을 어떻게 알고 오게 되었는가 하는 것으로 누구로부터 기관을 소개받았는지, 다른 기관으로부터 의뢰되어 왔는지 등

(4) 의뢰이유

가족이나 다른 기관에서 의뢰된 경우 등

(5) 이전의 사회복지서비스 경험

이 기관을 방문하기 전에 사회복지서비스를 받은 경험의 여부로서 과거에 어떤 사회복지기관에서 어떤 서비스를 받았는지에 대한 내용 등

(6) 가족관계

〈표 9-3〉 초기 면접양식

<table>
<tr><td colspan="8">초기 면접 기록지</td></tr>
<tr><td>사례(번호)</td><td colspan="3">-</td><td colspan="2">신청일</td><td colspan="2">20 년 월 일</td></tr>
<tr><td>이 름</td><td></td><td colspan="2">연 령</td><td colspan="2">만 세</td><td>성 별</td><td></td></tr>
<tr><td>주 소</td><td colspan="7"></td></tr>
<tr><td>직 업</td><td colspan="5"></td><td>집 전화번호</td><td></td></tr>
<tr><td>결혼상태</td><td colspan="5">미혼, 기혼, 이혼, 별거, 기타</td><td>휴대폰 번호</td><td></td></tr>
<tr><td colspan="8">가족사항</td></tr>
<tr><td>이름</td><td>관계</td><td>나이</td><td>학력</td><td>직업</td><td>동거 여부</td><td colspan="2">본인과의 관계
(매우 좋은 5, 아주 나쁨 0)</td></tr>
<tr><td></td><td></td><td></td><td></td><td></td><td></td><td colspan="2"></td></tr>
<tr><td></td><td></td><td></td><td></td><td></td><td></td><td colspan="2"></td></tr>
<tr><td></td><td></td><td></td><td></td><td></td><td></td><td colspan="2"></td></tr>
<tr><td></td><td></td><td></td><td></td><td></td><td></td><td colspan="2"></td></tr>
<tr><td></td><td></td><td></td><td></td><td></td><td></td><td colspan="2"></td></tr>
<tr><td></td><td></td><td></td><td></td><td></td><td></td><td colspan="2"></td></tr>
<tr><td></td><td></td><td></td><td></td><td></td><td></td><td colspan="2"></td></tr>
<tr><td colspan="8">기관에 찾아오게 된 이유와 주요 문제(주호소 문제)</td></tr>
<tr><td colspan="8"></td></tr>
<tr><td colspan="8">비슷한 문제로 다른 기관을 찾았던 경험</td></tr>
<tr><td colspan="8">-시기:
-기관명:
-결과:</td></tr>
<tr><td colspan="8">사회복지사 인</td></tr>
</table>

기본적인 가족관계이다. 현재 동거 중인 가족을 중심으로 한 가족구성원의 이름, 나이, 직업, 교육 정도, 가족관계 등

제 2 절 자료수집단계

1. 자료수집의 특징

1) 자료수집의 개념

자료수집은 클라이언트의 문제를 이해하고 분석하고 해결하기 위해 필요한 자료를 수집하는 과정이다. 자료수집은 지속적으로 이루어지지만, 초기단계에서 집중적으로 수행되며 문제사정과 거의 동시에 이루어지기도 하고 문제사정을 위해 먼저 수행되기도 하며 문제사정 중에도 추가적으로 자료를 수집하기도 한다.

2) 자료수집단계의 과제

(1) 목표

클라이언트의 욕구와 문제를 명확히 규정하고 개입의 방향을 설정하기 위한 도움이 될 수 있는 자료를 마련한다.

(2) 사회복지사의 과제

사회복지사는 클라이언트의 문제와 욕구를 명확히 한다.

3) 자료의 영역

자료수집의 내용은 객관적인 자료나 정보, 클라이언트의 주관적인 사실에 관한 인식의 파악 등을 포함한다.(이영실 외, 2014)

(1) 클라이언트의 일반적 사항

클라이언트의 이름, 성별, 나이, 결혼관계, 주소, 전화번호, 직업, 취미, 종교 등 클라이언트의 인적사항과 클라이언트의 가족사항 및 주거사항 등 클라이언트의 기본정보

(2) 개인력

클라이언트의 개인 역사로 생활주기에 따라 영유아기, 아동기, 청소년기, 청년기, 성인기, 노년기 등으로 구분하여 생활사건, 클라이언트의 생활력과 클라이언트의 경험 및 감정, 사회적 관계 등에 관한 정보

(3) 가족력 및 가족 관계

클라이언트 가족구성원의 이름, 나이, 직업, 교육정도, 종교 등 기본적인 사항, 가족구성원 간 관계, 가족구성원의 생활력 및 문제 등에 관한 정보

(4) 클라이언트의 기능 및 능력

클라이언트 기능은 신체적 기능, 정서적 기능, 사회적 기능, 지적 기능 등 정보를 수집하며 클라이언트의 능력은 문제해결능력, 대인관계능력, 업무능력 등과 강점과 약점, 잠재능력 등에 관한 정보

(5) 클라이언트의 사회적 지원

클라이언트의 사회적 지원에 있어서는 생활속에서 활용할 수 있는 서비스나 공식적 혹은 비공식적 자원의 이용 및 적절성, 문제점 등의 정보

(6) 클라이언트의 강점 및 한계

클라이언트의 문제만이 아니라 클라이언트의 문제를 해결하는데 있어서 강점과 한계 등에 대한 정보

4) 자료수집방법

(1) 면접

면접을 통한 자료수집은 생각과 느낌이 교환되는 가운데 클라이언트의 언어적 혹은 비언어적 메시지를 포함한다.

(2) 관찰

관찰은 비언어적인 형태의 자료를 수집할 때 유용한 방법으로서 수집하고자 하는 정보의 종류에 따라 자연스러운 관찰과 일련의 순서가 있는 구조화된 관찰이 있다.

(3) 검사

클라이언트의 심리는 지능, 동기화, 대처행동의 유형, 자아개념, 불안이나 우울의 정도 등을 표준화된 심리검사를 통해 수집할 수 있다.

5) 자료수집정보원

(1) 클라이언트의 이야기

클라이언트 자신의 문제에 대한 진술, 감정의 표현, 사건의 보고, 관점의 제시 등으로 구성되며 정보의 가장 중요한 출처가 될 수 있으나 클라이언트가 잘못 기억하거나 왜곡하여 인지하거나, 편견 등의 제한점이 있다.

(2) 클라이언트의 비언어적 행동

클라이언트의 비언어적 행동은 가치 있는 정보의 출처가 될 수 있다. 즉 클라이언트가 의식적인 통제를 할 수 있는 가능성이 적기 때문에 클라이언트의 정서적 상태와 반응에 대한 중요한 정보를 제공해준다.

(3) 상호작용의 관찰

상호작용을 관찰하기 위해서는 재현 방법을 사용하며 클라이언트가 상황을 왜곡하여 재현하였거나 사회복지사가 잘못 관찰한 경우도 있으나 일반적으로 이야기로 보고하는 것보다 타당성이 높다.

(4) 클라이언트가 작성한 양식

기관의 초기 면접에서 초기 면접지에 작성한 기본 양식의 정보로서 중요한 정보원이 될 수 있다.

(5) 부수적인 정보

부수적인 정보는 가족, 이웃, 친척, 친구, 사회기관, 고용주, 학교, 의사 등과 같이 클라이언트와 관련된 주변으로부터 수집한다. 사회복지사는 부수적인 정보가 유용할 것이라는 판단이 되었을 때 클라이언트의 동의를 통해 직접 방문이나, 편지, 메일을 보낼 수 있으며 전화를 걸어 정보를 수집할 수 있다.

(6) 심리검사

다양한 심리검사를 통한 정보는 클라이언트가 자기보고식 응답의 결과를 전문가가 해석한 것으로 매우 유용한 정보이다. 심리검사는 자아존중감, MMPI, 간이정신진단검사, 사회성숙도, 자아개념검사 등이 있으며 검사지에 대한 충분한 지식을 갖춘 전문가의 해석이 도움이필요하다.

(7) 클라이언트와의 직접적 상호작용의 경험

사회복지사는 클라이언트와의 직접적인 상호작용 경험을 통해 다른 사람들과 어떻게 상호작용하는지의 상호작용유형을 짐작할 수 있고 문제행동을 이해하는데 실마리를 제공할 수 있는 유용한 정보이다. 사회복지사는 클라이언트와 상호작용하는 과정동안 느껴지는 감정이 클라이언트 주위의 사람들에게도 비슷할 것이라는 것을 토대로 하여 문제 행동에 대한 중요한 정보를 제공할 수 있다.

제 10 장

사회복지실천 과정: 문제사정 및 계획

제 1 절 문제사정과정
제 2 절 계 획

학습목표

① 사정단계의 특징과 중요성을 인식한다.
② 가계도, 생태도, 소시오그램 등 사정도구의 특징과 작성방법을 이해한다.
③ 개입목표 설정의 중요성을 인식한다.

사회복지실천의 과정에서 클라이언트의 접수와 자료수집이 이루어지고 나면 문제의 사정이 시작된다. 사정(assessment)은 수집된 자료를 분석하고 해석하여 문제를 규정하는 것이다. 문제의 사정을 통해 클라이언트의 문제가 규정되고 나면 표적문제를 찾아내어 개입목표를 정하고 계약하는 계획으로 이어지게 된다. 따라서 이장에서는 사회복지실천의 과정 중에서 문제사정과 계획단계에서 문제사정과정, 사정도구, 목표설정, 계약에 대해 살펴보고자 한다.

제1절 문제사정과정

1. 사정과정

1) 사정의 개념과 특성

사정(assessment)은 클라이언트에 관해 수집된 자료를 분석하고 종합화하는 과정으로 사실적인 자료를 해석하고 의미를 부여함으로써 최종적으로 문제를 규정하여 실천의 방향을 결정하는 것이다. 사정은 개입의 목표를 설정하는데 있어서 중요한 과정이며 얼마나 사정이 정확하게 이루어졌는가에 따라 개입의 효과성에 영향을 미친다고 볼 수 있다. 한편 사정은 진단이라는 용어와 구별되어야 한다. 진단(diagnosis)은 의학용어로 의사가 환자의 통증과 증상에 대해 검사하고 관찰하여 명칭을 부여하는 것이다. 사정은 심리적 측면 외에도 환경적 측면을 고려하고 문제를 환경에서 찾기 때문에 변화의 대상이 환경적, 제도적 부분까지 확대되고 클라이언트는 병적인 존재가 아닌 문제해결능력을 가진 능동적인 존재로서 클라이언트의 참여가 중요하다는 점에서 진단과 구분된다.

사정의 특성은 다음과 같다.

첫째, 지속적인 과정으로 사례가 시작된 시점부터 종결시점까지 전 과정동안 새로운 정보를 수용하고 분석하고, 종합하는 유동적이며 역동적인 과정이다.

둘째, 사회복지사와 클라이언트가 면담하는 과정에서 상호작용을 통해 얻어지게 된다.

셋째, 클라이언트의 문제를 규명하여 생활상황에서의 욕구를 규명하고 문제를 발견하고 의미와 패턴을 설명하는 것이다.

넷째, 사회복지사는 판단을 내리는 작업으로 어느 부분을 고려할 것인지, 어떤 지식과 이론을 적용할 것인지, 클라이언트와 어떻게 연결할 것인지, 문제를 정의하는 방법 등이 무엇이며 어떻게 판단함이 옳은지를 결정한다.

다섯째, 사정을 통해 클라이언트를 완전히 이해하기에 언제나 한계가 있기 마련이다. 사정은 클라이언트를 이해하는 보조적인 수단 또는 방법이다.

여섯째, 사고의 전개과정에서 사정의 수직적・수평적 탐색을 적절하게 사용할 수 있어야 한다.

2) 사정의 내용

(1) 문제표명

자발적인 클라이언트는 자신의 문제를 직접 설명하지만, 비자발적 클라이언트는 자신의 문제를 의뢰한 기관과 다르게 묘사하기 때문에 정확한 사정을 위해 좀더 상세한 정보를 끌어낼 필요가 있다.

(2) 강점과 지원 장애물 사정

클라이언트의 잠재된 강점과 자원, 잠재된 약점과 도전, 장애물을 개인적인 요소에서 환경적인 요소까지 복합적으로 사정할 필요가 있다.

(3) 관련된 자와 상호작용 방법

문제와 관련이 있는 핵심 인물을 확인하고 문제를 야기하는 상호작용의 방법을 고려한다.

(4) 클라이언트의 문제에 대한 태도

문제를 유발시키는 클라이언트의 생각은 문제개선을 위한 변화에 장애를 일으킬 수 있으므로 참의미가 무엇인지 결정하는 것이 중요하다. 변화에 장애가 되는 클라이언트의 생각은 비과학적인 설명, 심리적 낙인, 다른 주요 당사자의 능력이나 변화의 열망이 부족하다는 믿음, 변하지 않는 외부 요소, 변화될 수 없다는 신념, 비현실적 절망감이 있다.

(5) 문제행동의 현장, 빈도, 지속기간

문제행동의 장소를 확인하여 문제행동과 관련된 요소에 대해 깊이 탐색하고 문제행동의 만연과 그 주체에 미치는 영향을 확인하는 지수인 문제행동의 빈도를 사정하여 표적행동의 기초선을 만들고 문제이력에 관한 사정을 통해 서비스의 내용을 마련한다.

2. 사정도구

1) 개인의 사회지지체계를 위한 사정도구

클라이언트를 정확하고 폭넓게 이해하기 위해서는 클라이언트를 둘러싼 가족, 집단, 지역사회 등 사회환경에 대한 사정이 필요하다. 클라이언트는 사회적 지지가 없거나 사회적 지지자원이 부족한 경우, 클라이언트가 문제를 효율적으로 해결하기 어렵게 되기 때문에 잠재적인 사회적 지지의 사정 및 확인이 필요하다.

클라이언트의 사회적 지지체계를 사정할 수 있는 도구는 사회지지망 목록(social support network invention), 사회적 상호작용을 위한 면담계획표(interview schedule for social interaction), 인지된 사회지지망 목록(percevied social support network inventory), 사회적 관계망 그리드(support network grid) 등이 있다.

(1) 사회적 관계망 그리드(혹은 격자)

사회적 관계망 그리드는 클라이언트를 둘러싼 환경 범위에 있는 주요 영향을 미치는 체계의 사정에 사용된다. 사회적 관계망 그리드를 통해 알 수 있는 정보는 중요한 인물, 지지를 받는 생활영역, 지지의 특징 유형, 지지 정도의 중요성, 상호적 및 일방적 지지의 성격, 개인적 친밀감 정도 및 접촉 빈도, 알고 지낸 기간 등이 있다. 다음의 〈표 10-1〉은 사회적 관계망 그리드를 표의 사례이다.

〈표 10-1〉 사회적 관계망 그리드 예시

클라이언트 이름 : 김효선

조 사 일 자 : 2015. 9. 12.

		생활영역	물질적 지지	정서적 지지	친밀감	만나는 빈도	알고 지낸 기간
사회적 관계망에서 중요한 인물(지지제공자)		① 가족원 ② 다른 가족 ③ 직장/학교:	① 거의 없다 ② 가끔 ③ 자주:	① 거의 없다 ② 가끔 ③ 자주:	① 거의 친하지 않음 ② 가까운 정도 ③ 매우 친함:	① 1년에 서너번 ② 한 달에 한번 ③ 매주:	① 1년 이하 ② 1년에서 3년 사이 ③ 3년 이상:
비공식 체 계	아버지						
	어머니						
	형						
	삼촌						
공식적 체 계	동아리 선배						
	친구						
사회적 자원 체계	사회 복지관						

2) 가족차원의 사정도구

가족차원의 사정도구는 가족범주도식, 가계도, 생태도, 생활력 도표 등을 들 수 있으며 그 내용은 다음과 같다.

(1) 가족범주도식

가족범주도식(family categories schema)은 Epstein 외(1978)의 연구를 기초로 하며 가족사회복지사가 가족들과 첫 만남 이후 가족의 기능 수행을 사정할 수 있도록 고안한 도구이다. 가족범주도식은 8개 범주에 대하여 60개 항목의 자기보고(self report) 형식의 설문으로 이루어져 있다. 다음은 가족범주도식은 〈표 10-2〉와 같다.

〈표 10-2〉 가족의 범주들

범주 영역	내 용
문제해결	가족은 정서적·육체적 안녕 또는 기능 수행 단위로서 가족의 생존에 대한 위협에 어떻게 대처하는 가와 관련이 있다.
정서적 반응	가족구성원은 가족 내에서 행복한 정서와 위급한 정서 모두를 다양하게 표출할 수 있는지에 관련된다.
정서적 관여	가족구성원은 서로의 활동과 관심에 대해 어느 정도 정서적으로 관여하고 있는지에 관련 된다.
의사소통	가족의 언어적·비언어적 의사소통을 관찰한다.
역할행동	가족이 매일 접하는 여러 종류의 압력, 과제, 의무를 파악한다.
자주성	가족구성원들이 독립적으로 행동하고 독자적이고 책임있는 선택을 할 수 있는 능력과 관련이 있다.
행동통제방식	행동통제는 가족이 충격을 이겨내고 표준행동을 유지하며 위협적인 상황에 대처하는 방식과 관련이 있다.
일반적 역할	가족구성원이 가족 내에서 수행하는 다양한 역할 등을 파악한다.

출처: 이영실 외, 2014

(2) 가족사정의 차원

가족사정의 차원은 가족이 제시하는 문제, 생태학적 사정, 세대 간

사정, 가족 내부에 대한 사정 등이며 그 내용은 다음과 같다(이영실 외, 2014).

가. 가족이 제시하는 문제

- 가족은 제시하는 문제 혹은 욕구를 무엇으로 보는가?
- 누가 가족이 제시하는 욕구 혹은 문제를 인식하는가?
- 가족들을 둘러싼 환경체계들은 가족의 문제를 무엇으로 규정하는가?
- 다양한 가족구성원들은 문제를 어떻게 규정하며 가족구성원들 간에 생각의 차이가 있는가?

나. 생태학적 사정

- 가족구성원과 환경체계들 간의 경계는 어떠한가?
- 환경체계들과의 관계에서 개별구성원들 간의 차이가 나는가?
- 가계 수입, 음식, 거주지의 안전 등 가족의 기본적 욕구는 충족되고 있는가?
- 거주 지역의 안전, 교육 및 보건의료자원, 교통과 통신에 대한 접근 등은 어떠한가?
- 이웃이나 친구, 지역사회와 의미 있는 상호 교류를 하며 적응적 균형을 이루는가?

다. 세대 간 사정

- 확대가족과의 관계 등은 어떠한가?
- 해결되지 않은 세대 간 가족문제가 있는가?
- 사고나 죽음, 별거 같은 주요 상실을 경험했는가?
- 가계도 분석을 통해 드러난 가장 중요한 가족유형은 무엇인가?
- 여러 세대를 거치면서 반복되어 내려오는 가족의 유형이나 관계, 문제 등은 무엇인가?

라. 가족 내부에 대한 사정

- 가족 의사소통을 지배하는 규칙들이 있는가?
- 가족 외부와의 경계는 개방적인가? 아니면 폐쇄적인가?
- 가족구성원 간 경계는 밀착되었는가? 혹은 경직되었는가?
- 가족 내 하위체계들이 각각 적절한 기능과 역할을 하는가?
- 가족구조와 기능, 의사소통, 가치, 신념체계 등은 무엇인가?
- 언어적 의사소통의 내용은 무엇이며 비언어적 의사소통을 통해 어느 가족구성원과 관계성은 친밀하고 신뢰가 있는가?

(3) 가계도

가계도(genogram)는 사회복지실천에서 가장 널리 활용되는 사정도구로서 3세대 이상에 걸친 가족구성원에 관한 정보와 관계를 그림으로 표현하는 것으로 개인이나 가족을 사정하는데 유용하다. 또한 가계도에는 가족계보를 중심으로 결혼이나 별거, 이혼, 질병, 사망 등 중요한 생활사건이나 인종, 민족, 종교, 직업 등 인구사회학적 특성이 표시되어 있다. 가계도를 통해 가족구조와 구성원에 대한 정보, 구성원 간의 관계를 기술하여 가족유형을 짧은 시간에 파악할 수 있고 현재 제시된 문제의 근원을 찾을 수 있다. 가계도에는 주요한 사건들, 가족성원의 출생과 상실, 커뮤니케이션과 관계 유형 그리고 직업 등 가족에 관한 연대기가 기록되어 있다. 이러한 가계도는 구성·작성될 사회복지사와 가족구성원들이 공동작업을 함으로써 가장 잘 구성할 수 있다. 가계도는 여성은 원으로 남성은 사각형으로 표기하고 결혼관계를 나타내는 수평선을 비롯해서 가족구성원과의 관계를 선으로 나타낸다. 이 외에도 사망, 이혼, 재혼 등 생활에서 경험한 중대한 사건을 표시하는 등 행동양식을 나타내는 다양한 기호와 문자, 그리고 그것에 대한 해설을 포함한다.

〈그림 10-1〉 가계도 상징기호

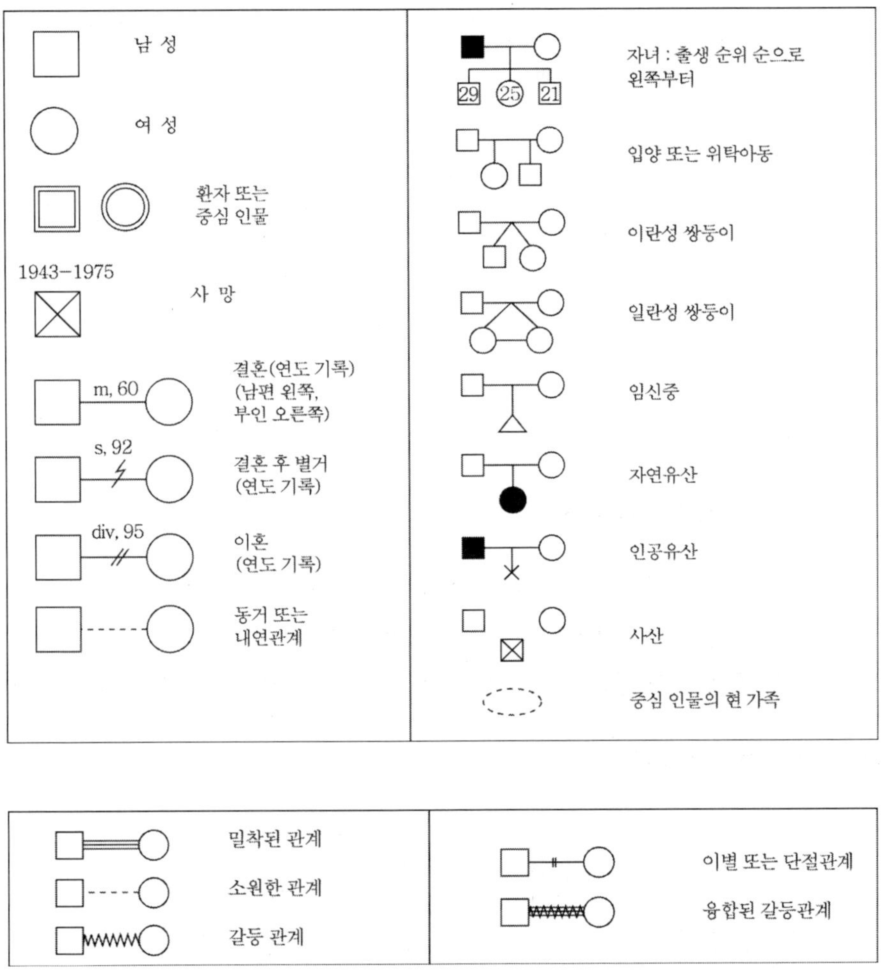

출처: 류종훈 외, 2013

〈그림 10-2〉 생태도 작성의 예시

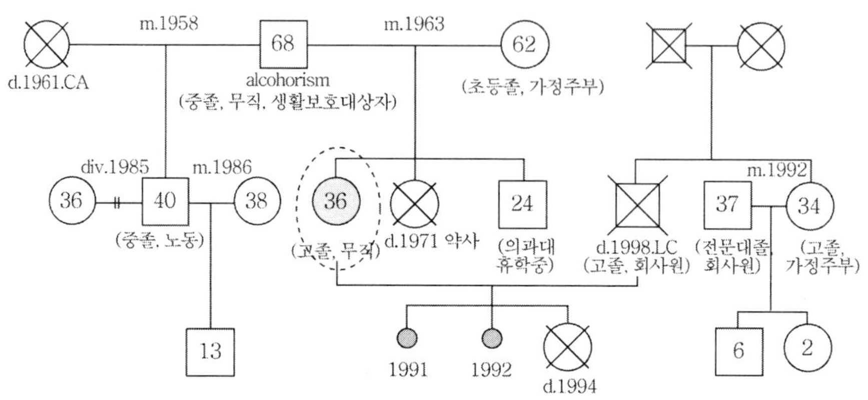

출처: 류종훈 외, 2013

(4) 생태도(ecomap)

생태도는 1975년 Ann Hartman에 의해 개발된 것으로 개인이나 가족의 위치를 나타낸 그림으로 클라이언트와 그와 관련이 있는 사람, 기관, 환경의 영향과 상호작용의 개입계획을 세우는 데 유용한 도구이다.

〈그림 10-3〉 생태도의 예시

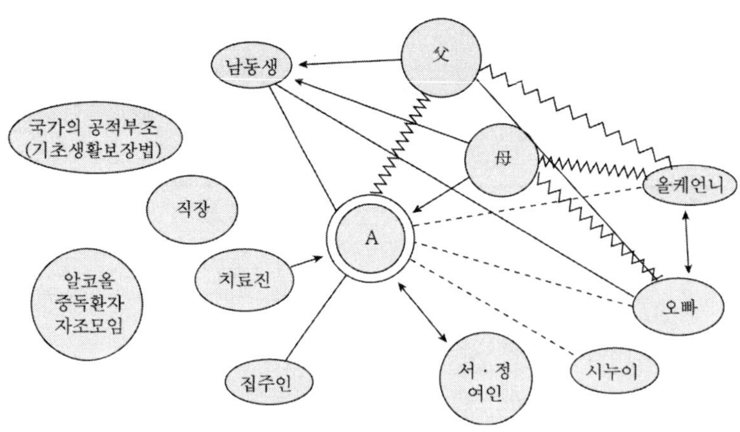

출처: 류종훈 외, 2013

클라이언트 삶에 영향을 미치는 체계를 원으로 그려서 관계의 성격과 자원의 흐름을 특정기호로 표시하여 생태학적 관점에서 이해하는데 도움이 된다. 사회복지사가 일방적으로 생태도를 작성하고 이에 대해 가족에게 설명하는 것이 아니라 클라이언트나 가족과 함께 작성하고 가족이 먼저 분석하도록 격려해야 한다. 클라이언트나 가족의 삶에 영향을 주는 체계를 원을 사용하여 나타내며, 관계를 상징하는 단어와 기호는 긍정적인 관계를 직선(—)으로 그리며 선의 굵기가 굵을수록 강한 관계를 의미하고 선이 가늘수록 약한 관계를 의미하며 미약한 관계는 점선(---)으로 나타내고 긴장관계나 갈등관계는 사선(/\/\/\)으로 나타낸다.

(4) 생활력 도표

생활력 도표는 클라이언트의 생애 동안 발생한 사건, 문제의 발전과정을 사정한다. 생활력 도표는 표를 통해 가족구성원의 삶의 중요한 사건이나 문제를 시기별로 나열한다. 출생부터 개입시점까지 클라이언트 삶의 다양한 시기에 관련된 여러 특징을 조사하여 다른 자료들과 종합함으로써 클라이언트의 현재를 이해하는데 도움이 된다.

〈표 10-3〉 생활력 도표의 예시

작성일:2012. 5. 29. 클라이언트: 유수연, 51세

연도	나이	장소	주요사건	문제
1962	1	서울	출 생	
1963	2	서울	부모 이혼	2개월 동안 시골의 부의 조부모님과 거주 후 모가 데려와서 모와 같이 거주
1966	5	부산	모의 재혼	모의 재혼으로 새가족 구성
1967	6	부산	동생 출생	

3) 집단차원의 사정도구

(1) 집단구성원 및 전체에 대한 사정

집단구성원을 사정할 경우에는 의사소통과 상호작용 유형, 응집력, 사회적 통제와 집단문화의 측면을 사정해야 한다. 의사소통과 상호작용 유형은 구성원들이 의사소통과 상호작용을 어떻게 하는지를 사정하고, 응집력은 집단구성원 상호 간에 매력이나 끌리는 감정을 사정하고, 사회적 통제는 규범이나 역할, 지위, 위계 등이 미치는 영향을 사정하고, 집단의 규범, 문화 등은 사회복지사가 집단구성원 개인이나 상호작용 등을 관찰한다.

(2) 소시오그램(사회도)

모레노와 제닝스가 개발한 것으로 집단 내 상호작용을 표현한 그림이다. 집단 성원 간의 개인적 수용과 거부, 집단 내의 대인관계를 평가하기 위한 사정도구로서 집단성원 간 선호도와 무관심, 배척하는 정도와 유형을 파악할 수 있으며 하위집단 형성 여부를 알 수 있다.

제2절 계 획

1. 목표설정

1) 계획수립

자료수집을 통해 클라이언트의 문제와 상황에 대한 일차적 사정을 진행하고 나서 실질적인 문제해결 과정이 시작되는 단계로서 사회복지사와 클라이언트는 표적문제를 선정하고 개입목표를 설정하여 구체적인 계획을 수립한다. 계획수립과정은 다음과 같다.

첫째, 클라이언트와 함께 하면서 클라이언트의 욕구와 기대를 명료화하기 위하여 클라이언트와 대화를 나누고 모든 과정에 참여시킴으로써 동기화시키고 클라이언트의 자기결정권을 존중한다.

둘째, 문제의 우선순위를 정하는 것으로서 클라이언트는 개인적 차원뿐 아니라 가족, 집단, 지역사회 차원에서 복합적인 문제를 가지고 있는 경우가 많기 때문에 클라이언트와 사회복지사는 어떤 문제에서부터 접근해야 할지 문제의 우선순위를 결정해야 한다.

셋째, 목적 설정은 목적이 개입의 필요성을 분명하게 하고 명료하게 진술하여 개입의 성공여부를 평가하기가 수월하게 한다.

넷째, 목적을 목표로 구체화해야 하는데, 목적이 설정되면 목적달성 여부를 측정할 수 있는 형태인 목표를 구체화한다.

다섯째, 계약의 공식화로서 사회복지사와 클라이언트 간에 개입과정에 관해서 합의를 이루는 것을 말하는데 목적, 목표, 개입기간, 역할, 시간 등이 포함된다.

2) 개입목표 설정

사회복지실천과정은 계획된 변화를 유도하는 과정으로 예측 가능한 변화를 일으키기 위해 계획을 세우고 의도적인 변화를 일으키는 것이다. 개입단계 동안 클라이언트의 변화를 유도하기 위해서는 목표가 설정되어야 하고 개입목표를 설정하기 전에 표적문제의 선정이 이루어져야 한다.

(1) 목표 설정의 중요성

클라이언트의 변화가 필요한 부분과 변화를 일으키기 위한 방향을 명확히 제시하여 개입단계 동안 방황하지 않고 진행할 수 있도록 한다. 목표설정은 개입이 종결된 후 효과적으로 평가할 수 있는 근거가 되고, 클라이언트의 참여가 이루어져서 변화의 의지가 커지고 클라이언트의 변화 정도를 설정된 목표를 통해 모니터링할 수 있다.

(2) 목표의 설정의 지침

목표는 클라이언트가 바라는 목표결과와 관련되어야 하며, 목표는 명시적이며 측정 가능한 용어로 진술되어야 하고, 달성할 수 있어야 한다. 또한 목표는 사회복지사의 지식과 기술에 상응하는 것이어야 하기 때문에 가능하다면 성장을 강조하는 긍정적 형태로 이루어져야 하고 기관의 기능과 일치해야 한다.

2. 계약

1) 계약단계의 중요성

계약(contract)이란 목표설정과 그것을 달성하기 위한 전략, 클라이언트와 사회복지사의 역할, 시간, 장소, 비용, 개입기법, 평가방법 등을 사회복지사와 클라이언트가 동의하는 것이다. 계약내용은 달성해야 할 목표와 수단을 명확히 하고 그에 따른 클라이언트와 사회복지사 각각의 역할을 설명하고 서비스를 제공하는 조건을 형성한다.

계약이 중요한 이유는 계획을 달성하는데 있어서 클라이언트의 권리를 보장하고 클라이언트의 의견을 충분히 반영하게 되어 마음을 편안하게 한다. 또한 클라이언트 자신의 활동을 통해서 목적과 목표를 수행하는 것은 클라이언트의 자아존중감을 향상시키고 상황에 영향을 줄 수 있다는 자신감을 갖게 하여 클라이언트의 통제능력을 증대시킨다.

2) 계약의 내용과 형식

(1) 계약내용

계약의 내용에는 시간적 조건, 사회복지사의 역할, 클라이언트의 역할, 서명, 목표, 클라이언트의 기대, 계약변경 조건, 사용되는 개입형태

및 기법, 평가기법, 약속취소와 변경의 조건, 비용 등이다.

(2) 계약 형식

가. 서면계약

가장 공식적인 형태이며 사회복지사와 클라이언트 그리고 그 외에 관련이 있는 사람들이 동의한 사실을 서면으로 작성하고 서명한다. 계약의 내용에는 목표와 누가, 무엇을, 언제 할 것인지를 명시한다. 계약서의 형태는 대개 클라이언트와 주요 인물들의 역할문제 리스트와 목표의 우선순위, 사회복지사와 클라이언트의 과업과 책임, 개입방법, 개입의 구조적 요인으로 구성된다. 클라이언트는 서면계약을 하면서 의지를 더 강하게 할 수 있고 언제라도 계약 내용을 검토할 수 있어서 오해할 가능성을 최대한 줄일 수 있다.

나. 구두계약

서면계약과 근본적으로 같지만 구두로 계약한다는 점에서 차이가 있으며 서명을 거부하거나 저항하고 불신감을 가진 클라이언트의 경우 신속하고 쉽게 합의가 가능하여 유용하다. 그러나 합의한 내용을 잊거나 부정할 수 있어서 개인적으로 간단히 기록해 두는 것이 좋다.

다. 암묵적 계약

암묵적으로 합의하는 것으로 내용이 명시되지 않기 때문에 상호 오해 가능성이 있어서 주의해야 한다.

3) 계약단계에서 사회복지사와 클라이언트의 역할

(1) 사회복지사의 역할

사회복지사는 클라이언트가 문제를 충분히 이해할 수 있도록 돕고 새로운 관점에서 문제를 볼 수 있도록 도우며 해결책을 고려하게 하며 클라이언트가 최종 결정을 할 수 있도록 하며 장애요인을 극복하고 최소화할 수 있도록 원조한다.

(2) 클라이언트의 역할

클라이언트는 문제해결의 주체임을 인식하고 계약단계에 적극적으로 참여하여 자신의 감정이나 욕구, 원하는 것 등을 분명히 표현하고 계약에 반영될 수 있게 한다.

제 11 장

사회복지실천 과정: 개입

학습목표

① 직접적 개입과 간접적 개입의 개념과 사회복지사의 활동에 관하여 학습한다.
② 직접적 개입에 관하여 학습한다.
③ 간접적 개입에 관하여 학습한다.

사회복지실천의 과정에서 개입은 사회복지실천의 가장 핵심적인 부분으로서 사회복지사와 클라이언트가 선택한 목표들을 성취하기 위해 다양한 전략을 실천하는 것을 말한다. 즉 개입단계는 사회복지사와 클라이언트 간에 합의된 계획을 구체적인 행동을 통해 의도적인 변화가 일어날 수 있도록 지원하는 단계이다.

개입에는 개인이나 집단, 가족 등 미시체계 수준의 클라이언트에게 직접적으로 개입하는 직접적 개입과 클라이언트를 돕기 위해 클라이언트 외의 개인, 소집단, 조직 또는 지역사회 등에 개입하여 변화시키는 간접적 개입이 있다. 이 장에서는 개입단계의 특징, 개입단계에서 사회복지사의 과제와 역할, 직접적 개입과 간접적 개입을 살펴보고자 한다.

제 1 절 개입단계

1. 개입단계의 특징

개입단계는 사회복지사와 클라이언트가 합의하여 결정한 문제를 해결하기 위한 계획을 다양한 전략을 구체적으로 실행하여 의도하는 변화를 유발하는 단계이다. 이러한 개입활동에서 중요한 것은 개입의 적절성과 효과를 검토하기 위해 사회복지사는 클라이언트의 변화과정을 관찰하고 설정된 목표가 제대로 달성되고 있는지를 점검해야 한다.

일반적으로 개입단계에는 직접적 개입과 간접적 개입이 있다. 직접적 개입은 클라이언트를 직접적으로 개입하는 것을 말하며 개인, 집단, 가족 등의 미시체계 수준을 개입하는 것이다. 또한 간접적 개입은 클라이언트 외의 개인, 소집단, 조직, 지역사회를 변화시키는 개입을 통해 클라이언트를 간접적으로 돕는 것이다.

2. 개입단계의 사회복지사의 과제와 역할

1) 사회복지사의 과제

개입단계에서 사회복지사의 과제는 문제를 해결하기 위해 구체적인 변화전략을 수립하고, 다양한 개입방법이나 기술을 적용하여 클라이언트와 클라이언트를 둘러싼 환경체계에서 변화가 일어날 수 있도록 원조하고, 문제해결을 위한 변화가 지속되고 유지될 수 있도록 환류하고 지지하며, 설정된 목표를 점검하고 평가한다.

2) 사회복지사의 역할

(1) 중개자 역할

중개자의 역할은 개입과정에서 목표를 달성하기 위해 클라이언트에게 필요한 자원과 서비스를 연결하는 역할이다. 따라서 사회복지사는 클라이언트에게 필요한 다양한 자원과 서비스를 연결하기 위해 필요한 지식과 구체적인 기술을 갖추어야 하고 지역사회의 기관과 자원에 대한 충분한 정보를 파악하고 있어야 한다.

(2) 조력자 역할

조력자의 역할은 클라이언트가 목표달성을 위하여 스스로 문제해결 능력과 대처능력을 향상시켜서 자원을 찾을 수 있도록 돕는 것을 말한다. 사회복지사는 클라이언트가 변화를 위해 스스로 문제를 효과적으로 다룰 수 있는 능력이 향상되도록 지원하는 역할을 한다.

(3) 교육자 역할

사회복지사는 클라이언트의 사회적 기능이나 문제해결 능력이 향상될 수 있도록 정보를 제공하는 것 뿐만 아니라 새로운 기술을 습득하도록 가르치기도 하는 역할을 한다. 따라서 사회복지사는 클라이언트의 역할 모델이 됨으로써 전문적인 지식과 정확한 기술을 갖추고 클라이언트에게 정보를 정확히 전달하고 이해시키기 위한 의사소통 기술을 갖추어야 한다.

(4) 중재자 역할

중재자는 미시, 중범위, 거시체계 사이의 논쟁이나 갈등을 해결하는 역할로서 중립을 유지하고 의사를 잘못 전달하는지 인식하며 관련 당사자가 입장을 명확히 밝히도록 도와준다. 사회복지사는 정확한 정보를 가졌다고 확신하기 전까지는 논쟁에서 어느 쪽으로도 치우치지 않는 것이 중요하다.

(5) 옹호자 역할

옹호자의 역할은 클라이언트의 입장에서 논쟁, 주장, 타협, 환경조정 등을 클라이언트를 위하여 대변하고 보호하며 개입하고 지지하는 것으로 필요한 것을 얻을 힘이 없는 클라이언트에게 적절하다.

제 2 절 직접적 개입(류종훈 외, 2013)

1. 개인체계의 개입

1) 정서 · 인지에 개입하는 기술

클라이언트의 감정과 사고에 대한 개입에 초점을 둔다.

(1) 재구조화(reframing)

새로운 방식으로 이해하도록 돕는 것으로서 재명명 혹은 재규정이라고도 한다. 클라이언트의 왜곡되거나 특정사건과 행동, 인생경험에 부여하는 의미를 수정하도록 즉, 새로운 방식으로 수정해 줌으로써 자신의 상황을 좀더 현실적으로 인식하도록 돕기 위하여 사용되는 기법이다.

(2) 초점화(focusing)

클라이언트가 자기 문제를 언어로 표현할 때 산만하거나 혼돈되는 것을 점검해 주고 맘속에 숨겨진 선입견, 가정, 혼란된 개념 등을 드러내어 자신의 사고과정을 명확히 볼 수 있도록 해준다. 제한된 시간 내에 최대의 효과를 추구해야 하는 전문적 관계에서 불필요한 방황과 시간낭비를 막아주는 효과가 있다.

(3) 직면(confrontation)

도전이라고도 불리는데 클라이언트의 말과 행위 사이의 불일치, 자신의 문제를 부정하거나 회피하고 표현한 가치와 실행 사이의 모순을 클라이언트 자신이 주목할 수 있게 해주는 기술이다. 클라이언트의 변화에 장애가 되는 부분에 대한 인식력을 향상시키기 위해 사용하는 기술이기도 하다. 직면은 클라이언트와 사회복지사가 파악한 현실이 일치하고, 다루고자 하는 내용이 합의될 때에만 가능하다.

(4) 정보제공

클라이언트에게 의사결정이나 과업 수행에 필요한 정보를 제공하는 것이다.

정보제공(informing)은 클라이언트에게 의사결정이나 과업수행에 필요한 정보를 제공하는 것을 의미한다. 즉 클라이언트가 어떤 결정을 내리고 과제를 수행하는데 필요한 정보를 제공하는 기법이다.

(5) 조언

조언이란 클라이언트가 해야 할 것을 추천하거나 제안하는 사회복지사의 언어적 기술을 의미한다. 조언이 적당하다고 느끼면 클라이언트는 사회복지사의 의도를 분명히 알아차릴 수가 있다. 조언은 반드시 클라이언트가 요구할 때 하여야 효과가 있다 조언을 하는 것에는 많은 함정이 있으므로 사회복지사가 이 기술을 사용할 때는 매우 신중해야 한다.

(6) 보편화

보편화(universalization)란 클라이언트의 생각, 느낌, 행동 등이 그와 비슷한 상황에 있는 다른 사람과 같다는 사회복지사의 진술을 의미한다. 부모를 요양시설에 보내고 죄책감에 괴로워하는 클라이언트에게 "나는 부모님을 요양소에 보내야만 했던 많은 사람들을 알고 있습니다. 그들도 당신처럼 똑같은 감정을 이야기했습니다."라는 예를 들 수 있다. 이 기법은 자신이 다른 사람과 다르다고 느끼는 클라이언트의 감정을 중단시키고, 클라이언트의 긍정적인 인간적 특성, 강점, 성과물 등을 인식시켜 주는 기회를 마련한다.

2) 행동을 변화시키기 위한 기술

(1) 강화와 처벌

• 강화
- 정적강화 : 바람직한 행동을 유지하고자 할 때 행동하는 사람이 좋아하는 것을 제공하는 것이다.
- 부적강화(부정적강화) : 행동하는 사람이 좋아하지 않거나 싫어하는 것을 제거하여 바람직한 행동을 유지하는 방법이다.

• 처벌
- 표적행동을 제거시키거나 그 강도를 감소시키기 위해 클라이언트가 표적행동을 행할 시에 고통스럽고 불쾌한 자극을 제시하는 기법이다.

(2) 행동연쇄

행동연쇄(chaining)란 옷 갈아입기와 같이 여러 단계를 거쳐야 하는 복잡한 행동을 몇 개의 분리된 단계나 요소로 나누어, 한 번에 단 한 개씩만 가르치는 절차를 의미한다. 즉 하나의 행동을 배우게 하는 데 있어 전체 행동을 보다 작은 단위행동으로 분리하여 연쇄적으로 배워 가는 과정을 말한다. 즉, 서로 연결된 단위행동들은 각각 선행된 단위행동에 대해 일종의 강화물로 작용함으로써 하나의 완성된 행동을 배워 나간다는 것이다.

(3) 용암법

한 행동이 다른 상황에서도 발생할 수 있도록 그 상황을 점차적으로 변경하여 가는 방법을 말한다. 대인관계에 미숙한 클라이언트에게 대화법을 학습시키고자 할 때 우선은 사회복지사와의 관계에서 대화법을 익힌 후에 점차 다른 상황의 대인관계에까지 확대시켜 나가는 방법이 바로 용암법을 적용한 행동학습이다.

(4) 모델링(modeling)

모델링이란 다른 사람이 하는 행동을 보고 모방을 하는 방법으로 복잡하거나 새로운 행동을 가르치는 데 사용하는 기술로서 비디오 같은 자료를 활용하기도 한다.

(5) 타임아웃(time-out)

문제행동이 어떠한 상황으로 인해 강화되는 경우 환경으로부터 클라이언트를 일정 기간 동안 이동시킴으로써 문제행동을 감소시키거나 제거시키는 것이다. 아이를 높은 의자에 앉혀놓고 내려오지 못하게 한다거나 자기방에서 나오지 못하게 격리해서 자신의 화를 조정할 수 있는 시간을 가지게 하고, 타임아웃을 적용할 때에는 미리 경고를 주어야 하며, 시간은 짧을수록 좋다. 왜냐하면 시간이 길어지면 아이들은 그 의미를 잊기 때문이다(약 5분 정도가 적당).

(6) 토큰(token)강화

여러 가지 바람직한 행동과 습관을 구체적으로 미리 정해 놓고 그 행동을 했을 때 그에 상응하는 토큰(징표)을 줌으로써 행동을 강화하는 것을 목적으로 한다.

(7) 행동조성(행동형성, shaping)

강화와 원리를 가장 원칙적으로 따르는 것으로서 행동수정의 가장 대표적인 방법이다. 특정 행동수준까지 끌어올리거나 달성하기 어려울 때 처음으로 보상받는 기준을 낮게 잡아서 보상을 주고, 점진적으로 보상기준을 높이면서 보상을 주는 방법으로 특정 행동수준까지 끌어올리기 위해 작은 단위의 행동으로 나누어 과제를 주는 것이다.

(8) 행동계약

두 사람 이상이 서로 약속된 기간 동안 어떤 행동을 하면 어떤 강화물을 받는가를 구체화해서 동의하는 것을 말한다. 행동계약에는 조건부계약(contigency contract)과 상호적 행동계약(reciprocal behavioral contract)이 있다. 조건부계약은 한 사람이 다른 사람의 행동과 관련된 결과를 설정하여 동의를 얻는 것이다. 예를 들면 아버지가 아들에게 일주일을 연속으로 일찍 일어나면 일요일에 만화영화를 보여 주겠다고 하는 것이다.

(9) 역할교환(반전, role reversal)

클라이언트가 다른 사람의 입장에서 바라보고 의견을 말하게 하는 기법으로, 가족에게 적용할 경우 가족 내 두 성원들이 서로의 역할을 바꾸는 경우를 말한다.

(10) 행동시연(behavior rehearsal)

행동시연은 주어진 문제 상황을 어떻게 다룰지 반복적으로 미리 연습하는 것을 말한다. 클라이언트가 특정한 상황에 놓이게 될 경우 그 상황에 맞추어 다른 사람과의 상호적용에서 적절한 행동을 할 수 있도록 미리 연습하는 것을 말한다. 직면한 상황에 대한 클라이언트의 두려움을 해소시키고 상황에 적절히 대응할 수 있는 자신감을 향상시키는 방법이다.

(11) 과제부여

과제부여란 클라이언트가 상담 세션들 사이에서 수행할 구체적인 과제나 활동을 부여함으로써 새로운 행동을 학습하도록 하는 것이다. 새로운 기술을 습득하고 새로운 행동패턴을 개발하는 것은 사회적 기능상의 많은 문제들을 해결하는 데 중요하다.

과제란 상담 세션들 사이에 클라이언트가 수행하도록 부여된 것을 의미한다. 과제는 클라이언트와 사회복지사의 계약, 개입과 목표 등과 직접 관련된 것이어야 하며, 클라이언트와 사회복지사는 함께 과제를 선택하고 계획하여야 하며, 또한 과제는 반드시 클라이언트가 이해 가능한 것이 바람직하다.

3) 자아인식 및 자긍심 향상을 위한 기법

(1) 자기대화

자기대화(self-talk)란 우리가 스스로에게 주는 메시지를 의미하며 우리가 우리 자신에게 말하는 것은 우리가 경험한 것에 대한 독특한 해설을 반영하는 것이다. 인지치료를 고수하는 사회복지사들은 자기대화는 감정적 반응을 일으키고 이후에 행동을 야기한다고 강조한다.

(2) 도전

도전(challenge)이란 자기 패배적이고 타인에게 해로운 내적 또는 외적 행동을 검토하고, 이러한 행동을 변화시키는 것이다(Egan, 1994).

도전은 클라이언트의 자기기만이나 회피에 초점을 둔다. 즉 합리화, 회피, 왜곡, 자신의 행동결과인식 회피, 클라이언트의 언행불일치, 문제를 교정하려는 조치를 회피, 또는 중요한 이슈를 다루려 하지 않는 것 등에 초점을 둔다.

(3) 자아존중감 향상

자아존중감(self-esteem)이란 자기 자신에 대한 개인적 가치이며, 자신의 상(self-image)을 좋아하는 것이다(Hjelle & Ziegler, 1981). 낮은 자아존중감은 불행과 사회적 기능상의 문제를 초래하는 중요한 원인이 된다. 자신에게 가치를 부여하지 않거나 자신을 존중하지 않은 사람은 자기 확신이 결여되어 있으며, 스스로 부여한 많은 장애와 한계로 고통받고 있는 사람이다. 자아존중감 향상은 시간이 많이 필요하다.

(4) 환기법

환기법(ventilation)이란 클라이언트의 문제와 상황에 관련된 감정을 클라이언트로 하여금 표출하도록 하는 기법이다. 클라이언트는 대부분 문제와 관련되어 다양한 감정을 경험하게 되는데, 어떤 경우에 분노, 증오, 슬픔, 죄의식, 불안 등의 감정이 제대로 표출되지 않거나 혹은 강하게 억압되어 그것 자체가 문제이거나 혹은 문제해결을 방해하는 경우가 있다. 사회복지사는 클라이언트가 미처 의식하지 못하거나 혹은 억압하려는 이러한 감정들을 인식하고 클라이언트가 자신의 감정을 자유롭게 표출하도록 격려함으로써 감정의 강도를 완화시키거나 정서적 분출을 바람직한 방향으로 유도할 수 있다(Woods & Hollis, 1990).

4) 대인관계 향상을 위한 기법

(1) 역할전환

역할전환(role reversal)이란 한 사람이 다른 사람의 역할을 맡아 다른 사람의 관점에서 사물을 보도록 하는 방법이다. 이 기법은 특히 성원 간의 갈등이 문제인 가족을 대상으로 면접을 실시할 때 활용하기에 적당하다. 이 기법을 통해 동일 상황에 대해 다른 가족 구성원의 이해와 느낌에 대한 이해를 증진시킬 수 있다.

(2) 빈의자기법

빈의자(empty chair)기법은 정신분석학과 게슈탈트치료(Gestalt Therapy)에서 도입되었으며, 이중 의자 기법(double-chair technique)이라고도 한다.

이 기법은 현재 치료 장면에 나와 있지 않은 사람과 상호작용할 필요가 있을 때 사용되며 이 때 클라이언트는 그 사람이 맞은편 빈 의자에 앉아 있다고 상상하고 그와 대화한다. 의자는 클라이언트와 갈등 상태에 있는 사람이다.

(3) 가족조각

가족조각(family sculpting)이란 집단 세션 내에서 클라이언트나 클라이언트의 가족이 가족행동의 중요한 측면을 재연하여 완화시키도록 돕기 위해 고안되었으며 치료뿐만 아니라 사정의 도구가 된다. 가족조각기법은 공간을 이용하여 가족성원들을 다양한 신체적 자세로 배열시킴으로써 가족 구조를 시각적으로 묘사하는 기법이다(Goldenberg & Goldenberg, 1985).

(4) 재구조화

재구조화(reframing)란 클라이언트가 특정 사건, 행동 또는 인생

경험에 부여하는 의미를 수정하기 위하여 사용되는 기법이다. 이 기법을 통해 클라이언트는 다양하고 긍정적 시각으로 사건이나 행동을 볼 수 있다. 재구조화는 재부여(elabeling) 또는 재규정화(redefining)라고도 불리며 부부와 가족 간에 대인갈등을 갖고 있는 대상에게 유용하다.

(5) 이완훈련

이완훈련(relaxation training)은 클라이언트들이 중요한 근육 부위를 집중적으로 이완시킬 수 있도록 사회복지사가 원조하는 것이다.

이완훈련은 아주 간단한 방법에서부터 교육 후에 사용하는 방법 등 다양하다. 사회복지사가 사용할 수 있는 방법으로는 클라이언트가 눈을 감게 한 후 천천히 복식호흡을 하게 한다.

(6) 자기주장훈련(AT : assertiveness training)

자기주장훈련은 스스로 행동을 변화시켜서 특정 반응훈련을 요하는 부분을 분류한 후 사회기술훈련방법에서 설명했던 단계와 지침을 클라이언트가 그대로 다룰 수 있도록 준비시킨다. 문화적으로 규정된 역할로 인해 자기주장 행동을 금지하기도 하지만, 이는 적절하지 않다. 사회복지사는 클라이언트가 자기주장을 할 수 있도록 돕는 옹호자의 역할을 해야 한다. 자기주장적인 사람은 자기 자신이 중요하고 자신의 생각·인식·의견이 중요하다고 생각하는 반면, 비주장적인 사람은 솔직한 감정·사고·믿음을 표현하지 못한다. 결과적으로 다른 사람이 자신을 파괴하도록 하거나 다른 사람이 자신의 감정과 사고를 쉽게 무시하도록 하며, 소심하고 자신의 권리를 파괴한다.

2. 가족체계의 개입

1) 역기능적 상호작용 수정 : 현장에서 바로(on-the-spot) 개입하기

부부나 가족 사이의 역기능적 상호작용 패턴을 수정하는 데 효과적인 방법이다. 클라이언트가 거슬리는 표현을 하고, 정확한 의사전달이 안될 때, 의도대로 표현되지 않을 때 등에 적합하다.

2) 역기능적 가족동맹 수정

• 역기능적 가족동맹의 패턴

배우자나 다른 가족과의 유대가 약하거나 한 명이 다른 사람을 조정한다. 가족 중 두 사람이 다른 사람과 적절히 유대하는 것을 방해할 정도로 너무 밀착한다.

3) 실연(enactment)

치료면담 중에 가족에게 역기능적인 가족성원 간 교류를 실제로 재연시키는 것으로 가족들은 치료자 앞에서 가족의 문제나 갈등 상황을 직접 재연시켜 본다. 가족성원들이 직접 행동함으로써 자신의 상호교류를 경험하고 관찰해 볼 수 있다.

4) 합류하기

사회복지사가 개입시 가족의 분위기를 파악하여 인간적인 관여를 하거나 혹은 가족의 현실상황에 들어가 함께 경험하는 것이다.

5) 긴장 고조시키기

가족 내의 긴장을 고조시킴으로써 대안적인 갈등해결방법을 사용하도록 돕는 기법이다. 긴장 고조시키기의 예로는 항상 딸의 문제를 대변하는 엄마에게 가만히 있게 하고 딸이 직접 대답하도록 하게 한다.

6) 과제부여

가족이 행할 필요가 있는 상호작용을 개발하도록 과제를 주는 것이다.

7) 가족조각

가족조작은 언어적 표현이 부족하고, 소극적으로 참여하는 가족들이 자연스럽게 참여하면서 치료에 관여하게 하는 기법이다. 클라이언트나 클라이언트의 가족이 가족행동의 중요한 측면을 재연하여, 갈등과 문제를 완화시키도록 돕기 위해 공간을 이용하여 가족구성원을 다양한 체적 자세로 배열시킴으로써 가족구조를 시각적으로 묘사하는 기법이다. 개별 클라이언트 혹은 가족이 가족 행동의 중요한 측면을 재연하여 보여주는 것으로, 치료도구일 뿐만 아니라 사정도구이기도 하다.

8) 경계 만들기

가족의 재구조화를 위해서는 부부체계 간의 명확한 경계와 부모와 자녀의 하위체계 간의 분명한 경계를 설정하는 것이 매우 중요하다.

각 체계의 경계가 명확할 때 새로운 상호작용 유형이 생기고 체계의 기능은 증가한다.

9) 치료면담 전의 변화에 대한 질문

첫 면담시간에 치료자가 내담자에게 어떻게 문제의 심각한 정도가 완화되었는지를 내담자가 파악할 수 있도록 질문하는 것이다.

10) 기적질문

기적이 일어나서 문제가 해결되었다고 상상하게 함으로써 클라이언트가 안도감, 희망, 용기를 갖도록 하는 것이다. 문제 자체를 제거시키거나 감소시키지 않고 문제와는 별개로 해결책을 상상해 보게 하는 질문이다.

11) 예외질문

성공했던 경험을 찾아내어 의도적으로 계속 실시하도록 격려하기 위한 질문이다.

12) 척도질문

구체적인 숫자를 이용하여 가족성원에게 자신의 문제의 정도, 변화의 정도, 변화에 대한 의지 등을 표현해 보게 하는 질문이다. "3점을 향상시키기 위해 당신은 무슨 노력을 할 수 있나요?"라는 질문기법이다.

13) 대처/극복질문

문제상황에 있는 내담자에게 경험을 활용하도록 하고 새로운 힘을 갖게 하며, 자신의 자원과 감정을 발견하도록 도움이 되는 질문, 위기에서 살아남기 위해 대처해 온 방법을 파악하고 그것을 인식, 강화, 확대하기 위해 활용하는 질문이다.

"계속 술을 마시는 것이 어떤 도움이 되나요?"라는 질문기법이다.

14) 재구조화

가족성원들이 문제를 새로운 방식으로 이해하도록 돕는 것을 의미한다. 재명명 혹은 재규정이라고도 한다. 한 성원이 다른 성원에 관한 부정적인 생각을 좀더 긍정적인 관점으로 변화시키도록 돕는 기법이다.

15) 역설적 개입

전략적 치료모델에서는 문제해결을 위해 시도되었던 기존의 방법과 전혀 상반된 방법을 사용한다. 치료자들은 특히 가족성원에게 상식에 반하는 일을 행하거나 믿게 하려고 노력한다. 역설적인 개입기술의 대표적인 것은 증상처방과 제지기법, 시련기법 등이다.

3. 집단체계의 개입

1) 치료집단의 종류

치료집단은 교육, 성장, 치유, 사회화 등을 목적으로 하며 한 가지 이상의 목적을 동시에 갖기도 한다. 이러한 집단의 목적에 따라 토스랜드와 리바스는 치료집단의 유형을 다음과 같이 세분하였다.

(1) 지지집단(support group)

삶에서 장차 일어날 사건에 좀더 효과적으로 적응하기 위하여 대처기술을 발전시킴으로써 성원들이 삶의 위기에 대처하도록 돕는 집단을 말한다.

(2) 교육집단(education group)

교육집단의 일차적 목적은 집단성원들의 지식과 정보를 제공하는 것으로 주로 전문가의 강의 형태로 정보제공이 많아 교육의 효과를 강화하여 집단성원 간 토론 등에도 많이 활용된다.

(3) 성장집단(growth group)

성장집단의 목적은 개인의 능력과 자의식을 넓히고, 인식(awareness)을 증진시켜 행동과 태도의 변화를 이끌어낼 수 있는 기회를 제공하며 자아향상에 초점을 둔다.

(4) 치유집단(therapy group)

치유집단은 집단성원 스스로 행동을 변화시키거나 개인적 문제를 완화하기 위한 혹은 사회적, 의학적 충격 뒤에 재활하기 위한 목적으로 집단성원들을 돕는 것이다.

(5) 사회화집단(socialization group)

사회화집단의 목적은 사회관계의 어려움이 있는 집단성원으로 하여금 사회생활에 필요한 기술을 배우거나 수용 가능한 태도와 행동을 습득하는 것을 목적으로 한다.

제 3 절 간접적 개입(류종훈 외, 2013)

간접적 개입은 클라이언트를 돕기 위해 클라이언트 이외의 개인, 소집단, 가족, 조직 또는 지역사회 등 클라이언트의 환경에 대해서도 주의를 기울이는 활동이다.

1) 사회적 지지체계의 개발

(1) 사회적 지지체계 개발

사회복지사가 기존의 체계들에 자신의 생각이 남과 크게 다르지 않다는 위로로, 자신의 행동과 판단, 사고방식이 옳다는 지지를 받기 원한다.

- 주관적지지 : 개인이 사회로부터 지지받고 있다고 스스로 인식하는 것이다.
- 객관적지지 : 사회적 관계를 통해 타인들로부터 구체적으로 주어지는 객관적 지지행동을 의미한다.

(2) 사회적 지지망이 개인에게 미치는 긍정적 효과(웨이스, Weiss, 1974 ; 양정남 외, 2002 재인용)

- 사람들과의 긴밀한 애정관계를 통하여 애착관계를 형성하고 소속

감과 안전감을 제공받는다.
- 사람들과 지지망을 형성하고 그 안에서 관심과 가치를 공유함으로써 사회적 통합을 이루게 된다.

(3) 자연적 지지체계의 활성화

자연적 지지체계를 활성화하는 것은 산업화, 도시화, 핵가족화로 인해 줄어들고 있는 클라이언트의 자연적 지지체계를 의도적 개입으로 활성화하는 것이다. 자연적 지지체계로는 친척, 친구, 이웃, 교회조직, 클럽 등을 들 수 있다. 사회복지사는 지역 내 자원에 대한 정보를 충분히 파악하고 이들을 사회복지서비스망으로 조직화하고 효율적으로 운영해야 한다.

(4) 공식적 지지체계의 활용

클라이언트의 욕구에 환경이 반응할 수 있도록 기존의 다양한 사회복지기관 및 프로그램 등 공식적 지지체계를 활용하는 것이다. 공식적 지지체계의 종류로는 사회복지관, 병원, 요양시설, 각종 상담소, 긴급피난처, 쉼터, 다양한 사회단체, 공공기관의 서비스와 프로그램 등이 포함된다. 사회복지사는 클라이언트의 특수한 욕구를 만족시킬 수 있어야 하고 지역사회 내 다양한 기관과 프로그램에 대한 충분한 정보를 가지고 있어야 한다. 공식적 지지체계에서는 공동문제를 가진 사람들과의 상호원조를 위해 앞에서 언급한 자조집단을 구성하기도 한다.

2) 서비스의 조정

다양한 문제를 가진 클라이언트에게 복합적 서비스가 주어질 때 서비스의 조정이 필요하다. 서비스 조정(coordination)이란 공동의 목적을 달성하기 위해 두 가지 이상의 서비스 제공자들과 적절한 방법으로 클라이언트를 도울 수 있도록 조정하는 것을 의미한다. 조정은 혼자 일하는 것보다 같이 일하는 것이 훨씬 더 효과적이라는 전제하에서 시행된다.

(1) 서비스 연결

복합서비스를 제공하는 한 기관의 여러 전문가들이 특정한 클라이언트에게 관심을 가지고 서로 연결되는 것이다.

(2) 의뢰

서로 다른 기관의 전문가들이 연결되어 서비스를 제공하는 형태의 조정으로 서비스가 제대로 전달되고 있는지, 그 결과가 어떠한지 평가하는 과정까지 포함된다.

(3) 사례관리

클라이언트의 문제와 욕구를 평가하여 필요로 하는 서비스나 자원을 찾고 그런 서비스를 연결해 주는 책임을 사회복지사가 맡는 것을 말한다. 사회복지사는 서비스 제공자들이 함께 일할 수 있도록 하기 위해 서로 의사소통할 수 있고, 전체의 목적에 서로가 기여한 바를 인정하고 존중할 수 있도록 프로그램이나 서비스를 개발한다.

3) 프로그램의 개발

(1) 프로그램 개발의 필요성

클라이언트의 욕구와 문제를 해결하기 위한 서비스가 지역사회 내에 없거나, 재정적인 문제로 인해 필요한 자원이 제공되지 않고 있음을 발견할 때, 사회복지사는 클라이언트의 욕구를 만족시킬 수 있는 프로그램 및 자원을 개발해야 한다.

(2) 프로그램 개발 단계

- 문제의 확인: 문제의 규모와 심각도를 조사한다.
- 욕구의 파악: 여러 관계집단을 대상으로 문제해결의 욕구를 파악

한다.

- 목적 및 하위목적의 설정과 우선순위 결정: 프로그램 목적과 하위목적을 설정하고 하위목적 간 우선순위를 결정한다.
- 성취목표와 구체화: 각 하위목적 달성을 위한 대안의 선택에 앞서 그 하위목적의 달성여부를 측정할 수 있는 목표들을 구체화한다.
- 서비스 제공: 각 목표별로 이를 달성할 수 있는 여러 대안들을 가지고 비용과 효과 분석을 실시, 각 서비스의 비용과 효과를 예측한다.
- 대안의 선택: 각 대안별로 예산을 계산하여 각 대안이 가져올 사회적 편익, 혹은 효과를 계산한 뒤 하위목적별로 비용과 효과 분석을 실시, 최소의 비용으로 최대의 효과를 낼 수 있는 대안을 제시한다.
- 세부 프로그램 설계: 각 선택된 대안들의 구체적인 설계 작업으로 필요한 인력의 채용 시기, 배치, 전문역할, 지위, 조직 및 프로그램의 실시일정, 내용 등을 결정한다.
- 예산: 프로그램에 따라 예산을 배분한다.
- 집행: 세부계획과 예산이 확보된 프로그램을 적당한 조직체계 속에서 일정기간 집행한다.
- 평가: 각 하위프로그램들이 각각의 하위목적을 달성하였는지 그리고 각각의 하위목적들이 모여 전체목적을 달성하였는지 평가하게 된다.
- 피드백: 문제 정의, 욕구, 목표설정, 대안선택 등의 전 과정에 다시 피드백되어 사업의 확대, 조정을 결정한다.

4) 점검

(1) 변화에 저항

변화에 저항이 따르는 것은 흔한 현상이다. 개인 클라이언트의 저항도 문제이지만 클라이언트의 변화노력을 방해하는 외부요인들이 문제다. 생태도를 통해 클라이언트 환경 속에서 발생하는 스트레스와 갈등을 알아보고 변화를 증진시키거나 방해하는 세력을 분석해 본다면 왜 클라이언트가 저항을 보이거나 부정적으로 반응하는지에 대해 그 이유를 알게 될 것이다. 확대가족성원, 친구, 이웃, 지역사회 또는 종교 지도자를 조언자 자격으로 초빙해서 이야기를 들어 보는 것은 매우 유용하다.

(2) 저항 받아주기

만일 클라이언트가 저항하는 것이라면 받아주어야 한다. 클라이언트의 저항의 이유를 존중하며, 동시에 그 저항이 어떤 기능을 하는지 이해해야 한다. 클라이언트의 동기가 이해된다면 그 저항을 긍정적인 목적으로 재명명하는 것이 가능하다. 예를 들어, 비행청소년의 부모는 청소년에게 비난하고 화를 내는 것을 일상화 한다. 부모가 자신의 행동을 변화시키지 않으려 하는 것은 자녀의 미래에 대한 두려움이나 부모로서의 조그마한 자존심이다. 즉 부모가 지속적으로 그러한 행동을 보이는 목적이 청소년의 안전한 미래를 확보하는 것이라는 것을 이해해야 한다. 그렇게 할 때 부모의 목적을 성취하기 위한 모든 가능한 방법에 대해 논의하면서 비생산적인 비난과 논쟁을 피하도록 이끌 수 있다.

(3) 목적과 과업 나누기

목적과 과업을 더 작게 나누는 조치를 취할 필요가 있다. 아동들에게 과제가 너무 부담이 되어서는 안 된다. 문제 행동의 변화가 너무 느리거나 변화가 없을 때 부모들은 화를 내거나 좌절하고 치료에 저항을 보이는 경우도 있다. 이때 치료시작부터 부모에게 아동의 문제행동이 재발되거나 아동이 과제를 수행하기를 원치 않는 경우가 있을 수 있다는 것을 미리 알아두는 것이 좋다. 이러한 점은 치료 상에 어려움이 있는 모든 클라이언트에게 중요하다(corwin, 2002).

제 12 장

사회복지실천 과정: 평가와 종결 및 사후지도

학습목표

① 사회복지실천의 평가에 대해 이해한다.
② 사회복지실천의 종결에 대해 이해한다.
③ 사회복지실천의 사후지도에 대해 이해한다.

사회복지실천의 과정 중 공식적으로 마지막 단계라 할 수 있는 것이 평가와 종결의 단계이다. 개입을 종결하기 위해서는 개입결과에 대한 정확한 평가를 기초로 종결하는 것이 가장 바람직하며, 종결을 함에 있어서도 클라이언트가 갖게 되는 양가감정을 잘 다루어 주는 것이 개입결과를 유지시키고 사회적응력을 높여줄 수 있다.

그리고 비록 공식적인 과정이라고 볼 수는 없으나 개입이 종결된 후 개입결과가 잘 유지되고 있는지, 클라이언트에게 또 다른 문제는 발생하지 않았는지 지속적으로 모니터링하는 것도 사회복지실천의 중요한 과정 중 하나로 볼 수 있다.

따라서 본 장에서는 평가와 종결의 개념과 기법 등에 대하여 살펴본 후 사후지도에 대하여 알아보고자 한다.

제 1 절 사회복지실천의 평가

1. 사회복지실천 평가의 개념

사회복지실천의 평가는 변화과정과 개입으로 인한 결과를 측정하기 위해 과학적인 방법을 적용하는 것이다(Compton & Gallaway, 1999). 즉, 평가란 사회복지실천 과정이 클라이언트에게 어떻게 도움이 되었는지, 계획한 개입의 목표가 달성되었는지에 관한 결과를 조사기법을 사용하여 사정하는 것을 의미한다.

사회복지실천의 평가는 마지막 단계로 이루어지기는 하지만 사회복지실천 원리대로 작동하면서 초기부터 시작하여 지속되는 과정으로 볼 수 있다. 즉, 평가는 클라이언트의 어려움과 그 상황에 대한 자료를 수집하고 사정하면서 사회복지사와 함께 설정한 목표와 하위목표들이 제대로 달성되었는지 과학적인 방법을 사용하여 살펴보는 것이다(김은정 외, 2015).

사회복지사는 사회복지실천 결과를 평가해서 클라이언트에게 제공한 서비스의 효과성 뿐 아니라 전문기술과 지식을 향상하는 데에도 도움을 받게 된다(류종훈 외, 2011). 즉, 사회복지실천의 결과를 놓고 볼 때 그것이 바람직한 것으로 판명되었다면 그 과정에서 사용된 방법과 투입된 에너지의 양을 계속적으로 사용하고 발전시켜 나가게 될 것이며 이와 반대의 경우에는 그러한 방법과 에너지의 투입을 중지하거나 변경시키지 않으면 안 된다(강선경 외, 2009). 이러한 과정 속에서 사회복지사는 개입방법의 효과에 대한 자신감을 얻게 될 것이고 피드백을 통하여 더 나은 지식과 기술을 터득할 수 있게 된다.

이와 같은 사회복지실천 과정을 평가해야 하는 이유는 다음과 같다(Johnson & Yanca, 2001, 김경호 역, 2010)

첫째, 사회복지실천 과정을 통해 개입목표가 어떻게 효과적으로 달성되는가를 확인하기 위해서이다. 둘째, 사회복지실천 과정을 재구성하거나 효과적으로 관리하기 위한 정보를 얻기 위해서이다. 셋째, 문제에 대한 이론이나 모델, 접근법을 시험해야 할 필요성 때문이다. 넷째, 효과성을 위해 사회복지사에게 무엇이 필요한가를 발견하기 위해서이다. 다섯째, 클라이언트의 관점에서 사회복지실천 과정이 잘 진행되고 있는가를 확인하기 위해서이다. 여섯째, 공공기관과의 관계 및 기금 마련 노력을 개선하기 위해서이다. 일곱째, 재원의 요구사항들을 만족시키기 위해서이다.

2. 평가 유형

평가의 유형은 형성평가(formative evaluation)와 총괄평가(summative evaluation) 및 사회복지사 평가로 구분할 수 있는데(Hepworth & Larsen, 1993), 이들 유형에 대하여 살펴보면 다음과 같다.

1) 형성평가

형성평가는 사회복지사의 원조과정을 평가하는데 초점을 두고 있으며, 서비스 기간 동안 주기적으로 진전 상황을 평가한다면 이것은 형성평가라 할 수 있다. 즉, 사회복지실천 과정이 클라이언트의 여러 측면에 어떠한 영향을 주었는지, 사회복지사가 사용한 방법, 기법을 어떻게 경험하였고 그 영향을 어떻게 보는지 등을 검토한다(김은정 외, 2015).

이러한 형성평가를 통해서 원조과정에서 사용된 기법 및 활동들에 대한 클라이언트의 피드백은 사회복지사로 하여금 특정 기술들을 더욱 활용하거나 배제시킬 수 있도록 한다. 실천과정에서 진전에 도움이 되거나 방해가 되었던 방법과 기술에 대한 피드백은 사회복지사로 하여금 특정한 기술을 연마하고, 미래에 보다 차별화된 기법을 활용하도록 돕는다(남연희 외, 2012).

2) 총괄평가

총괄평가는 사회복지실천 과정이 시작하는 시점에서 기대했던 결과가 종결하는 시점에 얼마나 달성되었는지를 총괄적으로 평가하는 방법이다. 총괄평가는 클라이언트의 욕구 충족이나 문제해결을 돕기 위한 서비스 계획 수립 시에 사회복지사와 클라이언트가 함께 설정하였던 목표가 원하는 바대로 달성되었는지에 초점을 둔다. 이 방법은 개입의 결과가 효과적이었는지를 측정하기 위한 것이다(남연희, 2012).

클라이언트의 변화를 포함한 성과에는 다양한 요인들이 영향을 미치므로, 클라이언트 개인의 심리사회적 기능, 가족기능과 관계의 영향, 사회적 자원의 영향, 사회복지사의 특정 개입방법 등 여러 가지를 고려하여 살펴볼 필요가 있다(김은정 외, 2015).

3) 사회복지사 평가

사회복지사에 대한 평가는 사회복지사 자신의 행동, 태도 및 속성들이 원조과정에 어떠한 영향을 미쳤다고 생각하는지에 대한 피드백을 요청하는 것으로 어떠한 비판도 받아들일 각오가 되어있어야 한다 (Hepworth & Larsen, 1986).

여기에는 긍정적 혹은 부정적 평가가 모두 포함될 수 있는데, 긍정적인 평가는 사회복지사 자신의 강점에 대한 인식을 갖게 해주어, 미래에 이러한 강점을 적극 개발하여 활용할 수 있도록 자극한다. 부정적인 평가는 때로는 받아들이기 고통스럽기도 하지만 비치료적일 수 있는 사회복지사의 버릇, 태도, 행동 등에 대하여 자각토록 함으로써 사회복지사가 성장하는 지름길이 되기도 한다.

3. 평가 방법

평가 방법은 매우 다양하나 여기서는 사례연구(case study), 단일체계설계(Single System Design), 과제성취척도(Task-Achievement Scaling: TAS), 목적성취척도(Goal-Attainment Scaling: GAS), 클라이언트 만족도 설문(CSQ)를 중심으로 알아보고자 한다.

1) 사례연구

사례연구는 실천결과를 평가하는 방법 중 가장 오래된 방법이다 (Thyer, 2008). 사례연구는 클라이언트의 변화를 평가하기 위해 이야기, 도표, 그림 등을 사용하는 질적 평가의 하나로서, 사회복지사는 측정도구, 행동변화의 기록, 모니터링, 과정기록, 이론적 틀에 대한 비판, 각각의 실천요소 수행에 대한 철저한 검토, 클라이언트의 만족도 등 여러 가지 평가수단을 활용한다(Bisman, 1994, 남연희 외 역, 2012).

사례연구의 강점은 원인과 치료에 대한 반응에 관한 추론을 쉽게 보여주는 임상적 사건을 상황적 맥락 속에서 살펴볼 수 있다는 것이다(최해경, 2009).

2) 단일체계설계

단일체계설계는 가장 널리 알려진 사회복지실천 평가방법으로서, 사회복지사가 클라이언트에게 개입하기 이전과 개입 이후를 비교하여 평가하는 사전-사후(pretest-posttest)비교 방식이다. 단일체계설계는 어떤 규모의 클라이언트 체계에도 적용될 수 있으며, 개인, 가족, 집단, 프로그램, 조직, 또는 지역사회를 대상으로 할 수 있다(Johnson & Yanca, 2007, 최해경 역, 2009).

단일체계설계에서 사용되는 용어로서는 표적행동과 기초선이 있다. 표적행동은 개입을 통해 변화시키고자 하는 행동을 말하며, 반드시 관찰 및 측정이 가능하여 기록할 수 있도록 구체적인 행동을 말한다. 예를 들면, 야뇨증 아동의 경우 야뇨 횟수, 틱 장애 횟수 등을 들 수 있다. 기초선이란 개입 이전의 표적행동의 횟수, 강도, 기간을 의미하며, 개입과정 동안 관찰된 변화의 정도를 측정하기 위한 기준으로 사용된다.

이러한 단일체계설계는 몇 가지 방법이 있는데, 우선 AB설계가 있다. 여기서 A는 기초선을 말하며, B는 개입을 의미한다. 따라서 AB설계는 개입 이전의 A와 개입을 통하여 변화된 B를 비교하여 기초선과 다른 변화를 보인다면 그것은 개입의 효과라고 보는 것이다. 만약 기초선을 측정할 수 없는 상황일 경우에는 개입기간의 행동기록만 이용가능한데, 이를 B설계라고 한다.

그 외에도 단일사례설계는 두 가지의 개입방법을 적용하였을 때에는 ABC설계, 그리고 개입을 한 후 일정 기간 동안 중단하였다가 다시 원래의 방법으로 개입하는 ABAB설계 등으로 변형하여 사용할 수 있다.

3) 과제성취척도

과제성취척도는 과제중심모델을 이용한 개입과정을 평가하는데 적합한 평가방법이다. 이 방법은 개입 전의 기초선을 측정할 수 없는 경우에 유용한 방법이며, 사회복지사와 클라이언트가 합의한 과제를 완수한 정도를 5점 척도를 사용하여 평가한다.

과업성취척도는 과업수행정도의 결과만이 평가될 뿐 클라이언트의 의도나 노력, 동기 등 질적인 요소는 평가할 수 없다.

4) 목적성취척도

목적성취척도는 사회복지사와 클라이언트가 합의한 개별화된 목표의 달성 정도를 측정하기 위해 개발된 것이다. 이 방법은 클라이언트의 문제가 아니라 희망 상태에 초점을 두고 있다는 점에서 긍정적이며, 클라이언트가 여러 목적을 가지고 있고 이들이 서로 연관되어 있는 경우 그리고 목적이 쉽게 측정되지 않을 경우에 많이 활용된다. 예를 들면, 정신건강, 약물남용프로그램, 집행유예와 가석방(보호관찰) 프로그램 등과 같은 실천현장에서 많이 사용되어 왔다.

이 방법은 개입의 목표를 설정하고 나면 진행과정을 일정한 양식에 기록하게 된다. 이 양식은 모든 클라이언트에게 동일하지만 척도의 내용은 클라이언트별로 개별화 되어 있다. 이 양식에 클라이언트의 기능수행영역을 세분화하여 기록한 다음, 개입 후 각 영역의 기능이 어느 정도 향상되었는가를 주로 5점 척도를 사용하여 평가한다.

이 방법의 한계로는 목표의 결과에만 초점을 둔다는 점과 시간이 경과함에 따라 변화가 계속 유지될지에 관한 의문 등이 있다(최해경, 2009).

5) 클라이언트 만족도 설문

클라이언트 만족도 설문은 사회복지기관이 제공한 서비스에 관한 클라이언트의 의견을 구하는 것이다(Sheafor & Hore. 2006). 이 방법은 우리가 주변에서 많이 접할 수 있는 방법으로, 사회복지실천에서도 상황에 따라 개입에 대한 반응과 만족도를 알아보기 위하여 클라이언트 만족도 설문방법을 사용한다.

이 방법은 클라이언트에게 기관의 인상, 개입의 성공 여부, 사회복지사의 역량 등 원조과정의 중요한 측면들을 평가하도록 하는 것이며, 단일사례 뿐 아니라 집단 혹은 기관에서 서비스를 제공받고 있는 모든 클라이언트에게 적용될 수 있다.

이 방법의 한계는 개입의 결과로 일어난 것에 대한 클라이언트의 인식만을 파악한다는 점이다(남연희 외, 2012). 또한 클라이언트의 만족도 조사는 불만족한 클라이언트들 보다는 만족한 클라이언트의 응답률이 높은 경향이 있어 긍정적인 응답으로 결과를 왜곡하기 쉽다(최해경, 2009).

제2절 종 결

종결은 사회복지사와 클라이언트 사이의 전문적 관계가 종료되는 원조과정의 마지막 단계이다. 원조과정을 어떻게 종결하느냐는 개입의 효과를 유지하고 지속적으로 성장하는 데 영향을 미치게 되므로 마지막 단계라 하여 소홀히 해서는 안 된다.

따라서 본 절에서는 종결의 개념 과 유형 및 사회복지사의 역할 등에 대하여 알아보고자 한다.

1. 종결의 개념

종결은 사회복지 실천과정의 최종단계이며, 사회복지실천의 이상적인 마무리는 긍정적인 변화를 지속하게 하는 것으로 사회복지사의 개입이 종료된 후에도 문제를 해결할 수 있는 클라이언트 체계의 능력이 유지되도록 하는데 있다(남연희 외, 2012).

종결단계에서는 클라이언트와 사회복지사 모두 이별과 관련된 양가감정을 경험하게 된다. 즉, 서비스의 제공이 모두 끝났다는 시원함과 아울러 이젠 헤어져야 한다는 섭섭함 등이 동시에 나타나게 된다. 이때, 클라이언트가 보이는 반응은 사회복지사에 대한 애착정도, 목표의 성취도, 어린 시설 이별 경험에 따라 다양하게 나타날 수 있다. 따라서 사회복지사는 클라이언트가 이러한 감정을 잘 처리할 수 있도록 도와 줘야 한다.

원칙적으로 종결은 사회복지사의 욕구가 아니라 클라이언트의 욕구에 근거하여야 하며, 클라이언트가 더 이상 서비스를 필요로 하지 않거나 서비스를 주는 것이 더 이상 이득이 되지 않는다고 판단될 때 이루어져야 한다. 단, 클라이언트는 아직도 서비스를 필요로 하지만 기관이나 사회복지사의 사정이 허용하지 않을 때에는 다른 기관에 의뢰하여 클라이언트가 서비스를 받을 수 있도록 도울 필요가 있다(류종훈, 2006).

2. 종결단계의 과제

1) 종결시점의 결정

종결 시점의 결정에 있어서 가장 중요한 과제의 하나는 합의된 목표가 성취되었는지의 여부이다. 개입과정을 통하여 계획했던 목표를 달성하고 클라이언트 스스로가 자신의 문제를 해결할 수 있을 만큼 충분한 도움을 받았다고 느꼈을 때 종결하는 것이 가장 바람직하다.

그러나 최근 시간제한적 개입이 증가하면서 사회복지사와 클라이언트는 전문적 관계가 끝나는 시점을 알고 시작하는 경우가 많아지고 있다. 어떠한 종결이든 사회복지사는 종결 시기를 결정하기 위해서는 다음과 같은 요소들을 고려하여야 한다(Sheafor & Horejsi, 2006. 남연희 외 역, 2012).

- 계획된 목표가 달성되었는가?
- 서비스 제공이 적절하였는가?
- 클라이언트의 문제가 해결되어 현재 만족스러운가?
- 사회복지사와 기관은 만족할 만한 성과 없이 시간, 에너지, 기술을 투입하고 있는가?
- 클라이언트와 사회복지사는 개입의 필요가 없다는 결론에 도달하였는가?
- 클라이언트를 다른 기관이나 다른 전문가에게 의뢰하는 것이 더 적합한가?

사회복지사는 이런 요소들을 충분히 고려하여 종결의 시기를 결정해야 하며, 종결과정 자체가 클라이언트에게 긍정적인 경험이 될 수 있도록 노력해야 한다(김혜영 외, 2012).

2) 정서적 반응의 해결

클라이언트의 종결에 대한 반응은 슬픔, 상실감에서 자유로움까지 여러 방식으로 경험될 수 있다. 계획적이고 의도된 종결이기는 하지만 상당한 기간 동안 클라이언트의 어려움을 둘러싼 여러 가지 사안들에 대해 논의하고 목표달성을 위해 팀워크를 이루어 일한 만큼 종결을 앞두고 감정이 유발되는 것은 당연하다(김은정 외, 2015).

종결 시, 사회복지사와 클라이언트는 모두 정서적 반응을 나타낼 수 있으며, 전형적으로 분리는 복합적 감정을 내포하게 된다. 이러한 감정은 클라이언트가 원조과정 동안 이룩한 성공의 정도, 사회복지사에게 형성된 애착의 강도, 종결의 유형, 과거 클라이언트와 의미 있는 타자와의 분리 경험 등에 따라 클라이언트의 반응이 달라질 것이다.

대부분의 클라이언트는 사회복지사의 성실한 원조에 감사하고 만족을 표하나, 때로는 섭섭함과 상실감, 앞으로의 일들을 혼자 감당해야 하는 두려움 등 섭섭함과 안도감을 경험하는 양가감정을 경험하기도 한다.

사회복지사는 이러한 클라이언트의 정서적 반응을 잘 다루어야 한다. 특히 목적이 달성되지 않은 경우, 클라이언트가 사회복지사에 대한 실망, 분노 및 버림받았다는 느낌 등을 갖지 않도록 그의 감정을 수용하면서 부정적 감정을 표현할 수 있게 해주어야 한다. 그리고 사회복지사가 이직 등으로 인해 클라이언트를 떠나게 될 경우, 클라이언트의 정서적 반응을 잘 다루어야 할 것이다(최덕경 외, 2012).

사회복지사는 클라이언트의 긍정적 또는 부정적인 모든 감정을 잘 다루어 그동안 성취하였던 바가 무시되거나 감소되어 좋지 않은 결과를 가져오지 않도록 해야 한다.

3) 변화의 유지 및 안정화

사회복지사는 개입과정에서 클라이언트가 획득한 바람직한 변화를 유지하고 안정화 시켜 계속적인 성장을 할 수 있도록 도와야 한다. 변화의 안정화는 변화의 정도를 검토하는 것에서부터 시작되는데, 사회복지사는 그동안의 변화를 검토하면서 클라이언트가 변화를 가져오기 위해 무엇을 했는지 확인하고 자신이 변화의 주체임을 깨닫도록 도와야 한다(Bogo, 2006).

이렇게 함으로써 자신의 변화를 가져온 사고나 감정, 행동들과 사회적 관계 및 환경적 요인이 무엇인지 깨닫게 되고 이는, 클라이언트에게 미래에 어떠한 문제가 발생했을 경우 어떻게 접근하고 대처해야 하는지에 대한 기준을 마련할 수 있게 해준다.

또 다른 방법은 클라이언트가 원조를 요청하기 위해 처음 기관을 찾아온 상황과 비슷한 상황을 설정하고 가능한 대처방법들을 찾아보도록 하는 것이다(Johnson & Yanca, 2007). 그리고 다양한 상황을 만들어 어떻게 대처할 것인지를 연습토록 하여 대처능력을 키우는 것도 매우 유용한 방법이다.

이러한 리허설 과정에서 아직 미비한 점이나 새롭게 출현하는 어려움이 있다면 사회복지사나 기관의 여건에 따라 몇 회기를 추가하여 개입을 연장해 볼 수도 있다(김은정 외, 2015).

이 외에도 클라이언트의 환경 속에서 문제를 해결하고 대처하기 위해 유용한 자원이 무엇이 있는지 확인해 보는 것도 의미 있는 일이다.

4) 의뢰

종결과정에서 클라이언트에게 도움이 더 필요하다고 판단될 때 사회복지사는 적절한 의뢰를 해야 한다. 대부분의 클라이언트들은 여러 복합적인 문제를 갖고 있는 경우가 많으므로 1차적인 서비스가 종결되었다고 해도 우리 기관이나 담당 사회복지사가 제공할 수 없는 서비스에가 있을 경우 다른 서비스와의 연계를 제공할 수 있다.

이러한 의뢰는 신중하게 이루어져야 한다. 그렇지 않으면 의뢰에 대하여 강하게 저항할 수 있기 때문이다. 이 때 그냥 단순히 연락처 등 정보만 제공할 것이 아니라 담당자와의 공동 면담, 그 기관에서 제공 가능한 서비스와 클라이언트의 이용 가능성, 이용할 때 발생할 수 있는 잠재적 장애와 어려움 등을 타진하여 성실히 연계하여야 한다(Garvin & Seabury, 1997, 김은정 외 역).

3. 종결의 유형

종결은 사회복지실천과정 중 언제든지 일어날 수 있다. 사회복지사와 클라이언트 사이에 합의된 목표가 달성되어 클라이언트가 더 이상 사회복지사의 도움이 필요 없을 때 종결하는 것이 가장 바람직하나, 클라이언트의 진전이 없거나 클라이언트가 요구하는 서비스 및 자원을 제공할 수 없을 경우에도 종결이 일어날 수 있다.

가장 바람직한 종결의 유형으로서 사회복지사와 클라이언트가 목표가 달성되었고 충분한 변화가 이루어졌다고 믿거나, 제시된 상황이나 문제가 해결 되었을 때 일어나는 종결이다(Bogo, 2006).

목표가 달성된 종결의 경우라도 종결에 대한 클라이언트의 정서적 반응은 나타날 수 있다. 사회복지사와 클라이언트 사이에 친밀감이 높거나, 개입기간이 길어질수록 종결에 대한 두려움과 관계를 지속시키고 싶은 욕구를 나타낼 수 있다. 따라서 목표달성에 의한 종결을 하는 경우에도 정서적 반응을 다루는 것은 중요하다(남연희 외, 2012). 종결한 이후라도 클라이언트에게 새롭게 어려움이 발생한다면 언제든지 다시 찾아올 것을 알려주는 것도 정서적 반응을 다루는데 도움이 될 수 있다.

이러한 종결의 유형은 크게 '계획된 종결'과 '계획되지 않은 종결'로 나누어 설명할 수 있는데 이를 살펴보면 다음과 같다

1) 계획된 종결

(1) 시간제한에 의한 계획적 종결

대개의 경우 기관이나 사회복지사는 서비스를 제공하기에 앞서 서비스 제공 기간을 계획하고 클라이언트에게 시간제한이 있다는 것을 알려준다. 이러한 경우에는 목표 달성이 다소 미진하더라도 제한된 시간 동안만 서비스를 제공하게 된다.

사회복지실전 기관은 한정된 자원이나 기금, 규칙 등에 의해 시간제한적 개입이 현실적으로 필요할 뿐 아니라, 시간제한이 없는 장기 개입에 비해 효과성 측면에서도 별 차이가 없는 것으로 알려져 있다(Reid and Shyne, 1969).

이와 같은 종결은 기간이 미리 정해져 있기 때문에 클라이언트가 임의적으로 시간을 제한하였다고 해석하거나, 사회복지사가 자신을 버리거나 유기한다고 해석할 가능성이 감소한다. 따라서 이러한 종결은

클라이언트 입장에서는 종결에 따른 충격이 상대적으로 적고, 시간을 가지고 종결에 대한 감정을 해소할 수 있다.

(2) 시간제약에 의해 결정된 계획적 종결

시간적 구속요인에 의한 계획된 종결은 입원 기간 동안만 병원에서 제공되는 서비스, 학기 중에 실습생에 의해 제공되는 서비스 등으로 기관의 시간적 구속에 의해서 결정되는 종결유형으로 종결시간이 미리 정해진다. 종결일을 미리 아는 것은 이별에 대한 감정을 해결할 수 있는 충분한 시간을 제공할 수 있다.

그러나 예정된 종결임에도 불구하고 클라이언트는 강하게 반응할 수도 있다. 즉, 클라이언트는 문제가 적절히 해결되지 않았음에도 불구하고 서비스가 중단되었다고 생각할 수 있기 때문에, 이런 경우 사회복지사는 이별과 관련된 감정을 해결하고 필요하면 클라이언트의 문제를 다른 기관에 의뢰해 주어야 한다. 이때 사회복지사는 클라이언트에게 기관의 한계를 분명히 하면서 상호 신뢰관계에 손상이 가지 않도록 주의해야 한다.

(3) 시간제한이 없는 계획적 종결

시간제한이 없는 계획적 종결은 종결시점이 정하여지지 않았기 때문에 오히려 종결시점을 결정하는 것이 주요한 종결과제이다. 서비스가 장기화될 경우 클라이언트의 의존성이 조장될 수 있기 때문이다.

일반적으로 클라이언트가 사회복지사와의 만남에서 얻게 되는 이득이 점차 줄어들어서 이제는 그 의미가 별로 없다고 판단되는 시점이 종결시점이라고 한다. 사회복지사는 클라이언트에게 충분한 진전이 있었다고 판단되면 클라이언트에게 종결에 대해 타진해 보도록 한다. 흔히 클라이언트는 종결에 관해 언급하기를 주저하므로 사회복지사가 이 문제를 거론해 줄 필요가 있다(류종훈, 2006).

시간제한이 없는 계획적 동결은 사회복지사가 장기간에 걸쳐 클라이언트의 삶에서 중요한 역할을 수행해 왔기 때문에 클라이언트는 종결에 대해 다양한 반응을 나타낼 수 있다. 사회복지사에게 매달리거나 문제의 재발을 보고하거나 새로운 문제를 제기하는 것 등이다(김경호, 2010).

2) 계획되지 않은 종결

계획되지 않은 종결은 조기 종결을 의미하며 다음 두 가지 원인으로 설명할 수 있다(Hepworth et al. 2006).

(1) 클라이언트에 의한 일방적 종결

클라이언트에 의한 일방적 종결은 클라이언트가 갑자기 약속을 어기거나 이런 저런 이유로 올 수 없는 핑계를 대고 더 이상 자신의 문제를 노출시키려 하지 않으면서 종결을 원할 때 이루어진다. 클라이언트에 의한 일방적 종결은 클라이언트가 서비스 자체에 회의적 이거나, 사회복지사의 원조 능력을 의심하는 경우, 또는 사회복지사나 기관에 대한 저항감이 해소되지 않거나 자신의 문제가 이미 해결되었다는 비현실적인 믿음 때문일 수 있다.

이 경우 갑작스런 종결의 이유를 클라이언트와 함께 탐색할 기회를 갖는 것이 바람직하다. 클라이언트가 사회복지사에게 부정적 감정이나 저항이 있는 경우에는 이러한 문제를 해결할 기회를 갖는 것이 생산적이다. 클라이언트에 의한 일방적 종결은 해소되지 않은 저항감의 표현일 때가 있으므로 이러한 저항감의 해소가 필요하다(김경호, 2010).

그러나 사회복지사는 계속해서 서비스를 받을 것을 강요해서는 안 되며 언제든지 다시 올 수 있는 여지가 있음을 분명히 알려야 한다. 그럴 경우 클라이언트는 부가적인 서비스 때문에 다시 올 수 있고, 다시 올 때는 전보다 더 많은 동기를 가지고 오게 된다.

(2) 사회복지사의 개인적 사정으로 인한 종결

사회복지사가 직장을 옮기거나 업무변경 등 사회복지사의 개인적 사정으로 인한 종결은 클라이언트와 사회복지사 모두에게 어렵다. 이전에 중요한 관계에서 거부당한 적이 있는 클라이언트는 특히 상처받기 쉽고 죄의식을 경험할 수 있으며 자존심이 약해지게 된다.

사회복지사 또한 떠나는 죄책감을 보상하기 위해 지나치게 잘 대해주고, 재보증을 해주게 되는 경우가 많은데 이로 인해 클라이언트는 그들의 부정적 감정을 표현하기가 더 어려워질 수 있다. 이 경우 사회복지사는 클라이언트의 분노나 적개심을 수용하고 클라이언트가 다른 사회복지사로의 의뢰를 원한다면 새로운 사회복지사를 받아들일 수 있도록 도와주어야 한다.

4. 종결과정에서 사회복지사의 역할

사회복지사는 개입의 효과를 극대화하고 안정화시키기 위하여, 종결하는 과정에서 전체 개입 과정을 클라이언트와 함께 검토하면서 과정을 어떻게 진행했는지 클라이언트가 되새길 수 있도록 돕고 미래에 발생할 수 있는 문제 상황을 상상하여 적용하도록 도와야 한다. 그러기 위해서 사회복지사는 다음과 같은 전문가적 역할을 수행해야 한다(Sheafor, Horejsi & Horejsi, 1991, 최덕경 외 재인용).

첫째, 사회복지사는 종결이 급작스럽거나 예상 밖의 사건이 되지 않도록 최선을 다하여야 한다. 종결은 돕는 과정의 계약단계에서부터 논의되어야 한다. 개입은 시간 제한적이라는 것을 처음부터 클라이언트에게 주지시켜야 한다. 개입 중에 클라이언트의 진전에 대해 점검하는 것은 종결에 대해 준비할 수 있도록 해준다.

둘째, 클라이언트가 종결을 원한다 하더라도 사회복지사가 개입을 계속 진행해야 한다고 생각하는 경우 사회복지사는 계속 진행해야 하는 이유를 클라이언트에게 설명해 주면서 당장 종결을 할 경우에 생길 수 있는 부정적 결과들에 대해서도 설명해 주어야 한다. 그럼에도 불구하고 클라이언트가 여전히 종결을 원한다면 클라이언트의 의견을 존중해야 한다.

셋째, 법원 명령에 의해 제공되는 서비스의 종결은 특별한 고려가 필요하다. 사회복지사는 종결 전에 모든 명령의 조건들이 충족되었는가를 확인해야 한다. 클라이언트가 사회복지사의 권고를 끝까지 거부하고 법령을 위반하면서 종결을 바라는 경우 사회복지사는 클라이언트의 이러한 행동이 초래할 수 있는 결과를 클라이언트에게 충분히 알려주고 이 종결이 법원에 보고될 것임을 클라이언트에게 말해 주면서 이것에 대해 변호사와 상의하도록 충고해 줄 의무가 있다.

넷째, 기관의 정책이나 행정결정으로 인해 클라이언트와의 서비스 계약을 변경하고 종결해야 하는 경우 사회복지사는 클라이언트를 위해 옹호자의 역할을 수행해야 한다. 경우에 따라 사회복지사협회 같은 전문가 조직의 도움을 요청해야 할 수도 있다.

다섯째, 사회복지사는 종결이 클라이언트의 가족과 사회적 관계망 내의 다른 사람들에게 어떻게 영향을 줄 수 있는가를 예상해야 한다. 종결이 다른 사람에게 해를 줄 위험이 있다면 종결에 대해 다른 사람들에게 알리는 것이 적절하다. 물론 이러한 과정은 비밀보장 및 정보공개에 관한 법과 윤리를 준수하면서 이루어져야 한다.

여섯째, 사회복지사 자신의 심리적 욕구 때문에 종결이 어려운 경우에 주의를 기울여야 한다. 사회복지사가 클라이언트에게 필요한 사람이 되어 높이 평가받거나 존중받고자 하는 개인적 욕구 때문에 클라이언트와 면접을 지속하려고 해서는 안 된다. 사회복지사는 자기인식과 전문직으로서의 책임감 향상을 위한 노력이 필요하다.

일곱째, 종결이 가까워지면 접촉빈도를 조금씩 줄이는 것이 바람직하다. 클라이언트가 의존적인 경우에는 분리과정에서 클라이언트를 클라이언트의 비공식적 자원들과 연결하려고 노력해야 한다.

여덟째, 중요한 관계를 끝내는데 수반되는 상실과 분노의 감정을 다루어야 한다. 이러한 감정은 클라이언트가 언급하지 않더라도 사회복지사가 먼저 이야기하는 것이 필요하다.

아홉째, 공식적 종결 이후 사후관리를 위한 면접이나 전화통화는 분리 및 이별을 두려워하는 클라이언트를 안심시킬 수 있다. 아울러 클라이언트가 기관 및 사회복지사와 욕구나 필요가 생겼을 때에는 언제든 다시 도움을 받을 수 있다는 것을 클라이언트에게 알려 주어야 한다.

제 3 절 사후지도

1. 목적 및 필요성

사후지도(follow-up)는 클라이언트와 사회복지사의 공식적 관계가 종료된 다음 클라이언트가 개입목적과 관련하여 클라이언트의 기능수준에 관한 정보를 획득하는 것이다. 사후지도를 통해 사회복지사는 클라이언트가 직면하고 있는 일시적인 장애를 극복하도록 도울 수 있으며 혹은 개입이 좀더 필요한지를 알 수 있다.

사후지도는 개입을 통해 클라이언트가 얻은 이득을 강화하기 위해 클라이언트로 하여금 문제해결의 기본원칙을 파악하도록 도와주는 것으로 종결이 이루어진 후 일정기간이 지나서 클라이언트가 잘 적응하고 있는지를 점검하는 과정이다. 대개 1개월에서 6개월 사이에 진행되는데, 전화로 확인하기도 하고 면접을 실시하기도 한다(박귀영 외, 2010).

사후지도가 필요한 이유는 첫째, 사후지도는 개입이 종결된 후, 클라이언트에게 필요한 도움을 제공하기 위해서이며, 둘째, 클라이언트에게 있어서 사후지도를 위한 접촉은 이전의 개입효과를 증진시키는 촉진제 역할을 한다. 셋째, 사후지도는 전형적으로 원조과정보다 덜 공식적으로 진행되는데, 사회복지사는 클라이언트의 상황이 어떠한지를 확인하고 전문적 개입의 효과성을 점검해 볼 수 있다(최덕경 외, 2012).

2. 주요 과업

사회복지기관은 사후지도의 시기와 절차를 제도적으로 수립할 수도 있는데, 이를 종결과정에서 클라이언트에게 알려주면 도움이 된다. 이때 사회복지사는 클라이언트에게 사후지도의 목적이 클라이언트의 진전을 체크하여 도움을 주기 위한 것이라는 것을 명확히 설명해 주는 것이 좋다.

전형적으로 사후지도는 원조과정보다 덜 공식적으로 진행되는데 사회복지사는 클라이언트의 상황이 어떠한지를 확인하고 전문적 개입의 효과성을 점검해 볼 수 있다. 예를 들어, 클라이언트에게 사회복지사가 실시하였던 개입 중에서 혹은 활동 중에서 어느 것이 문제를 해결하는데 가장 도움이 되었는지 그리고 어느 것이 별로 도움이 되지 않았는지 등을 알아볼 수 있다(최덕경 외, 2012).

몇 주 혹은 몇 달이 지난 후, 사후지도에서 실시된 평가는 종결시점의 평가보다 훨씬 의미가 있을 수 있다. 사후 세션에서 아직 해결되지 않은 문제가 발견되면, 클라이언트에게 필요한 도움을 제공할 수 있다. 이 도움은 그동안 서비스를 제공하였던 사회복지사에 의해 주어질 수도 있고, 아니면 다른 사회복지사에게 의뢰할 수도 있다(Kirst-Ashman & Hull, 2009; 최덕경 외, 2012).

제 13 장

사례관리론

학습목표

① 사례관리가 등장하게 된 배경을 이해한다.
② 사례관리의 과정을 이해하고 사회복지사의 역할을 파악한다.
③ 사례관리의 원칙을 이해한다.

사례관리는 다양한 문제와 복합적인 욕구를 가진 클라이언트에게 삶의 질 향상을 위한 포괄적인 서비스를 연계하여 전달하기 위한 실천방법이다. 사회복지사는 사례관리를 위하여 서비스기관과 비공식적 자원과의 연결을 통한 지역사회와의 접촉을 위하여 정보를 제공하고 의뢰 역할을 하며 클라이언트의 심리상태를 파악하고 지속적인 개입이 이루어지도록 장기적인 관리를 하는 역할을 한다. 따라서 이 장에서는 사회복지사가 사례관리를 하기 위해 사례관리의 등장배경, 개념, 특징, 목적, 기능, 개입원칙과 사례관리의 과정, 사례관리자의 역할로 구성하고 있다.

제 1 절 사례관리의 이해

1. 사례관리의 등장배경

1) 복합적인 문제와 욕구를 가진 클라이언트의 증가

기존의 서비스는 특정 서비스를 한정된 범위에서 제공하는 형태로서 복합적인 문제와 욕구를 가진 클라이언트에게 제공하는데 한계가 있었다. 특히 노인성 질환은 대개 퇴행성 만기질환으로 장기적 보호가 필요하다. 이러한 사회적 기능상에서의 장애나 문제를 가진 노인인구의 증가로 인해 지역사회 기반의 재가보호 및 시설 서비스 체계의 사례관리를 시도하는 계기가 마련되었다.

2) 서비스 비용 억제와 서비스 전달의 효과 극대화

1970년대 복지국가 위기논쟁을 불러일으킨 국가재정 위기로 인해 정부의 공공지출의 삭감을 통한 정부역할의 축소를 가져왔다. 따라서 사회복지에 대한 정부의 개입 역할이 점차 지방자치단체와 민간기관으로 이양되어 대규모 시설의 고비용 서비스를 줄이기 위해 시설 입소보다는 비용효과가 높은 서비스를 중심으로 서비스가 중복을 피하여 재가서비스를 확대하게 되었다.

3) 탈시설화의 영향

탈시설화는 지역사회와 분리된 수용시설에서 발생한 수용보호에 따른 부작용으로 시설병, 시설신경증 등의 문제점을 해결하기 위해 사회 안에서 진료 및 재활체계를 수립해야 한다는 지역사회 정신건강 운동이 제기되었다. 탈시설화 정책의 영향으로 클라이언트들이 지역사회에 거주하게 되었으나 다양한 서비스에 각각 접근하는 것이 불가능하고 지역사회내에서 제대로 된 관리와 보호를 받지 못하는 등의 문제점들을 보완하기 위해 지역사회에 흩어져 있는 서비스를 통합적으로 제공하는 서비스관리체계가 필요하게 되었다.

4) 기존 서비스의 단편화

복잡하고 다양한 욕구를 가진 클라이언트가 증가하는 반면에 단편적인 서비스를 제공하여 클라이언트에게 필요한 서비스가 충족되지 못하는 상황이 되었고 포괄적인 서비스를 한곳에서 제공받지 못하게 되어 사례관리가 더욱 필요하게 되었다.

5) 사회적 지원체계와 지원망의 중요성에 대한 인식 증가

복합적인 욕구를 가진 클라이언트의 증가와 정부의 재정적 위기는 지역사회내에서 서비스 자원들을 이용할 수 있도록 지역사회 내의 공식, 비공식 사회적 지원망에 대한 관심이 증가하게 된 것이다. 사회복지체계의 변화에 따라 사회적 지원체계에서 비공식적 자원의 개발과 활용을 강조하게 되었으며 자원을 보다 효율적으로 관리 운영하는 방법을 모색하기 위해 사례관리가 필요하게 되었다.

6) 복잡하고 분산된 서비스체계

지방분권화에 따른 부정적인 측면을 해소하기 위해 분산되고 단편화된 서비스를 통합하고 조직하여 서비스의 중복을 막고 클라이언트의 욕구를 충족시키기 위한 사례관리가 등장하게 되었다.

7) 가족에게 부과되는 과도한 책임

지역사회 내에서 이용가능한 자원의 부족으로 인해 가족들에게 주어지는 책임이 부담이 되어서 가족들이 자원을 개발하고 연결할 수 있는 사례관리가 필요하게 되었다.

2. 사례관리의 개념

1) 사례관리의 정의

사례관리는 미시적인 동시에 거시적인 접근으로서 개별적 실천과 통합적 실천, 지역사회실천을 통합한 형태로 이루어진다. 이러한 사례관리의 일반적인 정의는 변화의 표적이 되는 개인과 환경의 문제를 동시에 중시하고 사례관리자가 개입 시 개인과 환경간의 균형을 맞추고자 하였다. 또한 사례관리는 실천뿐만 아니라 행정적인 지원, 체계적인 조정, 사례관리실천을 위한 공식적이며 비공식적인 지역사회자원의 동원을 모두 포함한다.

Moxley(1989)는 사례관리란 다양하고 복합적인 욕구를 가진 클라이언트를 대상으로 기능과 복지를 향상시키고 공식적, 비공식적 자원과 사회지지망을 최대화하기 위해 고안된 활동을 조직, 조정, 유지하는 것이라고 하였다. Moore(1990)는 사례관리를 심리치료적인 측면의 임상적 기술과 지역사회조직측면의 옹호기술이 통합되어 사회복지실천의 새로운 분야로서 클라이언트의 욕구를 충족시키기 위해 비공식

보호체계 및 공식 보호체계를 통합하여 클라이언트의 잠재력을 최대한 발휘할 수 있도록 조장하며 더 큰 사회환경 내에서 더욱 효과적으로 상호작용할 수 있도록 촉진하는 것이라고 하였다.

이를 종합하면 사례관리는 복합적인 문제와 욕구를 가진 클라이언트에게 적절한 서비스를 제공하는 실천적인 활동과 다양한 사회자원을 동원하는 활동, 서비스들을 모니터링하는 점검과 평가하는 활동까지 지속적이고 통합적으로 개입하는 방법이다.

2) 사례관리의 특징

사례관리의 특징은 다음과 같다(엄명룡 외, 2009).

첫째, 다양한 문제와 복합적인 욕구를 가진 클라이언트를 대상으로 한다.

둘째, 클라이언트의 문제해결과 치료보다 욕구충족과 보호에 더 중점을 둔다.

셋째, 클라이언트의 사회적 기능과 독립을 극대화하기 위해서 보호의 연속성과 책임성을 보장한다.

넷째, 서비스의 효과성과 효율성을 높이기 위해 포괄적인서비스를 제공하고 서비스의 조정과 점검을 실시한다.

다섯째, 클라이언트와 그들의 사화환경과의 상호작용에 관심을 집중시키며 다양한 지원체계의 광범위한 서비스를 활용한다.

여섯째, 가정방문과 같은 출장원조, 안내와 의뢰 등과 같은 적극적인 클라이언트와의 접근을 강조한다.

일곱째, 클라이언트 수준에서 클라이언트 각자의 욕구를 개별화하며 개입과정에서 클라이언트의 참여와 자기결정을 촉진시킨다.

여덟째, 개별적인 실천기술과 지역사회 실천기술을 통합한 형태이다.

3) 사례관리의 목적

사례관리의 목적은 보호의 연속성, 서비스의 통합성, 서비스에 대한 접근성, 사회적 책임이며 다음과 같다.

첫째, 보호의 연속성은 단편적인 서비스로는 충족되지 않는 복합적인 문제와 욕구를 가진 클라이언트에게 포괄적인 서비스를 제공하는 것을 말한다.

둘째, 서비스의 통합성은 클라이언트에게 제공하는 기관의 서비스와 전문가의 통합적 체계를 말한다. 또한 사례관리를 통해 서비스의 중복이나 누락을 예방할 수 있으며 서비스 제공자와의 갈등을 줄일 수 있다.

셋째, 서비스의 접근성은 클라이언트가 서비스에 접근을 어렵게 하는 기관의 자격기준, 규제, 정책, 절차 등을 완화하여 서비스에 대한 접근성을 향상시키는 것이다.

넷째, 사회적 책임은 서비스가 클라이언트의 욕구에 적합하고 적당한 시기에 적절한 방식으로 제공하는 효율적인 서비스를 제공하는 것이다.

3. 사례관리 개입원칙

사례관리는 클라이언트에게 좀더 통합적이고 체계적인 서비스를 제공하고, 클라이언트의 잠재력을 개발하고 독립적인 생활을 통해 복지를 증진시키는 것을 목적으로 한다. 이러한 사례관리의 목적을 달성하고자 하는 사례관리의 개입원칙은 다음과 같다(류종훈 외, 2013).

1) 서비스의 개별성

클라이언트의 독특한 신체적, 정서적, 사회적 상황에 따라 각 클라이언트의 욕구에 맞게 서비스를 제공하는 것이다.

2) 서비스의 포괄성

지역사회에서 클라이언트의 다양한 욕구를 충족시키기 위해 필요한 광범위한 지지를 연결하고 조정, 점검하는 것이다. 이때 필요한 도움의 유형과 범위는 매우 다양하기 때문에, 사례관리자들은 지역사회에 존재하는 잠재적 지역사회 자원에 대한 철저한 지식을 가지고 이를 활용할 수 있어야 한다.

3) 서비스의 접근성

사례관리자는 이용자를 위해 기관 또는 서비스 제공자와 접촉하여 중개역할을 맡아 쉽게 접근할 수 있도록 돕는다.

4) 서비스의 연속성

서비스의 연속성은 사례관리자가 클라이언트의 욕구를 점검하여 서비스를 지속적으로 제공한다는 것이다. 즉, 1회의 단편적인 서비스 제공이 아니라, 클라이언트가 자신의 생활현장에서 잘 적응할 수 있도록 지속적으로 원조해야 한다는 것이다.

5) 서비스의 연계성

복잡하고 분리되어 있는 서비스 전달체계를 연결하는 것을 의미한다. 예를 들어 클라이언트에게 필요한 서비스가 여러 기관에 분산되어 있을 때, 적절한 서비스를 받을 수 있도록 다른 기관에 클라이언트를 의뢰함으로써 서비스가 연계되도록 하는 것이다.

6) 서비스의 책임성

서비스 전반에 대해 전문적으로 그리고 윤리적으로 책임을 지고 역할을 수행함으로써 클라이언트의 체계에 대한 신뢰를 높인다.

제 2 절 사례관리의 과정

일반적으로 수용되는 사례관리의 단계를 접수단계(Intake), 사정, 계획수립, 실행, 점검 및 재평가, 평가 및 종결로 나누어 설명하면 다음과 같다(류종훈 외, 2013).

1) 인테이크(Intake)

이 단계의 목적은 가장 적절한 클라이언트를 확인하고 등록하는 것이다. 이 과정에서 사례관리자의 과업은 원조를 필요로 하는 클라이언트의 장애나 욕구를 개략적으로 파악하고, 또 사례관리를 통해 제공해 줄 수 있는 원조의 내용을 클라이언트에게 상세히 설명하여 클라이언트가 그러한 원조를 수령할 것인지의 여부를 확인하고 계약하는 일이 중심이 된다. 인테이크는 사례발견, 다시 말해 욕구상태에 있는 지를 확인하는 것에서부터 시작될 수 있는 데 현재 욕구상태에 있거나 잠재적 욕구상태에 있는 자를 확인하는 방법으로는 의뢰, 클라이언트의 자발적 기관방문, 아웃리치(Outreach) 여러 가지 통로가 있을 수 있다.

2) 사정(Assessment)

심사(Screening)를 통해 클라이언트가 사례관리 서비스를 받을 자격이 있다고 판단되면 사정이 계획된다. 이는 개입, 치료양식을 선택할 목적으로 클라이언트의 문제와 상황을 검토하기 위한 절차이다. 사례발견과 스크리닝(Screening)이 적절한 사람으로 하여금 적합한 사례관리 서비스를 받도록 하는 것이라면, 사정은 심사(Screening)를 넘어서 클라이언트의 욕구와 자원을 전 범위에 걸쳐 다차원적으로 파악하고, 앞으로 이루어질 개입이 어느 정도로 효과적인지를 결정짓는 데 중요한 역할을 담당한다. 또한 사정이 해결되어야 할 문제와 케어의 목적을 확인하는 데 초점을 둔 것이라면, 이후에 나올 케어 계획은 이들 욕구를 충족시킬 수 있는 적절한 수단의 실제적 선택에 초점을 둔다. 즉 사정은 보호의 목적과 맞닿아 이는 문제의 명확화에 초점을 맞추며, 계획은 서비스 제공자와 교섭하거나 조정하는 등 이들의 욕구를 충족함에 적절한 수단을 구체적으로 선택하는 것에 초점을 맞추는 것이다.

3) 계획

욕구가 사정되고 나면 실천가는 그러한 욕구에 이용 가능한 자원을 연결시키기 위해 일련의 케어계획을 수립하게 된다. 케어계획은 확인된 클라이언트의 문제, 성취될 결과, 목표달성을 위해 추구되는 서비스 등에 관해 클라이언트, 사회적 관계망, 다른 전문가, 사례관리자가 합의를 발달시켜 나가는 일련의 과정이다. 사정에 의해 욕구의 우선순위가 정해졌다면 계획은 이와 동일한 순으로 이루어져야 한다. 욕구가 변할 수 있음을 감안하여 계획은 충분한 융통성을 갖고 마련되어야 한다. 계획단계의 목적이 확인된 욕구에 적합한 개입 방안을 마련하는 것이므로 사례관리자는 서비스 이용자 및 보호자의 자원에 대한 좀 더 심도 있는 탐색을 수행해야 하며 이들 자원보다 잘 이용할 수 있는 방법에 대해서도 고찰해야 한다.

4) 개입

필요한 양질의 서비스나 자원을 확보하여 제공되는 것과 관련된 이 단계는 두 부분으로 나누어질 수 있다. 하나는 사례관리자에 의해 클라이언트에게 제공되는 직접적인 서비스와 관련되고, 하나는 다른 자원체계에 의해 제공되는 직접적 개입은 클라이언트의 서비스 접근과 활동기술 및 능력을 고양시키려는 노력에 관계되는 것으로, 대표적인 경우는 클라이언트를 교육시키는 것, 클라이언트의 결정 및 행동을 격려 지지하는 것, 위기 동안에 적절히 개입하는 것, 클라이언트를 동기화시키는 것 등을 들 수 있다.

5) 점검

클라이언트를 사정하고 케어(Care) 계획을 세운 후에 사례관리자는 클라이언트의 상황과 제공되는 서비스의 질에 대한 계속적인 평가를 수행해야 한다. 이런 과정을 통해 때로 케어 계획은 수정되기도 한다. 복합적인 욕구를 가진 클라이언트일수록 사례관리자가 점검과 재평가에 드는 시간 및 노력은 크다. 기존의 계획대로 클라이언트에게 만족스러운지 또는 어떤 변화가 필요한지를 지속적으로 알아보는 일이라면, 재평가는 기존의 계획이 제대로 수행되고 있는지를 평가하는 활동이다.

6) 평가 및 종결

사례관리에서 결과를 평가하는 것은 매우 중요하다. 평가는 서비스 계획, 서비스 구성요소, 사례관리자에 의해 동원 조정된 서비스 활동이 가치있는 것인지 여부를 결정하기 위해 이용되는 과정이다. 사례관리자는 클라이언트가 사례관리 과정에 참여한 결과로서 어떤 바람직한 혜택을 받았는지 여부에 관심을 가져야 한다. 평가기능은 이 목적을 달성하기 위해 이용된 하나의 기능인 것이다. 점검이 계획된 방법대로 실행되었는지 여부에 일차적인 초점을 맞추는 것이라면 평가는 이러한 활동이 바람직한 결과를 초래했는지 여부에 초점을 둔다. 사례관리 서비스에 있어서 종결을 논하는 것은 사례관리 대상층들이 만성적이고 점점 악화되어 가는 상황에 놓여 있기 때문에 다른 단기 개입보다 훨씬 어렵다. 이러한 사례관리자가 떠난다거나 클라이언트가 죽거나 하는 경우이며 이러한 상황이 발생하면 종결은 진행되고 이때는 개인이나 가족서비스를 제공한 자원체계가 전부 관여된다.

제 3 절 사례관리자의 역할

사례관리자의 역할은 다음과 같다(류종훈 외, 2013)

1. 통합 조정자의 역할

사례관리자의 역할 중 가장 우선되는 것은 통합 조정자(coordinator)의 역할이다. 사례관리자는 한 사례를 담당하여, 종결할 때까지 제공되는 모든 서비스를 총괄하고 서로 중복되지 않으며 협력하여 개입의 효과와 책임성을 높일 수 있도록 조정한다. 사례관리자는 클라이언트의 욕구의 정도와 다양성에 대해 잘 알고 있어야 하고, 사례관리 프로그램을 조직하고, 이들에게 제공되는 다른 개입과정과 지역사회 안에서의 유용한 지지적 자원의 관계를 알맞게 조정해야 한다.

2. 옹호자의 역할

사례관리자는 클라이언트를 옹호함으로써, 이들이 자신들의 권리를 찾고 정부와 지역사회로부터 유익한 자원을 활용하도록 돕는다. 이를 위해 정보제공과 교육, 지역사회조직과 사회제도상의 개선을 시도한다.

옹호 전략은 직접 담당자에게 항의하는 것, 특정한 지식을 활용하는 것, 담당자의 상관에게 항의하는 것, 공식적 민원신고를 이용하는 것, 외부 권위에 항의하는 것, 법적 대응을 하는 것 등이다. 예를 들어 지역주민들이 그룹 홈 유치를 제지하려 할 때, 영향력 있는 유지들을 동원하여 공청회를 개최함으로써 상황을 유리하게 이끌어낼 수 있다.

3. 공동협력자의 역할

사례관리자는 서비스를 제공하는 타 조직이나 기관의 직원들과 협의하여야 한다. 이를 위해 사례관리자는 팀 접근의 진행과정을 잘 이해하고 팀에서 공동 협력하는 역할을 담당한다. 팀 접근은 다음의 단계를 가진다.

1) 역할분리

팀 접근을 시도하는 처음 단계에서는 역할이 통합되지 않으며, 겉으로 표현되지 않은 불안과 경쟁심이 야기된다.

2) 지나친 기대와 실망

역할의 분리는 팀의 공동목적을 달성하기 위한 복잡한 과정을 지나치게 단순화하여 결국은 서로에 대한 분노, 실망감을 갖게 되고 경직된 자신의 역할만을 고집하는 결과를 빚게 된다.

3) 현실적인 기대단계

점차적으로 전문가들은 팀의 목적을 달성하기 위해 서로에 대한 기대를 현실적 수준으로 낮추게 된다.

4) 적응

통합적인 협동관계로의 발전이 더욱 명백해진다.

5) 역할의 통합

통합단계에 이르게 되면 팀은 대상자의 환경을 바라보지 않고, 오히려 전체적이고 체계적인 개인과 환경간의 관계를 고려하려 한다. 통합단계에 이르기 위해 전문가들은 사정, 계획, 다른 목표나 과업에 관해 개방적이고 안전한 분위기에서 전문적 견해를 상호 교환할 수 있어야 한다. 사례관리자가 이러한 역할을 잘 수행하기 위해서는 적절한 숫자의 사례대상자를 유지하는 것이 중요하다. 또한 사례관리자의 지도감독자를 두는 것 또한 중요하다.

부 록

<부록 1> 우리나라 사회복지사 윤리강령

〈전문〉

사회복지사는 인본주의·평등주의 사상에 기초하여, 모든 인간의 존엄성과 가치를 존중하고 천부의 자유권과 생존권의 보장활동에 헌신한다. 특히 사회적·경제적 약자들의 편에 서서 사회정의와 평등·자유와 민주주의 가치를 실현하는 데 앞장선다. 또한 도움을 필요로 하는 사람들의 사회적 지위와 기능을 향상시키기 위해 저들과 함께 일하며, 사회제도 개선과 관련된 제반활동에 주도적으로 참여한다. 사회복지사는 개인의 주체성과 자기결정권을 보장하는 데 최선을 다하고, 어떠한 여건에서도 개인이 부당하게 희생되는 일이 없도록 한다. 이러한 사명을 실천하기 위하여 전문적 지식과 기술을 개발하고, 사회적 가치를 실현하는 전문가로서의 능력과 품위를 유지하기 위해 노력한다. 이에 우리는 클라이언트·동료·기관 그리고 지역사회 및 전체 사회와 관련된 사회복지사의 행위와 활동을 판단·평가하며, 인도하는 윤리기준을 다음과 같이 선언하고 이를 준수할 것을 다짐한다.

〈윤리기준〉

Ⅰ. 사회복지사의 기본적 윤리기준

1. 전문가로서의 자세

1) 사회복지사는 전문가로서의 품위와 자질을 유지하고, 자신이 맡고 있는 업무에 대해 책임을 진다.
2) 사회복지사는 클라이언트의 종교·인종·성·연령·국적·결혼상태·성취향·경제적 지위·정치적 신념·정신, 신체적 장애·기타 개인적 선호, 특징, 조적, 지위를 이유로 차별대우를 하지 않는다.
3) 사회복지사는 전문가로서 성실하고 공정하게 업무를 수행하며, 이

과정에서 어떠한 부당한 압력에도 타협하지 않는다.

4) 사회복지사는 사회정의 실현과 클라이언트의 복지 증진에 헌신하며, 이를 위한 환경조성을 국가와 사회에 요구해야 한다.

5) 사회복지사는 전문적 가치와 판단에 따라 업무를 수행함에 있어, 기관 내외로부터 부당한 간섭이나 압력을 받지 않는다.

6) 사회복지사는 자신의 이익을 위해 사회복지전문직의 가치와 권위를 훼손해서는 안 된다.

7) 사회복지사는 한국사회복지사협회 등 전문가 단체 활동에 적극 참여하여, 사회정의 실현과 사회복지사의 권익옹호를 위해 노력해야 한다.

2. 전문성 개발을 위한 노력

1) 사회복지사는 클라이언트에게 최상의 서비스를 제공하기 위해, 지식과 기술을 개발하는 데 최선을 다하며, 이를 활용하고 전파할 책임이 있다.

2) 클라이언트를 대상으로 연구하는 사회복지사는 저들의 권리를 보장하기 위해, 자발적이고 고지된 동의를 얻어야 한다.

3) 연구과정에서 얻은 정보는 비밀보장의 원칙에서 다루어져야 하고, 이 과정에서 클라이언트는 신체적·정신적 불편이나 위험·위해 등으로부터 보호되어야 한다.

4) 사회복지사는 전문성을 개발하기 위해 노력하되, 이를 이유로 서비스의 제공을 소홀히 해서는 안 된다.

5) 사회복지사는 한국사회복지사협회 등이 실시하는 제반교육에 적극 참여하여야 한다.

3. 경제적 이득에 대한 태토

1) 사회복지사는 클라이언트의 지불능력에 상관없이 서비스를 제공해야하며, 이를 이유로 차별대우를 해서는 안 된다.

2) 사회복지사는 필요한 경우에 제공된 서비스에 대해, 공정하고 합리적으로 이용료를 책정해야 한다.

3) 사회복지사는 업무와 관련하여 정당하지 않은 방법으로 경제적 이

득을 취하여서는 안 된다.

II. 사회복지사의 클라이언트에 대한 윤리기준

1. 클라이언트와의 관계

1) 사회복지사는 클라이언트의 권익옹호를 최우선의 가치로 삼고 행동한다.
2) 사회복지사는 클라이언트에 대하여 인간으로서의 존엄성을 존중해야 하며 전문적 기술과 능력을 최대한 발휘한다.
3) 사회복지사는 클라이언트가 자기결정권을 최대한 행사할 수 있도록 도와야 하며, 저들의 이익을 최대한 대변해야 한다.
4) 사회복지사는 클라이언트의 사생활을 존중하고 보호하며, 직무수행 과정에서 얻은 정보에 대해 철저하게 비밀을 유지해야 한다.
5) 사회복지사는 클라이언트가 받는 서비스의 범위와 내용에 대해, 정확하고 충분한 정보를 제공함으로써 알 권리를 인정하고 존중해야 한다.
6) 사회복지사는 문서·사진·컴퓨터 파일 등의 형태로 된 클라이언트의 정보에 대해 비밀보장의 한계·정보를 얻어야 하는 목적 및 활용에 대해 구체적으로 알려야 하며, 정보공개 시에는 동의를 얻어야 한다.
7) 사회복지사는 개인적 이익을 위해 클라이언트와의 전문적 관계를 이용하여서는 안 된다.
8) 사회복지사는 어떠한 상황에서도 클라이언트와 부적절한 성적 관계를 가져서는 안 된다.
9) 사회복지사는 사회복지 증진을 위한 환경조성에 클라이언트를 동반자로 인정하고 함께 일해야 한다.

2. 동료의 클라이언트와의 관계

1) 사회복지사는 적법하고도 적절한 논의 없이 동료 혹은 다른 기관의 클라이언트와 전문적 관계를 맺어서는 안 된다.
2) 사회복지사는 긴급한 사정으로 인해 동료의 클라이언트를 맡게 된 경우, 자신의 의뢰인처럼 관심을 갖고 서비스를 제공한다.

III. 사회복지사의 동료에 대한 윤리기준

1. 동료

1) 사회복지사는 존중과 신뢰로써 동료를 대하며, 전문가로서의 지위와 인격을 훼손하는 언행을 하지 않는다.
2) 사회복지사는 사회복지전문직의 이익과 권익을 증진시키기 위해 동료와 협력해야 한다.
3) 사회복지사는 동료의 윤리적이고 전문적인 행위를 촉진시켜야 하며, 이에 반하는 경우에는 제반 법률규정이나 윤리기준에 따라 대처해야 한다.
4) 사회복지사가 전문적인 판단과 실천이 미흡하여 문제를 야기시켰을 때에는, 적절한 조치를 취하여 클라이언트의 이익을 보호해야 한다.
5) 사회복지사는 전문직 내 다른 구성원이 행한 비윤리적 행위에 대해, 제반 법률규정이나 윤리기준에 따라 조치를 취해야 한다.
6) 사회복지사는 동료 및 타 전문직 동료의 직무 가치와 내용을 인정·이해하며, 상호간에 민주적인 직무관계를 이루도록 노력해야 한다.

2. 슈퍼바이저

1) 슈퍼바이저는 개인적인 이익의 추구를 위해 자신의 지위를 이용해서는 안 된다.
2) 슈퍼바이저는 전문적 기준에 의해 공정하게 책임을 수행하며, 사회복지사 수련생 및 실습생에 대한 평가는 저들과 공유해야 한다.

3) 사회복지사는 슈퍼바이저의 전문적 지도와 조언을 존중해야 하며, 슈퍼바이저는 사회복지사의 전문적 업무수행을 도와야 한다.
4) 슈퍼바이저는 사회복지사, 수련생 및 실습생에 대해 인격적·성적으로 수치심을 주는 행위를 해서는 안 된다.

Ⅳ. 사회복지사의 사회에 대한 윤리기준

1) 사회복지사는 인권존중과 인간평등을 위해 헌신해야 하며, 사회적 약자를 옹호하고 대변하는 일을 주도해야 한다.
2) 사회복지사는 필요한 사회서비스를 개발하고 위한 사회정책의 수립·발전·입법·집행을 요구하고 옹호해야한다.
3) 사회복지사는 사회환경을 개선하고 사회정의를 증진시키기 위한 사회정책의 수립·발전·입법·집행을 요구하고 옹호해야 한다.
4) 사회복지사는 자신이 일하는 지역사회의 문제를 이해하고, 그것을 해결하는 일에 적극적으로 참여해야 한다.

Ⅴ. 사회복지사의 기관에 대한 윤리기준

1) 사회복지사는 기관의 정책과 사업목표의 달성, 서비스의 효율성과 효과성의 증진을 위해 노력함으로써, 클라이언트에게 이익이 되도록 해야 한다.
2) 사회복지사는 기관의 부당한 정책이나 요구에 대하여, 전문직의 가치와 지식을 근거로 이에 대응하고 즉시 사회복지윤리위원회에 보고해야 한다.
3) 사회복지사는 소속기관 활동에 적극 참여함으로써, 기관의 성장·발전을 위해 노력해야 한다.

Ⅵ. 사회복지윤리위원회의 구성과 운영

1) 한국사회복지사협회는 사회복지윤리위원회를 구성하여, 사회복지윤리실천의 질적인 향상을 도모하여야 한다.
2) 사회복지윤리위원회는 윤리강령을 위배하거나 침해하는 행위를 접수 받아, 공식적인 절차를 통해 대처하여야 한다.

3) 사회복지사는 한국사회복지사협회의 윤리적 권고와 결정을 존중하여야 한다.

Ⅶ. 사회복지사 선서

사회복지사 자격증을 취득하고 사회복지사로서 일하게 되는 사람은 일을 시작하기 전에 사회복지사로서의 의무와 책임을 다하고 윤리강령을 준수할 것을 맹세하는 선서를 한다.

<부록 2> 가족사정 기록지

1) 의뢰 및 상담자

상담 일시		상담 시간		상담자	
상담 장소	□방문 □내방 □전화	의뢰 기관		의뢰자	
				관계	

2) 가족의 일반적인 특성

주소											
전화 번호			긴급연락처								
			성명					관계			
종교	□기독교 □천주교 □불교 □없다 □기타										
학력	□무학 □초퇴/졸/재 □중퇴/졸/재 □고퇴/졸/재 □대재 □대졸이상										
보호 구분	□국민기초생활보장수급자(□의료보호 1종 □의료보호 2종) □취로사업 □보훈대상 □보훈대상 □저소득 □일반 □조건부수급자 □교육특례 □의료특례 □기타(　　　)										
가족 사항	구분	관계	성명	성별	연령	주민번호	학력	직업	동거 여부	건강 및 장애상황	비고
	ct1										
	ct2										
	ct3										
	ct4										
	ct5										
가 계 도											

3) 의식주 영역

항 목		가족종합평가	특정 가족원의 평가/( )
1) 의생활	구비 여부 (속옷, 계절옷)	□적절 □부족 (경제적문제, 의식의 문제)	□적절 □부족 (경제적문제, 의식의 문제)
	욕구부합	□만족 □보통 □불만족	□만족 □보통 □불만족
	청 결	□상 □중 □하(사유:)	□상 □중 □하(사유:)

의생활 종합평가					
사정 내용		기제공 서비스		요구되는 서비스	

항목		가족 종합평가	특정가족원평가/( )	사유
2) 식생활	(1) 식사횟수		□양호	
			□1끼 결식	□건강문제 □경제문제 □귀찮아서 □보호상의문제
			□2끼 결식	□건강문제 □경제문제 □귀찮아서 □보호상의문제
	(2) 식사의 질		□3찬 이상의 질 높은 식사를 하고 있다	
			□3찬 이상의 질 낮은 식사를 하고 있다	□건강문제 □경제문제 □귀찮아서 □보호상의문제
	(3) 부식비지출 (1인기준)	□5만 원 미만(사유:) □10~15만 원		□5~10만 원 □15만 원 이상(사유:)

식생활 종합평가					
사정 내용		기제공 서비스		요구되는 서비스	

3) 주거환경			
	안정성	□안정 □불안정( )	
	형 태	□아파트 □단독주택 □다세대주택 □빌라 □기타( ) □(반)지하 □1층 □2층 □3층이상 □옥탑	방개
	환 경	□ 부엌 □화장실(단독, 공용) □식수(단독, 공용) □목욕시설□ 난방( ) □세탁기 □냉장고 □전화 □TV	
	기능성	□적절 □ 노후( ) □고장( ) □마비( )	
	안정성	□안전 □불안전(사유:)	
	쾌적성	□청결/쾌적 □보통 □불결/불량( )	

주거환경 종합평가					
사정 내용		기제공 서비스		요구되는 서비스	

4) 신체 · 정신건강 영역

<table>
<tr><td rowspan="2">신체 · 정신건강 영역의 어려움을 가진 구성원</td><td>□있다</td><td>누구</td><td></td><td>종류</td><td>□신체 □정신
□장애</td></tr>
<tr><td>□없다</td><td colspan="4"></td></tr>
<tr><td colspan="6">신체 · 정신건강 종합평가</td></tr>
<tr><td>사정내용</td><td></td><td>기제공 서비스</td><td></td><td>요구되는 서비스</td><td></td></tr>
</table>

5) 여가생활 영역

<table>
<tr><td colspan="2">여가생활 종합평가</td></tr>
<tr><td>개인</td><td>가족이 함께하는 활동</td></tr>
<tr><td>◈ 가족 개개인이 여가를 어떻게 활용하는지 체크하며 건강한 여가생활을 하는지 기록한다.</td><td>◈ 가족이 함께하는 여가활동이 어떤 것이 있으며 건강한 가족 여가활동이 이루어지고 있는지 기록한다.</td></tr>
<tr><td>기제공 서비스</td><td>필요 서비스</td></tr>
<tr><td></td><td></td></tr>
</table>

6) 경제영역

<table>
<tr><th colspan="3">수 입</th><th colspan="3">지 출</th></tr>
<tr><td>월급</td><td colspan="2"></td><td>집세(임대료)</td><td colspan="2"></td></tr>
<tr><td>공적 부조</td><td colspan="2"></td><td>주거관리비
(수도+전기 등)</td><td colspan="2"></td></tr>
<tr><td>후원금</td><td colspan="2"></td><td>부채 상환</td><td colspan="2"></td></tr>
<tr><td>자녀(친척)의
경제적 지원</td><td colspan="2"></td><td>의료비</td><td colspan="2"></td></tr>
<tr><td rowspan="5">기타 수입(이자수입,
폐품수집) 등</td><td rowspan="5" colspan="2"></td><td>교육비</td><td colspan="2"></td></tr>
<tr><td>난방비</td><td colspan="2"></td></tr>
<tr><td>주・부식비</td><td colspan="2"></td></tr>
<tr><td>저축・보험</td><td colspan="2"></td></tr>
<tr><td>기 타</td><td colspan="2"></td></tr>
<tr><td>합계</td><td colspan="2"></td><td>합계</td><td colspan="2"></td></tr>
<tr><td colspan="6">경제 종합 평가</td></tr>
<tr><td>사정내용</td><td></td><td>기제공
서비스</td><td></td><td>요구되는
서비스</td><td></td></tr>
</table>

7) 교육영역

가족구성원	교육욕구(normative desire)	교육 참여 여부	평가

8) 종합평가

영 역		사정내용	기제공 서비스	요구되는 서비스	가능 여부	서비스 자원	장애요인
의식주	의생활						
	식생활						
	주거 환경						
건강	신체 건강						
	정신 건강						
여가생활							
경제영역							
교육영역							
생활주기 (　　　)							
W'er Comment							

<부록 3> 인테이크 기록지

인테이크 기록지

접수연월일 : 년 월 일
담당 사회복지사 : (인)

담당	과장	부장	관장

1. 가족 및 구성원

대상자명				종 교		주민번호	
대상자 분류	아동·청소년( ), 노인( ), 장애인( ), 가족구성형태( )						
	일반수급( ), 조건부 수급( ), 자활특례( ), 차상위( ), 저소득( ), 일반( )						
	의료보장	의료보호 1종( ), 2종( ), 직장의료보험( ), 지역의료보험					
주 소							
전화번호				의뢰경위			
가족사항	관계	성명	생년월일	직업	종교	동거여부	비고

2. 스크리닝 판정 미 사유

판정결과	( )잠재적 대상, ( )의뢰대상, ( )정보제공대상, ( )서비스 거부, ( )종결
판정사유	

3. 가계도 / 생태도

가계도	생태도

4. 개인력 / 가족력

1) 개인력   2) 가족력

5. 가족 및 사회적 관계

6. 사회적 상황

경제상황	(수입/생활비/저축/부채 등)
건강상황	(장애/병력/진단 및 치료여부 등)
주거상황	(주거형태/방/화장실/난방종류/채광/환기 등)
사회심리적 상황	(생활형태/사회적관계망/심리정서적 상태 등)

7. 일상생활수행능력(ADL, IADL)

8. 대상자 욕구

9. 자원활용상황

공식적 자원	비공식적자원

10. 클라이언트 태도와 반응 및 사회복지사 의견

11. 서비스 계획

문제 및 욕구	서비스 계획

<부록 4> 사정도구틀

사정도구틀

대상자명 :
일 시 :
담당 사회복지사 :

담당	과장	부장	관장

영역	내용	평가기준	배점기준	평가	비고
경제상황(40)	수입(10)	최저생계비 기준이하	10		
		최저생계비의 120% 이하	8		
		최저생계비의 150% 이하	6		
	지출(10)	수입의 90% 이상	10		
		수입의 80% 이상	8		
		수입의 70% 이상	6		
	주거형태(10)	가건물(비닐하우스 등)	10		
		월세	8		
		무료임대	6		
		전세	4		
		자가	0		
	부채(5)	재산의 30% 이상	5		
		재산의 30% 이하	2		
	법정기준(5)	의료보호 1종	5		
		의료보호 2종	4		
		조건부, 특례	3		
		저소득	2		
의료 및 건강(40)	장애유무(10)	1급	10		
		2~3급	8		
		4~6급	6		

<table>
<tr><td rowspan="6"></td><td rowspan="3">질병정도(20)</td><td colspan="2">만성질환(평생)</td><td>20</td><td></td><td></td></tr>
<tr><td colspan="2">장기치료가 필요한 질병</td><td>16</td><td></td><td></td></tr>
<tr><td colspan="2">단기치료가 필요한 질병</td><td>12</td><td></td><td></td></tr>
<tr><td rowspan="3">ADL(10)</td><td colspan="2">하</td><td>10</td><td></td><td></td></tr>
<tr><td colspan="2">중</td><td>5</td><td></td><td></td></tr>
<tr><td colspan="2">상</td><td>0</td><td></td><td></td></tr>
<tr><td rowspan="13">심리 · 사회 영역(40)</td><td rowspan="3">생활상태(10)</td><td colspan="2">독거</td><td>10</td><td></td><td></td></tr>
<tr><td colspan="2">보호가 필요한 질병</td><td>8</td><td></td><td></td></tr>
<tr><td colspan="2">동거가족</td><td>0</td><td></td><td></td></tr>
<tr><td rowspan="4">사회관계망(10)</td><td colspan="2">전혀없음</td><td>10</td><td></td><td></td></tr>
<tr><td colspan="2">비공식지원체계</td><td>6</td><td></td><td></td></tr>
<tr><td colspan="2">공식지원체계</td><td>4</td><td></td><td></td></tr>
<tr><td colspan="2">공식+비공식지원체계</td><td>0</td><td></td><td></td></tr>
<tr><td rowspan="3">지지체계(10)</td><td colspan="2">없음</td><td>10</td><td></td><td></td></tr>
<tr><td rowspan="2">있음</td><td>비정기</td><td>5</td><td></td><td></td></tr>
<tr><td>정기</td><td>0</td><td></td><td></td></tr>
<tr><td rowspan="3">심리 · 사회 상태(10)</td><td colspan="2">매우 불안</td><td>10</td><td></td><td></td></tr>
<tr><td colspan="2">불안</td><td>5</td><td></td><td></td></tr>
<tr><td colspan="2">안정</td><td>0</td><td></td><td></td></tr>
<tr><td colspan="2">사회복지사의 평가(40)</td><td colspan="2">종합검토</td><td>0～40</td><td></td><td></td></tr>
<tr><td colspan="2">총점</td><td colspan="2"></td><td></td><td></td><td></td></tr>
<tr><td>판정결과</td><td colspan="6">□집중형(90%이상), □일반형(80～89%이상), □단순형(70～79%이상)</td></tr>
<tr><td>기타의견</td><td colspan="6"></td></tr>
</table>

○○(종합)사회복지관

<부록 5> 요보호대상자 관리카드

요보호대상자 관리카드

작성일 년 월 일

<table>
<tr><td>성명</td><td colspan="2"></td><td>종교</td><td></td><td>주민번호</td><td colspan="2"></td></tr>
<tr><td>주소</td><td colspan="4"></td><td>연락처</td><td colspan="2"></td></tr>
<tr><td rowspan="6">가족사항</td><td>관계</td><td>성명</td><td>생년월일</td><td>직업</td><td>종교</td><td>동거여부</td><td>비고</td></tr>
<tr><td></td><td></td><td></td><td></td><td></td><td></td><td></td></tr>
<tr><td></td><td></td><td></td><td></td><td></td><td></td><td></td></tr>
<tr><td></td><td></td><td></td><td></td><td></td><td></td><td></td></tr>
<tr><td></td><td></td><td></td><td></td><td></td><td></td><td></td></tr>
<tr><td></td><td></td><td></td><td></td><td></td><td></td><td></td></tr>
<tr><td rowspan="5">연락처</td><td colspan="5">주소</td><td colspan="2">연락처</td></tr>
<tr><td>가족</td><td colspan="4"></td><td colspan="2"></td></tr>
<tr><td>통 · 반장</td><td colspan="4"></td><td colspan="2"></td></tr>
<tr><td>사회복지
전문요원</td><td colspan="4"></td><td colspan="2"></td></tr>
<tr><td>기타</td><td colspan="4"></td><td colspan="2"></td></tr>
<tr><td rowspan="2">주거사항</td><td colspan="7">자가 전세 월세 무료 기타</td></tr>
<tr><td colspan="4">방수 개</td><td colspan="3">부엌 유 · · 무</td></tr>
<tr><td rowspan="2">경제사항</td><td>월수입</td><td colspan="2">월 원</td><td colspan="2">복지단체후원금</td><td colspan="2">월 원</td></tr>
<tr><td>정부지원금</td><td colspan="2">월 원</td><td colspan="2">기 타</td><td colspan="2">월 원</td></tr>
<tr><td>원 하 는
욕구</td><td colspan="7"></td></tr>
<tr><td>건강상태</td><td colspan="7"></td></tr>
<tr><td rowspan="2">사회복지
사 소견</td><td colspan="2">서비스 대상판정</td><td colspan="5">단순형 일반형 집중형</td></tr>
<tr><td colspan="2"></td><td colspan="5"></td></tr>
</table>

○○(종합)사회복지관

<부록 6> 서비스 계획

서비스 계획

담당	과장	부장	관장

대상자명 :
일　　시 :
담당 사회복지사 :

클라이언트의 및 문제 및 욕구	결과목표	서비스 목표	서비스 실행방법

○○(종합)사회복지관

<부록 7> 서비스 동의서

서비스 동의서

담당	과장	부장	관장

1. 서비스 종류

서비스 명	내용	비고	서비스 명	내용	비고

2. 서비스 조정 및 중단

서비스 조정	• 서비스 이용자에게 적절하지 않거나 서비스 제공목적에 어긋날 때 • 서비스 이용자의 부적절한 서비스 요구가 있을 경우
서비스 중단	• 서비스 이용자가 서비스를 중단의 의사가 있을 경우 • 다른 지역으로 이주를 하였을 경우 • 3개월 이상 연락이 끊겼을 경우 • 타 기관과 서비스가 중복되었을 경우

3. 서비스 이용자의 의무

서비스 이용자는 신상의 어려움이나 경제적인 변동이 있을 경우 복지관에 알려야 하며, 어려움을 해결하기 위해 같이 노력하여야 한다.

서비스 제공일 : 년 월 일~ 년 월 일

본 동의서는 ○○복지관에서 제공되는 서비스에 대하여 본 기관과 이○○님이 상호 협의한 내용이며, 매년 1월 재작성을 원칙으로 한다. 또한 서비스 제공에 있어 문제 및 어려움이 있을 경우 서비스 이용자와 복지관과의 상호 협의를 통하여 조정이 가능하다(단, 생활에 큰 변화가 없을 시 다시 작성하지 않을 수 있다)

년 월 일

서비스 이용자 : (인) 담당 사회복지사 : (인)

○○(종합)사회복지관

<부록 8> 서비스 점검표

서비스 점검표

대상자명 :
일 시 :
담당 사회복지사 :

담당	과장	부장	관장

계획목표	서비스 실행내용	서비스 이행 및 목표성취정도	사회복지사 의견
		① ② ③ ④	
		① ② ③ ④	
		① ② ③ ④	
		① ② ③ ④	
		① ② ③ ④	

욕구변화		
환경변화		
사회복지사 의견		□ 재사정 □ 유 지

○○(종합)사회복지관

<부록 9> 재사정 기록지

재사정 기록지

재사정 연월일 :
담당 사회복지사 :

담당	과장	부장	관장

<table>
<tr><td colspan="8">클라이언트 개인사항</td></tr>
<tr><td>관리번호</td><td></td><td>성명</td><td></td><td>종교</td><td></td><td>주민번호</td><td></td></tr>
<tr><td rowspan="3">대상자
분 류</td><td colspan="7">아동·청소년( ), 노인( ), 장애인( ), 가족구성형태( )</td></tr>
<tr><td colspan="7">일반수급( ), 조건부 수급( ), 자활특례( ), 차상위( ), 저소득( ), 일반( )</td></tr>
<tr><td>의료보장</td><td colspan="6">의료보호 1종( ), 2종( ), 직장의료보험( ), 지역의료보험</td></tr>
<tr><td>주 소</td><td colspan="4"></td><td>전화번호</td><td colspan="2"></td></tr>
<tr><td rowspan="5">가족사항</td><td>관계</td><td>성명</td><td>생년월일</td><td>직업</td><td>종교</td><td>동거여부</td><td>비고</td></tr>
<tr><td></td><td></td><td></td><td></td><td></td><td></td><td></td></tr>
<tr><td></td><td></td><td></td><td></td><td></td><td></td><td></td></tr>
<tr><td></td><td></td><td></td><td></td><td></td><td></td><td></td></tr>
<tr><td></td><td></td><td></td><td></td><td></td><td></td><td></td></tr>
<tr><td>재사정
유 형</td><td colspan="2">( ) 새로운 욕구가 발생
( ) 긴급한 상황이 발생
( ) 기타</td><td colspan="2">재사정
유 형</td><td colspan="3">( ) 클라이언트에 의한 요인
( ) 기관과 사회복지사에 의한 요인
( ) 자원과 환경에 의한 요인</td></tr>
<tr><td>클라이언트 변화 욕구</td><td colspan="7">(클라이언트의 재사정이 필요하게된 욕구나 상황)</td></tr>
<tr><td>서비스 제공 및 문제</td><td colspan="7">(클라이언트에게 제공된 서비스와 문제)</td></tr>
<tr><td>사회복지사 의견</td><td colspan="7"></td></tr>
<tr><td>재사정
결과</td><td colspan="7">( )종결 ( )서비스 재계획 ( )의뢰 ( )현 상태 유지</td></tr>
<tr><td>향후계획</td><td colspan="7"></td></tr>
</table>

○○(종합)사회복지관

<부록 10> 사례관리 평가서

사례관리 평가서

담당	과장	부장	관장

<table>
<tr><td>관리번호</td><td></td><td>성명</td><td></td><td>주민등록번호</td><td></td></tr>
<tr><td>주 소</td><td colspan="3"></td><td>등록일</td><td></td></tr>
<tr><td rowspan="5">평가내용</td><td>서비스 내용</td><td>계획의 적합성</td><td>결과목적달성</td><td>효과성</td><td>만족도</td></tr>
<tr><td>서비스 1</td><td></td><td></td><td></td><td></td></tr>
<tr><td>서비스 2</td><td></td><td></td><td></td><td></td></tr>
<tr><td>서비스 3</td><td></td><td></td><td></td><td></td></tr>
<tr><td>서비스 4</td><td></td><td></td><td></td><td></td></tr>
<tr><td>평가결과
및
이유</td><td colspan="5">( ) 종결 ( ) 재사정 ( ) 의뢰 ( ) 유지</td></tr>
<tr><td>평가일</td><td colspan="2"></td><td colspan="2">담당사회복지사</td><td></td></tr>
</table>

○○(종합)사회복지관

<부록 11> 의뢰서

의 뢰 서

○○○○기관 담당자 :

<table>
<tr><td>관리번호</td><td></td><td>성명</td><td></td><td>주민등록번호</td><td></td></tr>
<tr><td>주 소</td><td colspan="3"></td><td>등록일</td><td></td></tr>
<tr><td>의료보장</td><td colspan="3"></td><td>장애등급</td><td></td></tr>
<tr><td>보 호 자</td><td colspan="3"></td><td>대상자와의 관계</td><td></td></tr>
<tr><td>의뢰사유</td><td colspan="5"></td></tr>
<tr><td>클라이언트 상 태</td><td colspan="5"></td></tr>
<tr><td colspan="6">상기인을 귀 기관에 의뢰하오니 적극 협조 부탁드립니다.

년 월 일

○○(종합)사회복지관

담당자 :
연락처 :

첨부서류 1. 요보호대상자 카드
2. 서비스 계획서
3. 서비스 제공내역서</td></tr>
</table>

<부록 12> 가족서비스 신청서

가족서비스 신청서

신청일 : 200 년 월 일

<table>
<tr><td>성명</td><td colspan="2"></td><td>종교성별</td><td>남 · 여</td><td>주민번호</td><td></td></tr>
<tr><td>주소</td><td colspan="6"></td></tr>
<tr><td>전화번호</td><td colspan="2">H.
C.P.</td><td>학력</td><td></td><td>종교</td><td></td></tr>
<tr><td>참여경로</td><td colspan="6"></td></tr>
<tr><td colspan="7">가족사항</td></tr>
<tr><td>관계</td><td>관계</td><td>연령</td><td>동거여부</td><td colspan="3">특이사항(건강, 장애, 성격, 특징 등)</td></tr>
<tr><td></td><td></td><td></td><td></td><td colspan="3"></td></tr>
<tr><td></td><td></td><td></td><td></td><td colspan="3"></td></tr>
<tr><td></td><td></td><td></td><td></td><td colspan="3"></td></tr>
<tr><td></td><td></td><td></td><td></td><td colspan="3"></td></tr>
<tr><td></td><td></td><td></td><td></td><td colspan="3"></td></tr>
<tr><td rowspan="3">생활상태</td><td>보호구분</td><td colspan="5">□수급자 □조건부수급자 □저소득 □일반</td></tr>
<tr><td>경제상황</td><td colspan="5">월수입금액(만원), 주 수입원(원)
(정부보조금 : 만원)</td></tr>
<tr><td>주거상황</td><td colspan="5">□자가 □전세(만원) □월세(/)
□기타( )
(방 개)</td></tr>
<tr><td>도움받고
싶은
내용</td><td colspan="6"></td></tr>
<tr><td colspan="7">사례관리자 : (인) 슈퍼바이저 : (인)</td></tr>
</table>

○○(종합)사회복지관

<부록 13> 전화상담 기록지

전화상담기록지

사례번호 :

20 년 월 일(: ~ /총 분)				
클라이언트	성별	연령	주거지	생활정도
	남・여			

상담내용분류
대인관계/성격문제/부부문제/자녀문제/진로문제/약물・・알코올문제/정보제공/
기타( )

클라이언트 호소내용

사회복지사 대처내용

사회복지사 소견 및 사후계획

접수자 : (인) 슈퍼바이저 : (인)

○○(종합)사회복지관

<부록 14> 초기면접상담 기록지

초기면접상담 기록지

접수번호 : 접수일시 : 20 년 월 일

<table>
<tr><td>클라이언트</td><td></td><td>연령</td><td></td><td>성별</td><td></td></tr>
<tr><td>연 락 처</td><td></td><td>주소</td><td colspan="3"></td></tr>
<tr><td>가족구성원</td><td colspan="5"></td></tr>
<tr><td>의뢰(참여)
경위</td><td colspan="5"></td></tr>
<tr><td>주호소문제</td><td colspan="5"></td></tr>
<tr><td>사회복지사
의견</td><td colspan="5"></td></tr>
<tr><td rowspan="2">상담결과</td><td colspan="5">서비스계획
• 주 서비스 내용 :
• 담당직원 :</td></tr>
<tr><td colspan="5">타 기관의뢰
• 의뢰기관 :
• 의뢰사유 :</td></tr>
<tr><td colspan="3">사회복지사 : (인)</td><td colspan="3">슈퍼바이저 : (인)</td></tr>
</table>

○○(종합)사회복지관

<부록 15> 상담일지

상담일지(　　차)

상담일 : 20　년　　월　　일　　　　　　　　　　NO.

클라이언트		회기		시간	
장　　소		서비스내용			
클라이언트가 지각한 문제					
클라이언트의 욕구					
회기 내 클라이언트의 강점 및 자원					
개입계획					
사회복지사 소견					
사회복지사 :		(인)	슈퍼바이저 :		(인)

○○(종합)사회복지관

<부록 16> 상담축어록

상담축어록

1. 상담개요

1) 클라이언트 : (성별 : 연령 : 세)
2) 종교 :
3) 직업(클라이언트가 원하는 만큼) :
4) 클라이언트에 대해 이미 안 사실들 :
5) 상담 준비 및 계획 :
6) 첫 느낌 - 방문 시 상황(처음 만났을 때 내담자의 태도, 표정, 옷차림 등) :

2. 상담대화과정 기록

1) 사회복지사 1 :
   클라이언트 1 :
2) 사회복지사 2 :
   클라이언트 2 :
3) 사회복지사 3 :
   클라이언트 3 :

3. 사회복지사의 견해

- 상담내용의 분석 : 상담내용이 의미하는 바 요약, 클라이언트에 대한 이해, 해석 등
- 분석에 따른 전문적 소견

4. 차기계획

- 다음 상담에서 고려할 사항
- 과제

사례관리자 : (인) 슈퍼바이저 : (인)

<부록 17> 가족체계 사정표

가족체계 사정표

가족이름 :

1. 가족체계를 이루는 가족구성원의 이름을 전부 적으시오.

2. 성, 세대, 기능, 애정, 흥미, 특성 등에 따라 가족을 하위체계로 나누시오.

3. 가족체계가 이루는 가족경계 1~10점 범위에서 평가하시오.
   〈외부경계〉 1-----2----3----4----5----6----7----8----9----10
   개방 폐쇄
   〈내부경계〉 1-----2----3----4----5----6----7----8----9----10
   개방 폐쇄

4. 가족체계의 기능을 1~10점 범위에서 평가하시오.
   1-----2----3----4----5----6----7----8----9----10
   역기능적 기능적

5. 가족구성원의 역할을 적어보시오. 각 역할에 대해 가족구성원의 자존감을 증진시키는 역할에는 +를, 가족구성원의 자존감을 저하시키는 역할에는 -를 표시하시오.

6. 가족 내의 역할갈등이 존재하는가? 갈등이 있다면 어떤 갈등인가?

7. 가족의 의사소통유형은 어떠한가?

8. 가족체계와 다음 체계와의 관계를 평가하시오.
   1) 확대가족(친지) 2) 주거 3) 의료 4) 정신건강 5) 직업
   6) 학교 7) 법률기관 8) 오락 9) 지역사회 10) 문화, 종교기관
   11) 친구 12) 사회복지기관

9. 가족규칙은 무엇인가?

<부록 18> 서비스 관리표

서비스 관리표

상담자명 : 작성일 : 년 월 일

기본서비스	월	화	수	목	금	토	일
이른 아침							
아침식사							
오 전							
점심식사							
오 후							
저녁식사							
야 간							
(비고) 홈헬퍼의 업무내용 : 주간보호서비스의 내용 :							

그 외의 서비스

건강기관 :
교통수단 :
경제 면 :
사회 · 생활 · 정신 면 :
주의사항 :

특히, 가정방문에 있어서 주의할 점 :

상담내용 (주요문제)

• 케어를 원하고 있는 것
• 해결해야 할 문제점, 케어를 원하고 있는 문제점

<부록 19> 지역사회자원 목록표

지역사회자원 목록표

사례번호 : 클라이언트 명 : CM :

구분	번호	기관명	지원내용	연락처	담당자명
공식자원	동사무소				
	의료기관				
	종교단체				
	사회복지 기관				
	기타				
비공식자원	가구원				
	친척				
	이웃				
	후원자				
	기타				
기타					

○○(종합)사회복지관

참고문헌

강선경・오세숙・최원석, 2009, 『사회복지실천론』, 동문사.
권중돈・김동배, 2009, 『인간행동과 사회환경』, 학지사.
길귀숙・강희숙・이재호・천덕희・김상곤・오영훈・현영렬・이승희, 2010, 『사회복지실천론』, 양서원.
김경호, 2010. 『사회복지실천론』, 양서원.
김은정・박선영・이신영, 2015. 『사회복지개론』, 청목출판사.
김혜영・석말숙・최정숙・김성경, 2012, 『사회복지실천론』, 공동체.
남연희・박영국・도기봉, 2012. 『사회복지실천론』, 공동체.
류종훈, 2006, 『사회복지실천론』, 청목출판사.
류종훈・김철진・김근식・김극명・배성찬・한재원, 2013. 『사회복지실천론』, 청목출판사.
박귀영・류기덕・박형준・신종우・오현숙・이상주, 2010, 『사회복지실천론』, 양서원.
엄명룡・김성천・오혜경・윤혜미, 2009, 『사회복지실천의 이해』, 학지사.
이상호・최경화・김재열・안성의・유인애・황성식・석재은, 2010, 『사회복지실천론』, 신정.
이영실・나임순・임원균・신준옥・조명희・홍성희, 2014. 『사회복지실천론』, 양서원.
최덕경・이혜자・이무영・정혜선・박경애・김민경, 2012. 『사회복지실천론』, 공동체.
최해경, 2009. 『사회복지실천론』. 학지사.
Brown, J. A. 1992, Handbook of social work practice. Springfield, IL : Charles C Thomas Publisher.
Biestek,. F. P. 1957, The Casework Relationship. Illinois : Loyola Univ. Press
Bisman, C. 1994. Social Work Practice : Case and Principles, Pacific Grove, California : Brooks/Cole Publishing Company
Bogo, M. 2006. Social work practice : Concepts and interviewing, New York: Columbia University Press.
Compton, B. R. & Galaway, B, 1994. Social Work processes(5th ed.). Pacific Grove, CA : Brooks/Cole Publishing Company.
________________, 1999, *Social Work processes*(6th ed). Pacific Grove, CA : Brooks/Cole Publishing Company.

Epstein, N. Bishop, D. & Levin, S, 1978. The McMaster model of family functioning. *Journal of Marriage and Family Counseling*, 4: 19-31.

Garvin, C. D. & Seabury, B. A. 1997, Interpersonal Practice in Social Work(2nd ed). Needhan Heights, MA: Allyn and Bacon.

Hepworth, D. H. & Larsen, J. A. 1986. Direct Social Work Practice : Theory and Skills, Chicago : Dorsey.

______________, 1993. Direct Social Work Practice : Theory and Skills(4 ed). Pacific Grove, California Brooks/Cole Publishing Company.

______________, 2006. Direct Social Work Practice : Theory and Skills(7 ed). Pacific Grove, California Brooks/Cole Publishing Company.

Johnson. 1998. Social work practice : A generalist approach(2nd ed.). Needham Heights, Ma: Allyn & Bacon.

Johnson, L. C. & Yanca, S. J. 2001. *Social Work Practice : A Generalist Approach*(7 ed). Boston: Allyn and Bacon.

______________, 2007, *Social Work Practice : A Generalist Approach*(9 ed). Boston: Allyn and Bacon.

Kirst-Ashman, K. K & Hull, 1993. Understanding generlist practice. Chicago: Nelson-Hall.

Moore, S. 1990. A Social Work Practice Model of Case Managment : The Case Management Grid. *Social Work*, 35(4), 444-448.

Northen, H. 1969. Social work practice : Model and Method. Itasca:F. E. peacock.

Perlman. H. 1957. Social Casework: A problem solving process. Chicago: University of Chicago Press

Pincus. A & Minahan. A. 1973 Social Work Practice: Model and Method. Itasca:F. E. peacock.

Reid, W. J. & A. W. Shyne. 1969. Brief and Extended Casework. York: Columbia University Press.

Sheafor, B. W. & Horejsi, C. R. 2006. *Techniques and guidelines for social work practice*(7th ed). Boston, MA: Pearson Education, Inc.

Sheafor, W. B., R. C. Horejsi & A. G. Horejsi, 1991, *Techniques and guidelines for social work practice*(2th ed). Boston : Allyn and Bacon.

찾아보기

(ㅊ)

(ㅋ)

(ㅌ)

(ㅍ)

[저자 소개]

• **김철진**

서남대학교 대학원 졸업(사회복지학 박사)
현) 광신대학교 사회복지상담학과 교수
(사)한국자치행정학회 이사, (사)한국사회과학회 부회장
(사)한국아동청소년그룹홈협의회 자문위원

• **김나예**

건국대학교 대학원 졸업(사회복지학 박사)
현) 조선이공대학교 사회복지과 교수
동신대학교 종합사회복지관 아동상담사, 화순건강가정지원센터 가족상담사, 사랑나무아동가족상담소 소장

• **한재원**

승실대학교 대학원 경영학 박사
건국대학교 대학원 사회복지학 석사
현) 상지영서대학 사회복지과 교수

사회복지실천론

2018년 3월 5일 중판인쇄
2018년 3월 10일 중판발행

저 자 김철진 · 김나예 · 한재원
발행인 유 성 열
발행처 청 목 사
서울특별시 영등포구 신길로 40길 20
전화 (02) 833-6090 · 6091
FAX (02) 849-0817
등록 제318-2005-000030호

파본은 바꾸어 드립니다. 값 18,000원

http : //www.chongmok.co.kr

ISBN 979-11-5908-026-5